인간이해와 교육이야기

김훈희 · 황영신 저

박영story

PREFACE

저자는 『인간이해와 교육이야기』를 구성함에 있어 독자들이 이해하기 쉽고 교육 실제와 연결될 수 있도록 집필하는 데 특히 주의를 기울였다. 먼저 제목이 시사하듯이 가능한 이해하기 쉽도록 우리 주변에서 살펴볼 수 있는 실제적인 측면을 강조하였다. 적지 않은 기존 책들은 이론의 소개에 너무 치중하여 이론적 이해도 쉽지 않을 뿐만 아니라 실제로 적용하기에는 상당한 어려움이 있다는 학습자들의 피드백을 부인하기는 힘들 것이다.

이 책에서는 각 장에서 질문을 먼저 던지고 있다. 이 질문은 학습 목표를 대신하는 기능을 하며, 독자로 하여금 각 장의 구체적 내용을 읽기 전에 우선 생각해 볼 수 있도록 하는 것이다. 또한 구체적 내용을 학습하면서 각 질문에 대한 해답을 학습자 스스로 찾아볼 수 있도록 하여 책 읽기의 흥미를 유지할 수 있도록 하였다. 따라서 이 책을 읽는 독자는 각 장의 구체적 내용을 읽기 전에 제시된 질문을 천천히 읽은 후 잠시 멈추고 그 해답을 사려 깊게 한번 생각해 보기 바란다. 그런 후 구체적 내용을 읽으면서 해답을 스스로 찾아볼 수 있도록 학습의 과정을 구성하였다. 물론 각 질문에 대한 정해진 해답이 반드시 있거나 혹은 한 가지 해답만 있는 것은 아니다. 각 질문은 이 책을 읽으면서 다양한 측면에서 생각할 수 있는 지도/방향키의 역할을 할 것이며, 수업 시간에 적용할 때는 협동학습을 하거나 토의의 주제로서 활용할 수 있을 것이다.

그리고 [읽고 생각해보세요]는 읽을거리 즉, 독자들이 각 장의 본문 내용을 좀 더 폭넓게 이해할 수 있는 자료를 제시하였다.

2021년 한 해를 보내며
저자 일동

CONTENTS

CHAPTER 08 인성과 교육

CHAPTER 09 창의성과 교육

CHAPTER 10 진로교육

CHAPTER 11 평생학습사회와 교육

CHAPTER 12 미래사회와 교육

CHAPTER 13 미디어 리터러시 교육

CHAPTER

01

인간에 대한 이해

Question

인간 본성에 대해 어떻게 생각합니까?

인간은 어떤 발달과정을 거쳐서 성장하는 것일까요?

학자들은 인간의 발달을 어떻게 설명하였을까요?

인공지능을 우리 주변에서 찾아볼까요?

CHAPTER 1
인간에 대한 이해

1. 인간 본성에 대한 탐구

1) 인간 본성에 대한 과학 이전의 사고

인간 본성에 관한 과학 이전의 견해는 크게 성악설, 성선설, 백지설로 구분할 수 있다. 성악설(性惡說)은 인간은 태어날 때부터 도덕적으로 악한 충동을 지니고 있기 때문에 본능적으로 악한 행동을 하도록 된 존재라는 것이다. 따라서 교육적인 제재를 가하지 않는 한 선한 행동은 없고 악한 행동이 나타나게 된다고 보고 있다.

고대 중국의 순자(荀子)는 인간의 본성은 악하다고 보았고, 그렇기 때문에 인간의 본성을 그대로 따르면 악에 빠지게 된다고 하였다. 서양에 있어서 성악의 생각은 거의 지배적으로 내려온 사상적 전통이다. 서구사회에 있어서 기독교의 전통은 성악의 견해를 뒷받침한다. 인간이 선천적으로 악한 본성을 나타낸다는 생각은 아동을 양육, 교육할 때 엄격한 훈육을 강조하였고, 그렇게 함으로써 영혼이 구원을 받을 수 있다고 생각하였다.

성선설(性善說)은 인간의 본성을 선하게 보려는 입장이다. 맹자(孟子)는 인간은 본래 성인이나 범인이나 다 같이 그 성품이 선하니 각자가 성선을 토대로 하여 착한 행동을 해나가면 누구나 성인이 될 수 있다고 하였다. 서양에 있어서 18세기 중엽 루소(J. J. Rousseau)는 인간은 본래 악한 것이 아니라 선하다고 주장하였다. 루소는 「에밀」의 제1편 서론에서 "신은 인간을 선하게 창조하였다. 인간이 만물에 간섭하여 모든 것이 악하게 되어 버렸다"고 하였다.

백지설(白紙設)은 인간이란 출생 시에는 악이니 선이니 하는 선택적 본능이라는 것을 가지고 태어나지 않으며, 다만 후천적으로 만나게 되는 환경의 자극을 수동적으로 받아들일 수 있는 태세만 갖추고 있다는 입장이다. 서양에 있어서는 17세기 후반 영국의 철학자이며 심리학자였던 록커(J. Locke)가 1690년에 「인간이해에 관한 논문」을 발표하였는데 인간의 마음은 출생 당시에 타불라 라사(tabula rasa)와 같다고 주장하였다. '타불라 라사'는 아무것도 적혀 있지 않은 백지라는 뜻을 가지고 있다.

2) 현대 심리학의 인간관

첫째는 연합주의(Associationism) 학파이다. 이는 행동주의 심리학이라는 말로도 불린다. 둘째는 정신분석 학파로서 프로이디안니즘(Freudianism)이라고도 한다. 셋째는 위의 두 조류에 반발하여 미국에서 일어난 것인데 제3세력의 심리학이라고 부른다.

(1) 행동주의적 접근

행동주의적 접근방법은 심리학의 연구대상을 마음으로부터 행동으로 바꾼 접근방법이다. 행동주의적 접근방법의 출발은 러시아 생리학자 파블로프(Pavlov)가 개를 대상으로 타액 분비를 실험한 것이다. 이 학파에서는 인간의 행동을 자극과 반응의 연결로써 설명한다. 따라서 인간행동은 복잡하기는 하나 원칙적으로 예측이 가능하다고 보는 것이다. 그리고 인간의 현재 행동은 어떤 선행조건에 의해서 결정되기 때문에 인간형성에 있어서는 환경적 결정론이 지배적인 작용을 한다고 본다. 그러므로 기본적으로 개인의 의식세계는 믿을 수 없고 중요한 것은 표출된 행동뿐이라고 주장하였다. 이 입장에서는 행동의 조건화가 지배적인 지도방법이 될 수 있다.

(2) 정신분석학적 접근

프로이트(Sigmund Freud)의 이론으로 대변되는 정신분석학적 인간관은 인간의 심층적인 무의식의 세계를 중요시한다. 인간의 부적응 행동은 의식의 작용에 의하여 일어나는 것이 아니라, 무의식적 충동에 의해서 일어난다는 것이다. 따라서 인간행동의 이해는 인간의 심층적인 무의식의 세계를 통찰할 때 가능하다는 주장이다. 이 관점은 행동주의적 인간과 마찬가지로 현재의 인간행동의 원인을 과거에 두고 있으므로 양자가 모두 개인의 미래 의식현상과 자유의지를 무시하고 있다.

(3) 인본주의적 접근

이 학파는 인간은 환경과의 상호작용에서 그 행동을 규정하고 이해할 수 있다는 형태심리학파, 개개인의 전인적 배려를 강조하는 유기체 심리학파, 개인의 특수성과 통합을 주장하여 생활과 환경을 매우 개인적으로 특수하게 해석하려는 지각주의 및 실존주의 심리학파를 포함한다. 이들은 개개인의 인간과 각자의 독특한 특성에 관하여 지대한 관심과 중점을 두는 것이 특색이며, 이들의 공동관심사는 인간의 존재와 성장에 있다. 그들에 따르면 인간은 역동적인 생명체이며, 각기 독특하게 성장하는 과정을 가지는 특수체인 것이다.

인본주의 심리학에서는 인간을 어떤 법칙 속에 집어넣을 수 없는 역동적 체제로 보며, 유형·무형의 문화에 반응하고 항상 새로운 이념을 추구하며, 인간 스스로에 대해서는 다른 동물에게서 볼 수 없는 '나는 무엇인가?'라는 의문을 부단히 제기하는 존재라고 규정한다. 즉 인간은 그 본성에 있어서 진·선·미와 같은 보다 나은 것을 추구하는 끊임없는 마음의 움직임, 즉 가치의식이 항상 작용하는 특성이 있을 뿐만 아니라, 그에 따른 과정이나 결과로서 문화라는 것을 향유하게 된다는 사실에 주목한다. 따라서 인간에게 있어서는 과거보다는 미래가 더 중요하고, 인간의 현재 행동은 과거의 어떤 선행조건이 결정해 주기보다는 그가 지니고 있는 이성·이념·목적·가치체계가 결정해 준다는 견해를 나타낸다. 그러므로 인간행동은 무의식이나 어떤 선행조건의 필연적인 산물이 아니라 개인의 자유의지가 작용하는 의식의 발로로 본다.

2. 인간 발달에 대한 이해

1) 발달의 개념

발달은 수정에서 죽음에 이르기까지 일생 동안 심신의 기능이나 구조가 양적으로 증대하고 질적으로 향상되어 가는 과정을 말한다. 종래에는 발달이란 용어가 좁은 의미로 사용되어 수태에서 아동기 내지 청년기에 이르는 상승적 변화만을 가리키는 것으로 사용돼 왔으나, 근래에는 넓은 의미로 사용되어 청년기 이후 노년기에 이르기까지의 하강적 변화까지도 포함하고 있다. 다시 말해 발달이란 수정에서 전 생애에 걸친 모든 변화를 의미한다.

발달은 순서적으로 오랜 기간을 통해 나타나는 변화로 개체가 가지고 태어나는 선천적인 여러 요인들, 즉 유전과 후천적 영향, 즉 환경과의 상호작용의 결과이다. 발달은 양적 증대로 일어나는 신체적 변화를 의미하는 성장과 기능의 변화를 의미하는 성숙을 모두 포함시킨다. 여기서 성장은 신체의 크기나 근육의 세기와 같은 신체적 변화 중에서도 양적 증가만을 의미하고, 성숙은 유전적 메커니즘에 의해 출현되는 신체적, 심리적 변화를 의미한다.

Hurlock은 발달영역을 크기의 변화, 비율의 변화, 새로운 특징의 획득, 낡은 특징의 소멸 등으로 나누고, 이들이 서로 작용해서 일어나는 과정을 발달이라고 하였다. Koffka는 발달에 대해 유기체와 그 기관이 양에 있어서 증대하고 구조에 있어서 정밀화하고 기능에 있어서 유능화 할 때 이것을 발달이라고 한다. Hollingworth는 발달은 양과 형의 변화 그리고 복잡한 구조의 변화를 말한다라고 정의 내렸으며, Warren은 발달에 대해 개체가 발생해서 성숙으로 이행할 때 생기는 구조와 형태의 변화라고 했고, Crow도 발달은 환경의 영향 또는 학습에 의해 일어나는 변화라고 했다. Mcgraw는 유기체 내에 있는 힘과 환경 속에 있는 힘이 끊임없이 변전하고 교류한 결과에 의하여 산출되는 과정이라고 하였다.

발달의 원리는 다음과 같다.

첫째, 발달에는 일정한 순서가 있다.

둘째, 발달은 계속적인 과정이지만 발달의 속도는 일정하지 않다.

셋째, 발달은 성숙과 학습에 의존한다.

넷째, 발달에는 개인차가 있다.

다섯째, 발달의 각 측면은 상호관련성을 가진다.

2) 발달과업

인간 발달과정에는 각 발달 단계마다 달성해야 할 과업이 있다. 그것을 발달과업이라고 하며, 그 과업의 성공적인 달성이 이루어져야 다음 단계에서 해야 할 과업을 훌륭하게 처리할 수 있다. 그러므로 각 발달단계별로 어떤 과업을 달성해야 하는가를 이해하는 일은 교육적으로 매우 중요하다. 다음은 헤비거스트(R. J. Havighurst)가 「발달과업과 교육」에서 각 단계별 발달과업을 다음과 같이 제시하였다.

영아기와 유아기의 발달과업

① 걸음걸이 배우기

② 고형 음식물 먹기

③ 말 배우기

④ 배설물 통제 익히기

⑤ 성차와 성적 성숙 학습

⑥ 생물적 안정성 유지 훈련

⑦ 사회적·물리적 환경에 대한 간단한 개념 형성

⑧ 자신을 부모, 동기 및 타인과 정서적으로 관련 맺기

⑨ 선악의 구별과 양심의 발달

아동기의 발달과업

① 일반적인 놀이에 필요한 신체적 기능 학습

② 성장하는 유기체로서 자신에 대한 건전한 태도 형성

③ 친구와 사귀기를 배움

④ 남성과 여성으로서의 사회적 역할 학습
⑤ 읽기, 쓰기, 셈하기의 기초기능의 발달과 학습
⑥ 일상생활에 필요한 개념의 발달과 구사
⑦ 양심, 도덕성, 가치관 발달
⑧ 인격적 독립의 성취
⑨ 사회집단·제도에 대한 태도의 발달

청년기의 발달과업

① 남녀 간에 새롭고 보다 성숙한 관계 형성
② 남성 또는 여성으로서의 역할 학습
③ 자신의 체격을 인정하고 효과적으로 구사
④ 부모와 다른 성인으로부터 정서적 독립
⑤ 결혼과 가정생활 준비
⑥ 직장에 대한 대비
⑦ 경제적 독립의 확신
⑧ 시민적 자질로서 지적 기능과 개념의 발달
⑨ 행동의 지표로서 가치관과 윤리체계 습득
⑩ 사회적으로 책임 있는 행동을 원하고 수행

성년 초기의 발달과업

① 배우자 선택
② 결혼 후 배우자와의 동거 생활
③ 가정생활의 시작
④ 자녀의 양육
⑤ 가정의 관리
⑥ 직업의 선택
⑦ 시민적 책임을 감당
⑧ 마음에 드는 사회집단의 모색

중년기의 발달과업

① 성인으로서 시민적, 사회적 책임 수행
② 생활의 경제적 표준 설정 및 유지
③ 10대 청소년들이 책임감 있고 행복한 성인이 되도록 도와줌
④ 성인에 필요한 여가 활동
⑤ 배우자와 인격적인 관계 맺기
⑥ 중년기의 생리적 변화를 인정하고 이에 적응하는 일
⑦ 연로한 부모에 대한 적응

노년기의 발달과업

① 체력감소와 건강에 적응하는 일
② 은퇴와 수입 감소에 적응하는 일
③ 배우자의 사망에 적응하는 일
④ 동년배와 친밀한 관계 맺기
⑤ 사회적 · 공민적 책임의 이행
⑥ 만족스런 생활조건의 구비

3) Piaget 인지발달이론

우리는 인지구조(schema), 적응(adaptation), 동화(assimilation), 조절(accommodation), 평형화(equilibration)의 용어에서 피아제(Piaget, J.)의 이론이 생물학적 영향이 강한 것을 알 수 있다. 피아제 이론의 중심 개념은 인지구조이다. 그는 생물체에 구조(structure)가 있듯이 인간의 정신에도 심리적 구조가 있다고 보았다. 인지구조는 유기체가 주변 세계를 이해하고 그것에 대해서 생각하는 양식을 말한다. 인간이 발달한다는 것은 자기 자신과 환경으로서의 세계를 구성하여 인지구조가 변화하는 것이다. 피아제는 조직화와 적응으로 인지발달을 설명한다. 조직화란 행동이나 사고가 하나의 체계로 묶여지는 것을 말한다. 예를 들면 보는 것과 잡는 것을 동시에 수행하는 것이 조직화이다. 의도적이라기보다는 자연발생적으로 행동과 사고가 결

합하여 더 높은 수준의 기능단위로 조합하는 것이다.

어린이에게도 환경과의 계속적인 접촉 내지는 상호작용을 통해서 형성되는 이해의 틀인 인지구조가 있다. 피아제의 인지 발달론에서도 지적되었듯이, 이 인지구조에 의해 정보나 경험을 해석하거나 아니면 기존의 인지구조를 개조해 감으로써 어린이의 인지발달이 가능해진다. 이 인지구조는 유기체가 환경과의 접촉에 따른 행동과 경험에 의해 형성된다. 피아제의 인지 발달론은 이전에 확립된 인지구조의 틀에 비추어 현재의 경험을 해석하는 과정인 '동화'와 현재의 경험을 해석하기 위해 기존의 인지구조를 변형시켜 가는 과정인 '조절'에 의해서 인지구조, 또는 도식이 변화되고 보다 정교해짐으로써 세계에 적응해 가는 과정으로 설명된다.

인간은 환경에 적응하기 위해서 동화와 조절의 과정을 거친다. 동화는 성장이고 조절은 발달이다. 고무풍선에 공기가 들어가면 크기가 달라지지만 풍선 자체가 변한 것은 아니다. 동화란 유기체 내부에 맞게 외부요소를 변형시킴으로써 작용하는 것이다. 즉, 새로운 사태를 기존의 인지구조에 통합시킴으로써 적응하는 것이다. 생물학적인 예를 들면, 음식물의 소화과정에서 음식물이 소화기관을 거치는 동안 위, 작은창자, 큰창자 등의 소화기관에서 음식물을 잘 흡수할 수 있는 화학적인 형태로 변형시켜 영양분을 흡수함으로써 적응한다. 즉, 외부 환경을 기존의 구조에 맞게 변형시킴으로써 적응하는 동화가 일어난 것이다. 조절이란 새로운 인지구조를 만들거나 낡은 도식을 알맞게 고치는 일을 말한다. 조절은 동화로서 적응되지 않을 때 유기체 자신의 구조를 변형시킴으로써 적응하는 과정이다. 생물학적으로 진화과정에서 소나 양의 4개의 위는 필요에 의해 유기체의 위를 변형시킴으로써 적응한 것이다. 심리학적인 예로서 개에 대한 인지구조를 갖고 있는 5세 어린이가 동물원에서 늑대를 처음 보았을 때 늑대가 자신이 갖고 있는 개에 대한 인지구조와 일치하였다. 어린이는 늑대를 가리키며 "아빠, 저 개 좀 봐"라고 말을 하였다. 이때 어머니가 "저것은 개가 아니고 늑대라는 동물이란다. 개는 집에서 사람이 키우는 동물이고, 늑대는 산에서 사는 동물이란다."라고 설명해 주었을 때 어린이가 가축과 야생동물의 차이를 이해하고 개와 늑대의 차이를 이해했다면 조절이 일어난 것이다.

발달은 동화와 조절의 과정을 거쳐 일어나며 동화와 조절의 상호작용은 계속적이다. 인지구조가 적응하는 구조라고 하면, 동화나 조절은 적응하는 기능 혹은 과정이라 하겠다. 인간의 인지구조가 변화해 가는 것은 유기체가 자기 조절을 통한 '평형화(equilibration)'를 유지하고자 하는 경향이 있기 때문이다. 모든 유기체는 그의 환경과의 상호작용을 통한 균형을 추구한다.

인지발달이란 인지구조의 계속적인 양적인 질적 변화의 과정이다. 인지구조와 그 변화는 이미 있던 구조에 기초를 둔다. 새로운 도식은 기존의 도식을 바꾸어 놓은 것이 아니라, 이전의 도식과 새로운 도식이 결합 되어 낡은 도식에 질적인 변화를 가져온 것이다. 지적 구조의 변화는 완만하게 전체적으로 일어난다. 그런데 어린이에게 영향을 끼치는 환경은 감각적으로 경험하고 말하는 차원보다 넓고 다양하다. 인간이 느낄 수 있는 환경은 물리적 환경에서도 극히 부분에 불과하다. 그가 주장한 인지발달 단계를 살펴본다.

감각운동기(출생~2세)

감각운동 단계의 유아는 감각운동이란 이름이 말하듯이 세상을 알기 위하여 감각과 운동능력을 사용한다. 처음에는 감각운동 단계의 유아는 대상물을 정신적으로 표상하지 못한다. 첫 몇 달 동안은 '눈에 보이지 않으면 마음에 없다'. 친척 아이에게 이런 실험을 해보라. 아이에게 장난감을 보여주며 아이의 주의를 끈 다음에 감추어라. 아이는 장난감을 찾지 않을 것이다. 19~20개월이 되면 표상적 사고를 할 수 있어서, 아이는 대상물을 볼 수 없을지라도 그 대상물이 존재함을 이해한다. 즉, 대상물을 기억 속에 표상하는 능력인 대상영속성(object permanence)이 발달한다. 기억한 아이가 울면서 장난감을 내던지는 것을 본 유아는 똑같은 행동을 하게 된다. 이것은 내적 표상을 가지게 되었음을 의미한다.

전조작적 단계(2~7세)

이 시기에는 가상적 놀이를 통해서 상징적 사고가 증가한다. '마치 ~인 것처럼' 활동할 수 있는 정신적 능력이 있다. 보존성과 가역성의 개념을 가지고 있지 않으며, 활동적 인지단계이다. 보존성이란 모양이 변하더라도 질량이 변하지 않는 성질을 말한다. 가역성은 본래의 상태로 거꾸로 전환시키는 것, 이를테면 8+2=10일 때,

10-8=2를 추론할 수 있는 특성이다.

또 이 시기에는 자기중심적인 언어와 사고를 가지고 있다. 자기중심성은 이기주의를 뜻하지 않으며, 한 가지 관점만을 고려해서 판단하는 특성이다. 또 다른 사람도 자신과 같은 생각을 하고, 자기 생각은 늘 맞다고 믿는다. 유아들의 판단은 타인의 입장을 고려하지 못하므로 객관성을 잃는 경향이 있고 한 측면만 생각하고 다른 측면을 무시하는 것을 중심화라고 한다. 이 시기의 아이는 '3산 모형실험(mountain task)'에서 인형의 관점에서 산을 설명하지 못한다.

이 시기의 아이들은 20~60%의 언어가 혼잣말이다. 다른 사람과 대화하지 않고 자신에게 큰소리로 이야기 하는 혼잣말을 한다. 그리고 생명이 없는 대상에게 생명과 감정을 부여하는 물활론이 나타난다. 유아들의 세계는 꿈과 현실이 섞여 있다. 꿈과 현실, 즉 상상의 것과 현실의 것이 명확히 구분되지 않는 것이다.

어린이가 전조작기에 하나의 과정을 처음부터 끝까지 일관성 있게 생각하지 못하고 처음 사건과 끝 사건을 설명할 수 있는 것도 이 변환적 사고(transductive reasoning)를 한다고 주장했다. 예를 들면 "나를 놀리는 친구를 때려주고 싶은 나쁜 생각을 했다. 친구가 병이 났다. 나는 친구를 병나게 했다"고 생각한다. 나쁜 생각과 친구의 병이 동시에 발생했다고 여긴다. 피아제의 전조작기는 루소가 말하는 유아기(2~5세)와 아동기(5~12세)의 전반부에 해당한다. 이 특수한 사실에서 특수한 사실로 이끄는 변환적 사고는 정교하지 못한 인지구조에서 나타나는 것이다.

구체적 조작 단계(7~11세)

구체적 조작기에서 언어 같은 상징을 사용해서 어린이가 단순하게나마 사고한다고 밝혔다. 즉, 구체적인 대상에 전적으로 의지하지 않고 오히려 정신적으로 조작하기 시작한다는 것이다. 다만, 직접 눈에 보이는 사물에 대한 조작에 한정되어 있다.

나무 막대기를 차례로 길이가 짧은 것부터 긴 것으로 배열할 수 있다. 길이의 서열을 매길 수 있게 된 후에는 무게, 부피를 비교·구분하게 된다. 보존성·서열화·탈중심화·유목화가 이루어지는 시기이다. 따라서 이 단계의 어린이들의 정신적 활동은 구체적 사물에 관해서만 가능하며 추상적 관념을 다루지 못한다. 경험적·귀납적으로 사고한다. 울고 있는 어떤 아이를 보고 그 아이가 왜 그 아이가 우는지를 물었을 때, 자신의 경험에 비추어서 '넘어져 다쳐서 우는 것'이라고 답한다. 논리적으로 생각하고, 자기중심적 사고가 사회적 사고로 변하기 시작하며, 가역과 분산이 가능하다. 대체로 이 시기에는 스스로 움직이는 것에 한하여 생명이 있다고 믿는다. 자동차와 자전거는 생명이 없고 구름 · 방향 · 태양 · 비 등은 스스로 움직이므로 생명이 있다고 여긴다.

구체적 조작기에 나타나는 중요한 능력은 한 상황을 여러 관점에서 동시에 고려할 수 있는 탈중심화이다. 주어진 관계로부터 다른 한 관계를 추출해 내는 능력인 전환성(transivity)이 생기고 사물을 분류하고 대상간의 공통성 차이점, 관계성을 이해하게 된다. 100원이 70원보다 많다는 것을 알지만, A>B이고 B>C이면 A>C가 된다는 사실을 이해하기는 어렵다. 운율에 따라 암기할 수 있으며, 사물을 공동 특성에 의해 유목화시키는 논리적 구성능력도 발달한다. 대화하는 상대방의 연령, 성별, 사고방식, 이해 정도에 따라 자기 언어를 선택 조절해서 구사하는 대상 참조적 의사 전달기능(referential communication skills)이 발전한다.

형식적 조작단계(12세~)

형식적 조작기는 복잡한 문제도 논리적으로 사고할 수 있다. 가설적 사고, 연역적 사고가 가능하다. 배를 움켜잡고 우는 아이를 보면, 배가 아파서 운다고 말하며, 장난을 쳐다보면서 우는 것을 보면, 장난감을 빼앗겨서 운다고 이야기한다. 즉, 주어진 정보를 이용하여 다양한 가설을 추리할 수 있다.

추상적인 사고가 가능하며 조합적 사고도 가능하다. 피아제는 규황액, 물, 산화된 물, 티오 황산염, 옥화칼슘이 든 5개의 병을 주고 노란색의 액체를 만들라고 많은 학생들에게 주문하였다. 구체적 조작기 이전의 어린이들은 무순적인 결합을 시도했지만, 형식적 조작기의 아이들은 체계적으로 접근하였다. 청년기에는 전조작적 단계에서 나타났던 자기중심적 사고와는 다른 타인지향적 사고가 일어난다. 청소년기에서 성인기에 접어드는 시기에 이르면 이기적 자기중심주의의 형태는 줄어들게 된다.

피아제는 인지구조가 개인의 적응과정에서 생성, 변형, 재구성된다고 본다. 따라서 학습은 아동을 학문의 구조에 맞추는 방식으로 진행되어서는 안되고 아동들의 지적 구조에 맞게 교과내용을 선정하고 그 수준에 맞게 그것을 가르쳐야 한다는 것이다. 그리고 효과적인 학습이란 아동이 자발적으로 학습에 참여하고, 학습내용이 의미있게 학습자 내부의 지적 구조를 확장시켜 주고, 또한 그 학습된 내용이 오랫동안 보존되는 학습이다. 피아제의 이론을 교육 또는 학습에 적용할 때 다음과 같은 원리를 생각할 수 있다.

불균형 · 갈등을 겪어야 지력이 증진된다.

인지학습의 중요한 요인인 학습자 자신의 능동적 활동을 활성화시키는 방법으로는 보상이나 처벌, 연습, 유인 같은 행동주의적인 방법 대신에 내적 동기를 유발시키는 방법이 본질적이다. 피아제는 동기화를 위한 조건으로 적정수준의 불균형을 유지시켜 주어야 한다고 본다. 기존의 지식 · 경험과 인지구조가 일치하지 않을 때 비판적 · 창의적 사고가 생겨난다. 주어진 규범, 지식과 일치된 사고, 즉 동조적 사고는 새로운 조건을 생산할 수 없는 것이다. 주어진 조건들을 선별해 내는 훈련으로는 사고능력이 계발될 수는 없는 것이다. 아동의 인지구조에 아무런 변화를 주지 않는 자극이나 아동이 자신의 구조를 조절하기에 힘든 자극이나 요구는 아동 내부에 불균형이 일어나지 않기 때문에 아동의 내적인 동기를 유발시키지 못한다. 학습의 주체인 아동의 자연스러운 발달과 학습을 촉진시켜야 한다. 학생에게 도전적인 자료와 과제를 제공하고 학생 스스로의 활동에 의한 해답이 나올 때까지 기다릴 수 있는 인내심을 가져야 한다. 피아제가 말하듯이, 종래의 교육자 중심의 학교교육, 즉 학습자들이 수동적으로 지식을 전달받아 암기하는 교육을 지양하고, 그 대안으로 학습자 중심의 교육, 즉 학생들이 능동적으로 활동하여 스스로 자신의 지적 구조를 바꾸어 나감으로써 창의적이고 생산적인 지적 능력을 획득하는 학습이 가능할 것이다.

또 피아제는 교사의 2가지 역할을 강조한다. 교사는 아동이 갖고 있는 지적 구조와 관련을 가지면서 동시에 내부에서 불일치, 갈등, 패러독스, 한계 등을 일으킬 수 있는 도전적인 학습경험을 제시해야 한다. 그리고 아동의 수준에 맞고 그들의 흥미를 끄는 활동을 선택할 수 있도록 교수환경을 다양화시키는 것도 좋은 방안이다. 기존의 지적 구조를 변화시킬 수 있을 정도로 풍부한 환경이어야 한다. 버클리 대학에서 연구한 결과에 의하면, 늙은 쥐를 좋은 환경에서 집단 수용하여 장난감 등의 놀이기구를 마련해 주었더니, 후에 대뇌피질이 두꺼워지고 뇌용량이 증가하였다. 좋은 환경은 연령에 관계없이 머리를 써서 생각하도록 자극을 주는 것이다.

피아제가 바라는 평가방법은 학습자의 지적 구조와 학구적인 태도 파악할 수 있는 방법이며, 평가의 가치는 점수나 서열화가 아니라 학생들의 성장과 발달을 촉진시키는 도구의 역할을 하는 데 있다. 그가 제안한 구체적인 평가방법은 교사가

〈표 1-1〉 인지발달 단계별 특징

발달단계	단계별 인지발달 특징
감각운동기 (0~2세)	① 대상영속성(~에 대한 추적) ex. 날아가는 화살 따라 고개 돌리는 것 ② 특질개념 형성(편제특질) - 걸음걸이, 목소리만으로도 누군지 알 수 있다 ③ 지각의 통합 ④ 감각기능을 통해 사물의 개념 파악
전조작기 (2~7세)	① 자기중심적 사고 ex. 내가 힘이 제일 세다. 나는 기차보다 빠르다 ② 꿈의 실제 및 전이: 꿈이 현실로 이어지는 것 ex. "아빠 어제 꿈에 대공원 간다며 왜 안가?" ③ 물활론적 사고(생동론적 관계) - 모든 사물엔 생명이 존재한다. ex. 인형, 로봇 ④ 도덕 실제론(양적인 도덕가치 형성) - 소리가 나거나 큰 것을 부셔야 죄책감 형성 ⑤ 상징적 활동 증가: 언어 습득
구체적 조작기 (7~11세)	① 가역적 사고 ② 보존성 개념 - 질량 불변성: 모양은 달라도 무게는 같다 - 수의 보존성: 모양 달라도 수를 가감하지 않으면 동일 ③ 탈자기중심성
형식적 조작기 (12세~)	① 연역적 사고 ② 추상적 사고 ③ 가설 설정 ④ 조합적 사고

학생이 실제 학업에 종사하는 장면에서 학생들의 지적 구조를 계속 진단해 나가는 방법이다. 그리고 주어진 자료를 해석하고 문제를 해결하는 능력을 측정하기에 적합한 방법은 오픈북(open-book) 시험이며, 기계적인 암기의 부담에서 해방시키고 학생들이 가진 지적 구조를 알아볼 수 있는 것으로 판단하였다.

4) Erikson의 심리사회적 발달이론

정신의학자 Anna Freud의 발달이론에 근거를 두고 있는 Erikson에 의해 제안된 심리사회적 성격발달이론에 초점을 두고 있다. Erikson의 연구는 심리적이고 사회적인 발달원리에 관한 것이기 때문에 흔히 심리사회적 이론(psycholosocial theory)이라 한다. Piaget과 마찬가지로 Erikson은 심리학에 관한 공식적 훈련을 받지는 않았지만, 젊을 때 Anna Freud에 의해 정신분석학자로서의 훈련을 받았다.

Erikson은 사람들이 그들의 생을 통해 여덟 개의 심리사회적 단계를 거친다고 가설화했다. 각 단계에는 해결해야 할 위기나 중요한 쟁점이 있다. 대부분의 사람들은 각 위기를 만족스럽게 해결함으로써 다음 단계의 새로운 도전을 잘 처리하게 되지만, 어떤 사람들은 이러한 위기를 완전히 해결하지 못하여 생의 훨씬 뒤까지 그러한 위기를 계속해서 처리해야 한다. 예를 들면 많은 성인들은 청년기의 '정체성 위기' 문제로 여전히 고민하고 있다.

<표 1-2>는 Erikson이론에 의한 생의 8단계를 요약하고 있다. 각 단계에는 해결해야 할 중요한 위기가 있다.

1단계: 신뢰감 대 불신감(출생~18개월)

아기의 목표는 세상에 대한 기본적 신뢰감을 발달시키는 것이다. Erikson은 기본적 신뢰감을 "자신에 대한 신뢰감과 다른 사람들에 대한 신뢰감"(Erikson, 1968, p.96)으로 정의했다. 이것은 이 위기의 이중적 성질을 나타낸다. 아기들은 자신의 요구는 물론 어머니의 요구도 고려해야 한다. 어머니, 혹은 어머니 같은 역할을 하는 사람은 대개 그들의 세계에서 가장 중요한 사람이다. 어머니는 음식과 애정에 대한 아기의 요구를 만족시켜주는 사람이기 때문이다. 만약 어머니가 없거나, 흔히 곁에 없으면 아기에게 쾌락을 주기보다는 좌절을 주게 된다. 이것은 아기가 세상에서 불신감을 가지도록 하여 아동기와 성인까지 영향을 미치게 한다.

〈표 1-2〉 Erikson의 심리사회적 단계

Erikson은 개인이 심리사회적 위기에 직면하여 그것을 해결해 나감으로써 성격을 형성하게 된다고 한다. 각 위기는 성격의 특별한 측면에 관한 것으로 다른 사람과의 관계가 포함된다.

단계	연령	심리사회적 위기	중요한 관계	심리사회적 강조
1	출생에서 18개월	신뢰감 대 불신감	어머니 같은 사람	받기 보답으로 주기
2	18개월에서 3세	자율성 대 수치감/의심	부모 같은 사람들	붙잡기 포기하기
3	3세에서 6세	주도성 대 죄의식	기본적 가족	만들기 모방하기(놀이)
4	6세에서 12세	근면성 대 열등감	이웃, 학교	일하기 같이 일하기
5	12세에서 18세	정체성 형성 대 역할혼란	동료집단과 지도성 모델	자제하기 자제감 형성하기
6	성인전기	친밀성 대 고립감	우정, 성(性), 경쟁, 협동의 동반자들	타인과 관계하기
7	성인중기	생산성 대 침체감	본업과 가족분리	돌보기
8	성인후기	통합성 대 절망감	인류 나의 종족	지나온 생을 통해 실존하기 죽음에 직면하기

2단계: 자율성 대 의심(18개월~3세)

2세경에 대부분의 유아들은 걸을 수 있고, 다른 사람들과 의사소통을 할 수 있는 언어를 배우게 된다. '지독한 두 살짜리들'이 된 유아들은 이제 다른 사람들에게 의존하지 않으려 한다. 대신에 자율성, 즉 스스로 어떤 일은 할 수 있는 능력을 추구한다. 유아의 힘과 독립성에 대한 요구는 흔히 부모들에 의해 저지당한다. Erikson은 이 단계의 유아들은 '붙잡기'와 '포기하기'의 이중의 요구를 가지게 된다고 믿는다.

이것은 대개 이 단계에 하게 되는 배변훈련을 통해 명백하게 나타난다. Erikson은 2단계 위기의 바람직하지 못한 해결이 지나치게 강박적인 성인이 되게하는 원인이 된다고 믿었기 때문에 부모들의 엄격한 배변훈련을 경고했다.

부모들은, 유아들이 자유롭게 탐색하고 스스로 어떤 일을 할 수 있게 하여, 자율성을 확립하도록 고무시켜야 한다. 흔히 부모들은 그들의 아이들이 무력감과 무능함을 느끼도록 지나치게 엄격하며 거칠다. 이것은 유아들이 자신의 능력을 수치스럽게 여기며 의심하도록 만들 수 있다.

3단계: 주도성 대 죄의식(3세~6세)

이 시기를 통해 운동과 언어기술에 숙달하게 되는 유아들은 자신의 사회적이고 물리적인 환경에 대해 공격적이면서도 활기찬 탐색을 하게 된다. '골치 아픈 세 살짜리들'은 주도성을 기르게 되므로, 부모나 다른 가족들은 그들이 달리고, 뛰고, 미끄러지고, 그리고 던지는 행동을 할 수 있도록 해 주어야 한다. "자신이 어떤 사람이라는 것을 확신한 유아들은 이제 자신이 어떤 사람이 될 것인지를 발견해야 한다"(Erikson, 1968, p. 115). 부모들이 주도성을 가지려는 유아를 심하게 벌하면 이 단계는 물론 뒤에까지도 자신의 자연스러운 충동에 죄악감을 가지게 될 것이다.

4단계: 근면성 대 열등감(6세~12세)

1단계는 '주어진 나'를, 2단계는 '원하는 나'를, 그리고 3단계는 '원하는 자신을 상상할 수 있는 나'에 대한 확신을 가지게 된다. 4단계는 '학습하는 나'에 대한 확신을 가지게 된다(Erikson, 1980).

학교에 들어가는 것은 아동의 사회적 세계를 크게 확대시킨다. 그들에게 교사와 친구들이 중요하게 되는 반면에 부모들의 영향은 줄어든다. 아동들은 이제 어떤 일을 하기를 원한다. 그리고 그런 일에 성공하게 되면 근면성과 더불어 자기자신과 자신의 능력에 대한 좋은 느낌을 가지게 된다. 반대로 실패는 미래의 학습을 방해하는 무력감을 가지게 한다. 실패는 실제적이기 보다는 자기자신의 목표와 부모, 교사, 혹은 형제자매들의 기대에 '도달하는 것'에 대한 무능력감일 수 있다.

초등학교 시절 자신의 능력에 자신감을 주던 경험을 회상해 보자. 다른 친구들과 비교하여 자기가 공부를 못한다고 열등감을 느끼게 만들었던 경우를 기억해 보자. 학생들이 학교생활에서 성공할 수 있다고 느끼도록 하려면 어떻게 해야 할지를 생각해 보시오.

5단계: 정체성 대 역할 혼란(12세~18세)

'나는 누구인가?'라는 문제는 청년기를 통해 중요하게 된다. 그것에 대한 대답을 얻기 위해 청년들은 부모에게서 친구집단으로 관심이 차츰 바뀌게 된다. Erikson은, 청년들은 청년기를 통하여 급격한 생리변화와 미래의 교육과 직업을 결정해야 하는 압력에 의해, 이제까지 확립되어 있는 심리사회적 정체성에 의문을 제기하여 재정의할 필요를 느끼게 된다고 믿는다. 청년기는 변화의 시기이다. 청소년들은 자신이 누구이며 누구일 수 있는지를 발견하기 위해 직업적, 교육적 역할 등에 대한 다양한 실험을 한다. 이러한 새로운 자기 의미, 혹은 '자아 정체성'은 단순히 이전의 정체성이 누적된 것은 아니다. 그것은 새로운 정립이거나, 앞 단계의 위기들을 해결한 그의 능력과 청년기와 다음 단계인 성인기에 대한 욕구, 기술, 목표에 대한 기본적 동기(basic drive)인 자아의 정돈이다.(Erikson, 1980, p. 94).

1단계의 아기들은 자신과 어머니, 혹은 어머니 같은 사람을 신뢰하려 한다. 비슷하나 방법으로 청년들은 그들의 신뢰와 충성을 바칠 우상을 추구한다. 2단계의 유아들이 자율성을 추구하듯이 청년들은 자신들의 미래를 설계하며 '지독한 두 살짜리' 같이 통제를 위한 시도에 반항한다. 3단계의 취학 전 유아들은 자유롭게 놀고 자신에 대한 무한한 역할을 상상한다. Erikson은 이것이 청년기에 다시 나타나, 십대들은 자신과 사회에 대한 시야를 넓혀주는 친구나 성인들에 대해서는 거의 맹목적인 신뢰를 하게된다고 주장한다. 청년들은 독립성을 추구하기 위해 우상을 숭배하며 흔히 충격적이거나 반사회적인 행동에도 가담한다. 극히 소수의 청소년들만이 Albert Einstein 혹은 Mother Teresa의 티셔츠(T-shirt)를 입을 뿐이다. 학동기의 아동들은 어떤 일을 하고 그것을 잘하기를 원한다. 이것이 청년기가 되면 직업선택의 요구로 나타난다. Erikson은 이 마지막 선택이 청소년들에게는 가장 어렵다고 믿었다. 자신의 심리사회적 과거, 현재, 그리고 미래를 성공적으로 통합하지 못한 청년들은 역할혼돈으로 괴로워하게 된다.

6단계: 친밀성 대 고립감(성인 전기)

자신이 누구라는 것은 알고 인생의 목표를 확립하게 된 젊은 성인들은 이 단계에서 다른 사람들과 자신의 인생을 공유하려 한다. 이 단계의 주제는 '타인과의 관계속에서 자신을 발견하고 상실하는 것'으로 가장 잘 표현된다. 젊은 성인들은 이제 우정, 경쟁, 그리고 협력의 동반자로서 다른 사람들과 신뢰를 쌓고 친밀한 관계를 형성하기 시작한다. 이러한 관계는 상대방의 성장을 묵살하지 않고 상호 간에 동반자로서의 정체성을 높여야 한다. 이러한 친밀성을 추구하지 않거나 반복적인 노력에도 실패하게 되는 젊은 성인들은 고립감에 빠지게 된다.

7단계: 생산성 대 침체감(성인 중기)

생산성은 "후세에 대한 배려와 지도를 위한 관심"(Erikson, 1980, p. 103)을 의미한다. 일반적으로 이 생산성은 자녀를 기르는 과정에서 나타나게 된다. 그러나 이 단계의 위기는 교수(teaching)와 같이, 생산성과 창의성 같은 다른 형태를 통해 성공적으로 해결될 수 있다. 이 단계를 통해서도 사람들은 성장을 계속해야 하는데, 그렇지 못할 경우는 자기몰입이나 자기탐닉에 빠지게 되어 침체감과 대인관계의 결핍감을 느끼게 된다.

8단계: 통합성 대 절망감(성인 후기)

심리사회적 발달의 마지막 단계에서 사람들은 그들의 생을 회고하며 마지막 정체성위기를 해결한다. 성취, 실패, 그리고 궁극적 한계의 수용은 자신의 생에 대해 책임을 지는 통합성을 가져온다. 그들은 역시 죽음에 직면해야 하고 죽음을 수용해야 한다. 절망감은 그들이 살아 온 생을 후회하고 그것을 바꾸고 싶어할 때 나타날 수 있다.

이론의 시사점을 살펴보면, 모든 사람들이 Erikson의 위기를 같은 정도나 같은 시기에 경험하는 것은 아니다. 여기에 언급되는 나이 범위는 위기가 해결되는 최상의 시기를 나타내지만, 그때만이 유일한 시기라는 의미는 아니다. 예를 들면 혼란한 가정에서 태어난 아동들은 적절한 안전감을 가지지 못하게 되며, 입양되거나 더 안정된 환경속에 살게 된 후에 비로소 신뢰감을 발달시키게 된다. 부정적인 학교 시절의 경험 때문에 열등감을 가지게 된 사람들은 학습할 수 있고 가치로운 기술을 습득하게 되는 일을 체험함으로써, 다른 사람들이 초등학교 시절에 해결한 근면성 대 열등감의 위기를 비로소 해결하기도 한다.

Erikson의 이론은 위기의 원인과 그것을 해결할 수 있는 방법에 대한 환경의 역할을 강조한다. 심리사회적 성격발달단계는 다른 사람들과 사회에 대한 일정한 상호작용을 강조한다. 처음의 세 단계를 통한 상호작용은 주로 부모와 다른 가족성원에 의해 이루어지지만, 근면성 대 열등감에 의한 4단계와 정체성 대 역할혼란에 의한 5단계에서는 학교가 그 중심이 된다. 따라서 이 이론은 인간이 각 발달과정에서 겪는 갈등의 유형을 이해하는 데 도움을 준다. 또한 교육 장면에서 긍정적인 교육환경과 분위기를 조성해야 한다는 것이다. 학생들이 실패를 학습과정의 자연스러운 부분으로 인식하고, 다른 사람을 이해하고 함께 협력하는 것이 중요하다고 생각하도록 해야 한다.

〈표 1-3〉 Erikson과 Piager의 발달단계 비교

<table>
<tr><th>연령</th><th>Erikson</th><th>Piaget</th></tr>
<tr><td>성인 후기</td><td>통합성 대 절망감</td><td rowspan="11">형식적 조작기</td></tr>
<tr><td>성인 중기</td><td>생산성 대 침체감</td></tr>
<tr><td>성인 전기</td><td>친밀성 대 고립감</td></tr>
<tr><td>18</td><td rowspan="7">정체성 대 역할혼란</td></tr>
<tr><td>17</td></tr>
<tr><td>16</td></tr>
<tr><td>15</td></tr>
<tr><td>14</td></tr>
<tr><td>13</td></tr>
<tr><td>12</td></tr>
<tr><td>11</td><td rowspan="5">근면성 대 열등감</td></tr>
<tr><td>10</td><td rowspan="3">구체적 조작기</td></tr>
<tr><td>9</td></tr>
<tr><td>8</td></tr>
<tr><td>7</td><td rowspan="5">전조작기</td></tr>
<tr><td>6</td><td rowspan="3">주도성 대 죄의식</td></tr>
<tr><td>5</td></tr>
<tr><td>4</td></tr>
<tr><td>3</td><td rowspan="2">자율성 대 수치심/의심</td></tr>
<tr><td>2</td><td rowspan="3">감각운동기</td></tr>
<tr><td>1</td><td rowspan="2">신뢰감 대 불신감</td></tr>
<tr><td>0</td></tr>
</table>

3. 인공지능 시대의 인재상

1) AI의 개념

AI는 과학과 공학의 최첨단 핵심기술 분야 중 하나로서 학습과 인지와 같은 일반적인 분야에서부터 개인비서, 체스, 쓰기, 자율주행 자동차, 질병 진단, 법률 서비스 등과 같은 구체적인 업종에 이르기까지 다양한 분야에 널리 적용되고 있다. AI는 거의 모든 지적 과제와 연관을 맺고 있어서 현재 다양한 분야에서 널리 응용되는 기술로 인식되고 있다(Russell & Norvig, 2010).

일반적으로 인간지능에 대한 정의가 다양한 것과 마찬가지로 AI도 다양하게 정의되고 있다. 옥스퍼드 영어사전에 따르면 AI는 지능적인 행동을 보이거나 흉내 낼 수 있는 컴퓨터 또는 다른 기계들의 능력이라고 한다. 이 정의는 AI가 컴퓨터나 다른 기계들을 가리키지만 여전히 지적 행동이 무엇인지 의문을 제기한다. 또한 컴퓨터 과학 사전에는 AI를 인간이 할 때 지능이 요구되는 업무를 수행하는 컴퓨터 프로그램을 만드는 것과 관련된 학문이라고 한다. AI에서 다루는 과제의 예시로는 게임 놀이, 자동 추리, 기계학습, 자연어 이해, 언어이해, 정리 증명 등이 있다.

한편 웹스터 사전에 나오는 AI에 대한 대표적인 정의는 크게 네 가지로 구분된다(Kok et al., 2009). 첫째, 컴퓨터 과학 분야의 연구영역으로서 AI는 학습, 추리, 자기교정 등과 같이 인간과 유사한 사고 과정에 참여할 수 있는 컴퓨터 발달과 관련이 있다. 둘째, 학습, 적응, 자기교정 등과 같이 인간지능처럼 정상적으로 사고하는 몇 가지 능력을 가지고 있다는 가정하에 기계가 개선할 수 있다는 개념이다. 셋째, 마치 과거에 기계적 도구를 사용하여 물리적 힘을 확대하는 것처럼, 컴퓨터를 활용하여 인간지능을 확대할 수 있는 개념이다. 넷째, 제한된 의미에서 프로그램 기법의 발달로 컴퓨터를 더 효과적으로 사용하기 위한 기법을 연구하는 개념이다.

또 다른 관점에서 보면, AI는 지능적인 인간행동을 흉내 내는 것에서 출발하였다. AI 분야의 대표적인 교과서인 러셀과 노빅(Russell & Norvig)의 교과서에서는 AI에 대한 개념을 두 가지 차원, 즉 인간의 수행과 합리성 차원과 사고 과정과 행동

차원에 따라 4가지 시스템을 제시하고 있다. 그들의 4가지 시스템은 사람처럼 생각하는 시스템, 사람처럼 행동하는 시스템, 합리적으로 사고하는 시스템, 그리고 합리적으로 행동하는 시스템으로 구분된다. 이들 네 가지 시스템으로 분류된 대표적인 정의는 다음 <표 1-3>과 같다(Russell & Norvig, 2010).

〈표 1-3〉 네 가지 시스템으로 분류된 인공지능의 정의

	인간의 수행	합리성
사고과정	〈인간적 사고〉 컴퓨터가 생각하게 하는 흥미로운 새시도. 문자 그대로의 완전한 의미에서 마음을 가진 기계(Haugeland,1985) 인간의 사고, 의사결정, 문제해결, 학습 등의 활동에 연관시킬 수 있는 활동들(의 자동화) (Bellman, 1978)	〈합리적 사고〉 계산 모형을 이용한 정신 능력 연구 (Charniak & McDermott, 1985) 인지와 추론, 행위를 가능하게 하는 계산의 연구 (Winston, 1992)
행동방식	〈인간의 행위〉 사람이 지능적으로 수행해야 하는 기능을 수행하는 기계의 제작을 위한 기술 (Kurzweil, 1990) 현재로서는 사람이 더 잘하는 것들을 컴퓨터가 하게 만드는 방법에 대한 연구(Rich & Knight, 1991)	〈합리적 행위〉 계산 지능은 지능적 에이전트의 설계에 관한 연구(Poole et al., 1998) 인공지능은 인공물이 지능적 행동에 관련된 것(Nilsson, 1998)

<표 1-3>에 나타난 바와 같이, 인간적 사고는 의사결정과 문제해결과 같은 인간의 인지능력을 자동화함으로써 인간처럼 생각하는 것을 목표로 하는 인공지능을 말한다. 다음으로 인간의 행위는 자동화 에세이 피드백에서 사용되는 것과 같은 등의 인간의 반복적인 비반성적(non-reflective) 능력들을 자동화함으로써 인간처럼 행동하는 것을 목표로 하는 인공지능을 말한다. 그리고 합리적 사고는 AI 수업조교에서 필요한 것처럼 계산 모형에 의해 지각과 추론의 전산 모델로서 합리적으로 생각하는 것을 표로 하는 인공지능을 말한다. 마지막으로 합리적 행위는 시뮬레이션에서 사용되는 지능적인 에이전트들에 의해 합리적으로 행동하는 것을 표로 하는 인공지능을 말한다.

2) AI 기술 관련 용어

인공지능의 역사에서 AI 기술 관련 용어들이 여러 차례 언급되었다. 그러한 용어들은 AI 교육 분야에서 중요한 역할을 담당하기 때문에 AI 관련 용어를 이해하는 것이 필요하다. 여기에서는 알고리즘, 머신러닝, 그리고 인공신경망을 간단히 살펴보기로 한다.

알고리즘

알고리즘(Algorithms)은 AI의 핵심 개념 중의 하나이다. AI의 역사는 더 정교하고 효율적인 알고리즘을 개발하는 과정이라고 말할 수 있다. 원래 알고리즘은 9세기 페르시아의 수학자인 무함마드 알콰리즈미의 이름을 라틴어화한 알고리스무스(Algorismus)에서 유래한 표현이다. 알고리즘은 수학과 컴퓨터 과학, 언어학 또는 관련 분야에서 어떠한 문제를 해결하기 위해 정해진 일련의 절차나 방법을 공식화한 형태로 표현한 것, 또는 계산을 실행하기 위한 단계적 절차를 의미한다. 알고리즘은 연산, 데이터 마이닝 또는 자동화된 추론을 수행한다. 산법(算法), 셈법, 계산 절차 등으로 번역되기도 한다.

모든 컴퓨터 프로그램은 알고리즘으로 구성되어 있다. 일반적으로 프로그램은 컴퓨터가 문제를 해결하기 위해 사용하는 일련의 수학적 명령어를 나타내는 수치 계산, 에세이 문법 검사, 이미지 처리, 자연에서 보는 패턴 설명 등을 위한 수천 줄의 코드로 구성되어 있다. AI 알고리즘이 다른 컴퓨터 프로그램과 구별되는 것은 시각적 인식, 음성 인식, 의사결정, 학습 등과 같이 본질적으로 인간의 영역이라고 생각할 수 있는 분야에 적용되는 특징이다.

머신러닝(기계학습)

머신러닝(machine learning) 또는 기계학습은 기계, 즉 컴퓨터를 인간처럼 학습시켜 스스로 규칙을 형성할 수 있지 않을까 하는 시도에서 비롯되었다. 컴퓨터가 학습할 수 있도록 하는 알고리즘과 기술을 개발하는 분야이다. 가령, 기계학습을 통해서 수신한 이메일이 스팸인지 아닌지를 구분할 수 있도록 훈련할 수 있다. 기계학습의 핵심은 표현(representation)과 일반화(generalization)에 있다. 표현이란 데이터의 평가이며, 일반화란 아직 알 수 없는 데이터에 대한 처리를 말한다. 이는 전산학습 이론 분야이기도 하다. 다양한 기계학습의 응용 분야가 있다. 문자 인식은 이를 이용한 가장 잘 알려진 사례이다.

머신러닝 알고리즘은 패턴을 파악하고 미래의 값들을 예측하기 위해 모델을 만들고자 데이터를 분석한다. 예컨대 머신러닝은 사진 속 사람들의 이름을 알고 있을 때, 그 패턴을 파악해서 다른 사진 속에 누가 있는지를 예측하거나 의학적 증상들의 패턴을 파악해 상태를 진단한다. 즉 머신러닝은 지속적으로 반복되는 3단계 프로세스인 데이터 분석, 모델 구축, 작업 수행으로 생각할 수 있다. 작업 수행의 결과를 바탕으로 새로운 데이터를 생산하고 모델을 수정하고, 다시 새로운 작업을 수행한다. 기계가 수행의 과정에서 학습하는 것을 의미한다.

최근 자연어 처리, 자율주행 자동차, 구글 딥마인드 알파고 프로그램 등은 모두 머신러닝 기술을 활용한 대표적인 사례이다. 머신러닝이 AI의 하위 분야임에도 불구하고 동의어로 사용되는 경향이 있다. 머신러닝 기술의 발전은 빠른 컴퓨터 프로세서, 대량의 빅데이터, 새로운 계산적 접근에 기반을 두고 있다. 머신러닝은 지도학습, 비지도학습, 그리고 강화학습 등 세 가지 유형으로 구분된다.

지도학습

지도학습(supervised learning)은 교사가 학생에게 지식을 전달하는 것과 같이 모든 정보를 컴퓨터 시스템에 알려주는 형식을 말한다. 레이블(label)의 유무에 따라 지도학습과 비지도학습으로 구분된다. 여기서 레이블이란, 학습 데이터의 어떤 속성을 분석할지에 따라 정의되는 데이터를 뜻한다. 지도학습에서는 결과가 이미 알려진, 즉 레이블이 이미 은 대량의 데이터가 주어진다. 예컨대 사람에 의해 식별된 자전거, 도로표지판, 보행자 등의 레이블이 붙여진 많은 거리의 사진들을 들 수 있다. 지도학습은 데이터와 레이블에 대한 관계를 나타내는 함수를 결정하는 것을 목표로 하고, 그러한 함수는 새로운 데이터에 적용된다.

비지도학습

비지도학습(unsupervised learning)은 컴퓨터가 스스로 학습하는 형식을 의미한다. 사람 없이 컴퓨터가 스스로 레이블 되어 있지 않은 데이터에 대해 학습하는 것이다. 정답이 없는 문제를 푸는 것이므로 학습이 맞게 됐는지 확인할 길은 없지만, 인터넷에 있는 거의 모든 데이터는 레이블이 없는 형태로 되어 있다. 이 레이블이 없는 데이터를 분석해 구조에서 숨겨진 패턴과 새로운 데이터를 분류하는 데 사용한 클러스터를 발견하는 것이 비지도학습 알고리즘의 목표이다. 이 방법은 구글의 사진에서 얼굴 인식을 위해 사용했던 접근방식이다. 또한 비지도학습의 예시로는 표적 광고를 위해 온라인 쇼핑객을 분류하는 것, 금융에서 합법적 금융거래와 사기적인 금융거래를 구별하는 것들을 포함한다.

강화학습

강화학습(reinforcement learning)은 학생의 학습결과에 대한 보상을 제공하는 것과 마찬가지로, 컴퓨터 처리 결과에 대한 보상만 제공하는 학습형식을 의미한다. 지도학습과 비지도학습에서는 데이터로부터 만들어진 모델이 고정되어 있으므로 만약 데이터가 변경되면 다시 분석해야 한다. 그러나 강화학습은 피드백을 기반으로 모델을 지속적으로 개선한다. 강화학습은 학습이 진행 중인 머신러닝이다. 강화학습에서는 모델을 도출하기 위한 초기 데이터가 제공되며, 다시 모델은 정확 또는 부정확한 것으로 평가된 후 그에 따라 보상과 처벌이 이루어진다. 컴퓨터 게임에 비유하면 점수가 증가하거나 감소하는 것이다. 강화학습은 모델을 업데이트하기 위해서 이러한 긍정적 또는 부정적 강화를 사용하고 시간이 경과함에 따라 반복적으로 발전, 학습, 진화한다. 예컨대 자율주행 자동차가 충돌을 피하면 이를 가능하게 한 모델에 보상이 주어지고, 미래에 충돌을 피할 수 있는 능력이 향상된다.

인공신경망

인공신경망(Artificial neural network)은 지도학습, 비지도학습, 강화학습에 사용할 수 있는 인간의 뉴런 구조를 본떠 만든 기계학습 모델이며, 인공지능 알고리즘이다. 인공신경망은 입력층, 은닉층, 출력층 등 세 가지 유형의 층(layer)으로 구성된다. 입력층은 이미지의 픽셀들과 같은 수백만 개의 데이터 형태로 환경으로부터 자극을 받아들이는 역할을 한다. 은닉층은 계산을 수행하는 여러 개의 은닉 마디(hidden unit)로 구성되며 입력층의 여러 변숫값을 처리하여 출력층으로 전달한다. 출력층은 목표 변수라는 결과를 나타내는 부분을 의미한다.

3) 교육과 AI의 만남

AI 기술의 발전은 사회 전반에 영향을 미치고 있는 것과 마찬가지로 교육에도 영향을 미치고 있다. 특히 민간 차원에서 AI 기술을 교육 분야에 활용하는 사례가 증가하고 있다. 이에 따라 초·중등학교 교육에서부터 고등교육, 직업교육, 평생교육에 이르기까지 AI를 포함한 융·복합 교육과 관련한 교과목이 다양하게 개설되고 있다.

교육과 AI라는 두 개의 키워드가 만나서 여러 가지 용어가 혼용되고 있다. 대표적으로는 교육에서의 인공지능(AI In Education; AIED), 인공지능 기반 교육(AI Based Education; AIBE), 그리고 인공지능 교육(AI education) 등이 있고, 교육에서의 AI 활용, AI 소양 교육 등이 사용되고 있다. 이러한 AI와 교육의 만남은 크게 두 가지 관점으로 나누어 볼 수 있다. 하나는 AI 기술을 교육방법이나 교육 환경에 적용하는 도구로서의 AI이다. 다른 하나는 AI가 교육의 내용이 되는 목적으로서의 AI이다(홍선주 외, 2020).

교육에서의 AI

교육에서의 AI(AIED)는 에듀테크의 첨단 기술을 교육에 도입하는 것에 그치지 않고 AI가 학습의 과정과 방법을 보다 깊이 있고 정교화된 방식으로 이해하는 데 강력한 도구로 활용되는 것을 의미한다(Luckin et al., 2016). 교육에서의 AI는 크게 'AI와 함께하는 학습(Learning with AI)'과 'AI에 대한 학습(Learning about AI)'으로 분류된다(Holmes et al., 2019).

먼저 'AI와 함께하는 학습'은 시스템 측면의 AI, 학생 측면에서의 AI, 교사 측면에서의 AI로 세분되며, 교육 환경, 교사, 학생을 지원하는 역할로서의 AI를 의미한다. 이는 AI 및 다양한 테크놀로지를 교육에 활용하는 것으로, AI를 직접적인 학습 도구나 학습 환경으로 활용하거나, 교수(敎授)의 도구로 활용하거나, 나아가 학습자 모니터링 도구나 평가 및 채점 도구로 활용하는 접근을 포괄한다. 다음으로 'AI에 대한 학습'은 유·청소년을 대상으로, 기술자를 대상으로, 그리고 관리자급 인력을 대상으로 AI를 가르치는 것으로 구분하여 학습 대상자를 달리한' 교육 내용으로서의 AI를 의미한다. 이는 AI에 대한 이해를 바탕으로 AI 알고리즘을 설계, 개발, 활용하는 능력을 함양하기 위해 AI를 교육의 내용으로 가르치는 접근을 말한다. 이렇게 볼 때, 교육에서의 AI(AIED)는 교수학습의 도구로서 AI와 교육 내용으로서 AI 두 가지 모두를 포괄하는 개념으로 정리할 수 있다.

AI 기반 교육

AI 기반 교육(AIBE)은 웹 기반 교육, 인터넷 기반 교육, 컴퓨터 기반 검사 등과 같이 새로운 테크놀로지가 교육에 등장할 때마다 해당 기술(X)에 기반을 둔 'X-기반 교육'이라는 맥락에서 사용되고 있다. AI 기반 교육(AIBE)은 'AI 요소를 가지고 있는 학습관리시스템(Learning Management System; LMS)에서 AI가 교사와 학생을 지원하는 형태와 이러한 AI 기반의 교육 플랫폼이 존재하지 않는 경우' 수업의 다양한 주제와 활동에 맞는 적절한 지능형 서비스를 수업에 활용하는 형태를 포괄하는 개념이다.

이러한 AI 기반 교육은 AI 기반의 교육 플랫폼이 있건 없건 AI가 학습자, 학습 내용 분석, 학습 활동 분석, 교수 활동 분석 등 교수자의 교수 설계 작업을 도와주고, 교수자의 보조교사 또는 협력교사로서의 역할을 하며, 학습자의 특성을 파악하여 교육과정의 개별화를 지원하는 등 광범위한 역할을 하도록 AI를 활용하는 접근이다.

AI 기반 교육(AIBE)은 과거에는 'ICT 활용 교육'과 같이 AI가 교육의 방법적 측면에서 활용되는 것을 의미하여 ICT 활용 교육 내에서의 작은 비중으로 존재하였으나, 점차 AI의 비약적 발전에 힘입어 미래에는 교육 방법적 측면을 넘어서 교육 내용적 측면까지를 포괄하는 개념으로 확장될 것으로 보고 있다.

4) 새로운 인재의 여러 모습들

어떤 조직이나 기업에서는 무엇보다 우수한 인재를 채용하는 것이 중요하다. 우수한 인재는 시대에 따라 다소 달라진다. 1980년대 이전의 기업들은 혼자서 여러 업무를 수행할 수 있는 넓은 지식을 소유한 팔방미인형 인재(제너럴리스트)를 선호했다. 또한 1980년대 중반에는 특정한 분야에 전문적인 지식을 갖춘 전문가형 1자형 인재(스페셜리스트)를 요구했다. 1990년대 말 IT 붐(Boom)과 함께 기업 간, 업종 간 경계가 모호해졌고, 이에 따라 특정 분야의 전문성을 기반으로 동시에 넓은 시야를 가진, Specialist와 Generalist의 합성 개념인 소위 T자형 인재를 선호하기 시작했다. 최근에는 T자형 인재 외에도 A자형 인재, M자형 인재, V자형 인재, 융합형 인재 등으로 표현되기도 한다.

T자형 인재

과거에는 특정한 분야에 전문적인 지식을 갖춘 I자형 인재가 선호되었지만, 최근에 T자형 인재에 대한 선호도가 높다. 어떤 조직에서 모든 구성원이 T자형 인재가 될 수는 없다. 이보다 부족한 직원도 있고 이보다. 훨씬 뛰어난 직원이 있을 수 있다. T자형 인재는 여러 분야의 기본지식과 문제해결능력을 가지고 있으면서 특정한 분야의 전문지식과 능력을 가진 인재를 말한다. T자형 인재는 IBM의 짐 스포러(Jim Spohrer)가 지식의 폭이 넓고 깊은 사람을 표현하기 위해 T자형 인간(T-shaped person)이라는 용어를 만들었다고 한다(Holmes, et al., 2019). 또한 일본의 도요타(Toyota)에서 추구하는 기업의 인재상을 표현하기 위해 회사명의 T자를 따서 사용했다고 한다. 사실 다양한 영역에서 역량을 가지면서 자신의 전문분야에서 스페셜리스트가 되는 것이 쉽지 않다. 하지만 뛰어난 인재는 T자형에서 A자형, M자형 인재로 성장하기 위해 더욱더 많은 노력을 집중할 것이다.

A자형 인재

A자형 인재는 전문성을 가지고 인성을 바탕으로 팀워크 능력까지 겸비한 인재를 말한다. A자는 사람 인(人)에 가교(−)를 연결하는 협력의 의미를 담고 있다. 먼

저, 전문성을 갖추어야 한다. 전문성은 열정을 가지고 자기개발에 노력하는 사람에게는 충분히 가능할 것이다. 다음으로 인성을 갖추어야 한다. 인성은 하루아침에 이루어질 수 없다. 가정교육에서부터 출발하여 학교교육과 대학의 교육과정을 통해서 장기적으로 형성된다. 마지막으로 팀워크 능력이 요구된다. 어떤 조직에서 여러 가지 프로젝트 업무를 수행하는 경우가 증가할수록 팀워크 또는 협업 능력은 더욱더 요구된다. 따라서 전문성과 인성과 팀워크를 갖춘 A자형 인재는 디지털 사회에서 요구되는 인재임에 틀림없다.

M자형 인재

직업 세계가 빠른 속도로 변하기 때문에 T자형 인재로서는 감당하기 어려운 상황이 전개되고 있다. 그래서 평생 몇 개의 영역이나 분야에서 전문성을 갖추어야 하는 M자형 인재가 요구된다. 이는 다른 말로 표현하면 멀티플레이어형 인재이다. M자형 인재는 여러 분야에서 다양한 역할 수행이 가능한 인재를 말한다. 특히 스포츠 분야에서 자주 사용된다. 야구 선수 추신수는 멀티플레이어형 선수였다. 공격 관점에서 보면, 홈런, 장타(3루타, 2루타), 단타(1루타), 스퀴즈번트 등 다양한 능력을 가졌다. 수비 측면에서 보면, 우익수, 좌익수, 중견수 등 다양한 포지션을 소화할 수 있다. 감독 입장에서 본다면 경기 중에 승리를 위한 다양한 작전을 펴기에 필요한 우수한 선수임에 틀림없다.

V자형 인재

최근에 들어와서 M자형 인재와 더불어 V자형 인재가 요구되고 있다. V자형 인재는 특정한 전문분야는 물론 그 주변 분야까지 넓혀 깊은 지식을 보유한 인재를 말한다. 과거에 문제해결을 위해 다른 분야의 아이디어를 빌려 쓰던 수준에서 전문분야와 주변분야, 주전공과 부전공, 복수분야의 전문성을 갖춘 인재를 선호하고 있다. 그러나 V자형 인재와 M자형 인재는 자신들의 기존 틀을 넘어서지 못하는 한계를 지니고 있어 새로이 융합형 또는 하이브리드형 인재가 요구되고 있다.

융합형 인재

그에 가장 각광받는 인재 유형은 융합형 또는 하이브리드형 인재이다. 융합형 인재는 인문학, 공학, 문제해결능력, 신기술에 대한 이해능력, 외국어 구사능력, 그리고 창의성 등을 갖춘 인재를 말한다. 이는 T자형 인재, A자형 인재, M자형 인재, V자형 인재 등의 장점을 혼합한 유형이다. 이러한 능력을 갖춘 인재는 상위 1% 또는 3%에 해당하는 탁월한 인재이다.

하지만 사회변화의 속도가 빠르고 트렌드 변화가 다양한 상황 속에서 유능한 인재상도 변화하게 된다. 특히 AI 시대에서 어떠한 인재가 더 조직 발전, 기업 발전에 맞을 것인가? 스타트업 기업을 비롯하여 중소기업, 중견기업, 대기업의 상황에 따라서 필요한 인재상은 다를 수 있다. 위에서 소개한 다양한 인재상을 시대별로 비교하면 다음 [그림 3-1]과 같다(손동연·강태영, 2015).

4차 산업혁명 시대의 자기주도적 창의 인재

제3차 산업혁명과 맞물려 논의되기도 하는 4차 산업혁명은 여러 방면에서 다양하게 정의되고 있다. 세계경제포럼(World Economic Forum, VEE)에 의하면, 4차 산업혁명이란 '사물인터넷(IoT), 로봇, 인공지능(AI), 빅데이터 등의 기술이 나노기술(NT), 바이오기술(BT), 정보기술(IT), 인지과학(CS)의 융합기술로 발전하고, 이로 인한 지능형 사이버 물리 시스템(cuber ohusical system)이 생산을 주도하는 사회구조로의 대변혁'을 말한다(WEF, 2016). 시사경제용어사전에서는 4차 산업혁명을 '물리 세계, 디지털 세계, 그리고 생물 세계가 융합되어 경제와 사회의 모든 영역에 영향을 주는 새로운 산업시대'라고 정의하고 있다(기획재정부, 2019), 그리하여 사물인터넷(IoT), 로봇공학, 가상현실(VR) 및 인공지능(AI)과 같은 혁신적인 기술이 우리가 살고 일하는 방식을 변화시키게 된다. 또한 한국정보통신기술협회는 4차 산업혁명을 '인공지능, 사물인터넷, 빅데이터, 모바일 등 첨단 정보 통신기술이 경제 사회 전반에 융합되어 혁신적인 변화가 나타나는 차세대 산업혁명'으로 정의하고 있다(한국정보통신기 술협회, 2019).

농업혁명, 1·2차 산업혁명, 3차 산업혁명, 4차 산업혁명의 흐름과 특징 및 각 시대에서 추구해온 인재상을 정리하면 다음의 <표 1-4>와 같다.

〈표 1-4〉 농업 · 산업혁명의 흐름과 인재상의 특징

혁명	시기	핵심 기술	특징	인재상
농업혁명	BC12000	정착 농업	인구증가, 도시의 출현	육체노동형 인재
1차 산업혁명	1784	증기기관	기계화	규율화된 인재
2차 산업혁명	1870	전기기관	노동의 분화, 대량생산	
3차 산업혁명	1969	정보통신	자동화	지식역량형 인재
4차 산업혁명	2016년 이후	사이버물리시스템 인공지능	노동의 종말	자기주도적 창의 인재

인재상은 시대에 따라 변하기 마련이다. 이처럼 부족한 것이 없어 보이는 M자형과 V자형 인재들도 자신의 전공 분야의 벽을 넘지 못하며, 이들만으로 패러다임을 주도하기에는 부족함에 틀림없다. 애플의 스티브 잡스나, 페이스북의 저커버그처럼, 주변 지식으로의 확대가 아닌 학문의 경계를 뛰어넘는, 인문학적 소양을 가지고 이공학 분야의 창조적인 문제해결이 가능한 창의 또는 융합(통섭)형 인재의 시대가 다가오고 있다.

4차 산업혁명과 AI 시대에서 주요 선진국들은 미래사회에 적합한 인재상을 경쟁적으로 제시하고 있다. 이처럼 미래 세대를 위한 국가와 사회의 인재상은 국가 생존의 문제로 인식하기 시작하였다. 일반적으로 인재상은 특정 조직에 어울리는 인재의 모습 또는 인재로서 갖추어야 할 모습으로 정의된다. 또한 인재상을 변화하는 미래사회 모습을 예측하고 변화하는 사회에서 요구되는 다양한 기술, 자질, 성품 등을 갖춘, 즉 특별한 상황과 시대가 요구하는 역량을 갖춘 인간의 모습으로 규정한다(이경호, 2019).

이러한 미래사회가 요구하는 인재상과 더불어 인재들이 갖추어야 할 핵심역량에 관한 논의가 활발히 진행되고 있다. 그래서 인재상과 핵심역량이 직결되어 논의되고 있다는 사실을 알 수 있다. 한 사회나 국가에서 요구되는 인재의 바람직한 모습을 그리는 것이 인재상이고, 개별 인재가 삶의 다양한 영역에서 반드시 갖추어야 할 필수적인 지식, 태도, 스킬 등이 바로 핵심역량일 것이다. 이러한 핵심역량의 중요성에 대한 관심은 세계적인 연구기관을 비롯하여 정부, 기업, 그리고 학자들까지 널리 확산되고 있다.

인재상에 관한 문제는 결국 한 개인의 차원과 조직의 구성원의 한 사람으로서 살아가는 사회적 차원에서 논의된다. 개인적 차원에서 보면 인간으로서의 가치를 지닌 인간만이 가질 수 있는 고차적인 사고력, 더불어 살아가는 데 필요한 사회정서적 능력과 공감능력을 갖춘 사람이 되어야 한다. 개인의 입장에서 보면, 스스로 행복하고 만족하는 삶을 살아갈 수 있는 능력을 갖추어야 한다. 한 사람의 개인의 가치가 사회구성원으로서의 가치로 발전될 수 있어야 한다. 개인은 혼자서 살 수 없기 때문에 다른 사람과 원만하게 소통할 수 있는 의사소통능력과 함께 살아갈 수 있는 협업 능력을 길러주어야 한다.

읽고 생각해 보세요

[출처: 유시주(역)(2000). 선생님. 푸른나무]

"똑같은 것보다 다 다른 것이 좋아"

찌는 듯 무더운 9월의 아침이었다. 나는 새로 전학 간 학교의 3학년 교실에 들어가 내 소개를 했다. 얼마 전만 해도 나는 미시간에 있는 우리 집 뒷마당에서 가장 친한 친구 둘과 놀고 있었는데. 나는 제니와 팜이 있는 그곳으로 다시 돌아가고만 싶었다.

아버지는 나와 내 동생을 앉혀 두고 필라델피아에 좋은 직장을 얻었다며, 개학하기 전에 그곳으로 이사를 가야 한다고 설명했다. 처음에는 신이 났다. 그러나 친한 친구들과 더 이상 같이 놀지 못하게 된다는 사실을 깨닫고는 나는 곧 시무룩해졌다. 까마득히 멀리 떨어져 있다는 것만 알았을 뿐, 나는 필라델피아가 어디에 붙어 있는지도 몰랐다.

개학하는 날 아침, 엄마는 나를 데리고 한 블록 반이나 걸어서 학교에 갔다. 내게 길을 가르쳐 주기 위해서였다. 그러고는 내 뺨에 입을 맞춰 주면서 행운을 빈다고 말했다. 나는 교실 문 앞에 서서 안을 둘러보았다. 그리고 거기서 뜻밖의 모습을 보았다. 담임선생님인 듯한 털만 선생님은 키가 크고 나이가 지긋했다. 그런데 선생님의 왼쪽 팔이 없는 것이 아닌가. 얇은 긴 소매 블라우스의 왼쪽 소매는 선생님의 허리에 있는 가느다란 벨트에 단단히 고정되어 있었다. 선생님은 교실로 들어서는 아이들과 인사를 나누고 있었다. 문간에 서 있던 나는 마치 얼어붙은 듯 발이 떨어지지 않았다. 움직여야 한다고 생각했지만 어디로 발걸음을 옮겨야 할지 몰랐다. 그냥 집으로 돌아가고만 싶었다.

"내 이름은 털만이란다. 네 이름은 뭐니, 꼬마 숙녀야?"

선생님은 내게 말을 걸며 나를 향해 걸어오기 시작했다. 나는 숨이 막혀 침을 몇 번이나 삼켜야 했다.

"로라……. 제 이름은 로라…… 헤이즈예요."

그러자 내가 걱정했던 순간이 닥쳤다.

"우리 반에 새로 들어오는 학생이구나. 그렇지?"

선생님은 이렇게 물으면서 덧붙였다.

"어서 이리 오렴. 그리고 팀 옆에 앉거라."

선생님은 오른손으로 내 의자를 끌어당기더니 내게 앉으라는 시늉을 했다. 그렇게 하기 위해서 나를 향해 허리를 숙이는 바람에 선생님의 빈 옷소매가 내 얼굴을 스쳤다. 그때 얇은 옷감 속으로 절단된 팔 부분이 내비쳤다. 순간, 나는 무서웠다. 그나마 뒷줄에 앉게 된 게 다행이었다. 멀리서만 봐도 무서운데 앞자리였으면 얼마나 무서웠을까. 그리고 나는 선생님이 내게 가까이 오지 말았으면 하고 빌었다.

나는 숨이 막힐 것처럼 무더운 공기를 느끼면서, 교실을 가득 메우고 있는 낯선 아이들을 둘러보았다. 털만 선생님은 책과 종이, 크레용, 연필, 풀 같은 수업 준비물을 나누어 주셨다. 그리고 학급의 규칙을 설명하고, 식당을 이용할 때나 화재 대피 훈련 때 어떻게 행동해야 하는지를 가르쳐 주셨다. 지루한 시간이 지나고 드디어 쉬는 시간이 되었다.

쉬는 시간도 끔찍했다. 운동장에서는 아무도 나와 놀려고 하지 않았다. 나는 수줍음을 많이 탔고, 게다가 아이들에게는 모두 작년부터 사귀어 온 친구들이 있었다. 나는 그네에 혼자 앉아서 노는 편을 택했다. 아무도 말을 걸지 않았고, 아무도 나와 놀려고 하지 않았기 때문에 나는 정말 외로웠다. 나는 팜과 제니가 그리웠다. 그 친구들과 함께 있었다면 이렇게 외롭지는 않을 텐데.

쉬는 시간이 끝나고 우리가 교실로 돌아오자 털만 선생님은 개학을 하면 어디서나 내주는 과제물을 주었다. 바로 "여름방학 때 있었던 일"에 대해서 수필을 쓰라는 것이었다. 나는 연필을 잡고 수필을 쓰기 시작했다. 글쓰기는 내가 가장 자신 있어 하고 좋아하는 일이었다, 나는 지난 몇 주 동안 내가 겪은 마음고생을 정성들여 종이 위에 옮겼다.

우리들의 책상은 3개씩 서로 마주 보게 해서 모두 6개의 책상이 한 단위로 배치되어 있었다. 그래서 나는 다 쓴 글을 모을 때 다른 아이들은 모두 필기체로 글을 썼다는 것을 알 수 있었다. "어떻게 해!" 나는 속으로 외쳤다. 나만 혼자 활자체로 썼던 것이다. 책상 배열 때문에 다른 아이들도 모두 내가 전학 온 신참일 뿐만 아니라, 자기들과 '다르다'는 것을 알게 될 판이었다. 나만 인쇄체로 글을 썼지 않은가 말이다. 이제 모두들 새로 전학 온 아이가 글씨도 제대로 쓸 줄 모른다는 것을 알게 되겠지! 앞으로 친구들은 다 사귀었구나. 선생님이 이걸 보시면 뭐라고 말씀하실까.

털만 선생님은 우리들을 데리고 그날의 나머지 수업까지를 모두 진행하셨다. 그 동안, 더이상 헐렁한 옷소매만 쳐다보지 않을 정도로 나도 선생님의 별스러운 외모에 익숙해졌다, 나는 선생님의 고운 목소리와 독특한 얼굴 표정, 선생님이 하시는 말씀은 무엇이든 간에 매우 매혹적으로 들렸다.

며칠이 지나면서 나는 어렵사리 친구들을 몇 사귀었고, 새 학교에도 처음보다는 그럭저럭 마음을 붙일 수 있었다. 그런데 금요일이 되자 선생님이 점수를 매겨서 글을 되돌려 주셨다. 아이들은 점수를 보고는 기뻐서 재잘거렸다, 나는 내 글을 받아들고 숨을 죽였다. 그 위에는 "수업이 끝난 뒤에 잠깐 보자."는 선생님의 특별한 전달 사항이 빨간 글씨로 적혀 있었다. 나는 심장이 멎는 것 같았다. 땅이라도 꺼져서 나를 삼켜버렸으면 하고 빌었다. 방과 후에 학교에 남으라니……. 내가 겁을 집어먹은 것은 말할 필요도 없었다. 필기체를 못 쓴다고 야단을 치려는 것일까?

아이들이 다 돌아가고 교실이 텅 비자, 나는 털만 선생님을 쳐다보았다.

"로라, 이리 오너라."

나는 선생님께 가고 싶지 않았다. 그러나 가야만 한다는 것도 알고 있었다. 할 수 없이 나는 선생님 책상 쪽으로 걸어갔다. 선생님은 말씀하셨다.

"나는 네가 다른 아이들과는 다르다는 것을 알았다. 넌 좀 다르구나."

나는 속으로 '난 다르고 싶지 않아요. 다른 아이들과 똑같고 싶어요.'라고 외쳤다. 내가 미처 선생님의 말뜻을 알아듣기 전에, 선생님은 말을 이었다.

"너는 다른 아이들과는 달리 글을 쓰는 데 재능이 있구나. 나는 네 글을 보고 글쓰기 연습을 한 경험이 있다는 걸 알았단다. 그래서 하는 말인데, 이젠 진짜 작가들처럼 글씨를 멋있게 쓰는 법을 배우면 좋겠어. 너한테 줄 게 있단다."

선생님은 습자책을 건네주시며 내가 글자를 쓸 때 오른손을 사용하는지를 물었다.

"근데, 넌 어느 쪽 손으로 쓰니?"

나는 놀라서 더듬거렸다.

"저, 음, 저, 왼손으로요, 선생님."

털만 선생님은 보조개를 보이면서 웃었다. 그리고는 자신의 왼팔을 내려다보았다.

"그래? 그렇다면 글씨를 가르치는 데는 내가 좋은 선생님이 되지 못할 것 같구나. 주말에 널 도와줄 사람이 누구 있니?"

나는 마음이 조금 놓여 밝게 대답했다.

"엄마에게 부탁하면 돼요. 엄마는 글씨를 참 잘 쓰시거든요."

"그러면 네 엄마가 선생님이 되면 되겠구나. 이 책을 가져가서 연습을 해보고 월요일에 다시 가져오너라. 얼마나 잘 썼는지 보게. 참, 아주 솔직했기 때문에 네 점수는 A+다."

나는 얼른 "네, 선생님."하고는 "고맙습니다."하고 덧붙였다. 나는 사실 솔직하다는 말이 무슨 뜻인지 몰랐다. 그러나 어쨌든 A+라니 기뻤다. 나는 책을 받아들고 책가방을 싸기 시작했다. 내가 교실에서 나갈 준비를 거의 마쳤을 때, 선생님이 내 자리로 걸어왔다. 선생님은 내 책상 건너편에 앉더니 부드럽고 낭랑한 목소리로 내게 말했다.

"너도 알다시피 나는 좀 다르게 생겼지? 사람들은 내가 어떤 사람인지 알려고 하기 전에 먼저 내 없어진 팔부터 보지. 팔을 잃어버린 사고 때문에 내 인생이 한순간에 바뀌어 버렸단다. 영원히 말이야. 내가, 최선을 다해 최고로 훌륭한 선생님이 되겠다고 결심한 것도 그때였단다. 이 세상을 더 좋은 세상으로 만들기 위해서지."

선생님은 일어나 나를 문간으로 데려다주시면서 이렇게 말을 이었다. "우리들 모두는 서로 조금씩 다르단다, 그리고 또 어떤 사람들은 눈에 띄게 다르지. 로라야, 너 역시 조금 다르지? 그러나 다르다는 것에 늘 나쁜 것만은 아니야. 너는 특별한 재능을 마음껏 펼쳐라. 마음껏 말이야."

그해의 학교생활은 너무나도 빨리 흘러갔다. 나는 자신감을 갖고 나 자신을 긍정적으로 받아들이기 시작했다. 나는 글쓰기를 배우면서 마침내 수줍음도 이겨냈다. 털만 선생님 덕분에 나는 완전히 다른 사람이 되었다. 선생님은 이제껏 내가 배운 것 중에서 가장 소중한 가르침을 주셨던 것이다.

사람들의 다른 점을 존중해라. 너를 독특하게 만들어 주는 것을 자랑스럽게 여겨라. 그리고 너의 재능을 남을 위해 써라. 그 가르침을 지키며 살아간다면, 절대로 잘못되는 일이란 없을 것이다.

CHAPTER

02

인간, 사회, 조직에 대한 이해

Question

인간, 사회, 문화는 어떤 관계가 있을까요?

교육의 사회적 기능은 어떤 것이 있을까요?

교육이 사회계층 이동에 영향을 미치는 것일까요?

개인과 조직은 어떤 관계가 있을까요?

CHAPTER 2
인간, 사회, 조직에 대한 이해

1. 사회와 문화

1) 사회와 문화의 개념

사회란 개인들의 조직화 된 집단으로서 그 구성원들 간의 지속성 있는 결속과 상호의존성을 유지하면서 고도의 자율성을 가지는 조직 형태이다. 사회는 역할을 나누고 사회구성원들에게 역할을 부여해야 한다. 오늘날 개인의 역할 문제는 교육뿐만 아니라 경제 및 사회 전체의 계획과 밀접한 관계가 있지만 결정적인 요인이 교육이라는 사실을 인식할 필요가 있다. 사회는 구성원을 위해서 의사소통의 수단을 마련해 주어야 한다. 사회는 인지적 경험과 지향(orientation)을 공유하도록 해야 한다. 사회는 이상과 목적을 확립해야 한다. 사회는 사회통제의 기준과 규칙을 분명히 제시해주어야 한다. 사회는 사회구성원을 사회화한다. 사회는 사회구성원들에게 경제적으로 필요한 기본적인 조건을 마련해 주어야 한다.

문화란 어떤 사회에서건 사회구성원의 어떤 생활면에서건 없어서는 안되는 행동의 기준으로서, 개인이 조직적인 사회생활을 영위하는 데 필요한 조건이다. 문화(culture)란 원래 라티어의 'cultus'라는 낱말에서 시작되었다. 문화는 한 집단의 구성원들이 서로 나누어 갖고 있는 '생활의 설계'이며, 그것은 타고나는 것이 아니라 그 사회에 태어나서 생활하는 가운데 학습한 결과이며, 역사적으로 이루어지고 대대로 전해지는 것이다. 문화는 사회의 모든 삶의 양식이라고 볼 수 있다. 이러한 문화의 기능은 사회에 따라 강조하는 것이 다르고, 같은 사회에서도 때와 상황에 따라 다르다.

교육이 문화의 전달을 그 본질적 기능으로 한다는 점에서 문화와 교육은 밀접

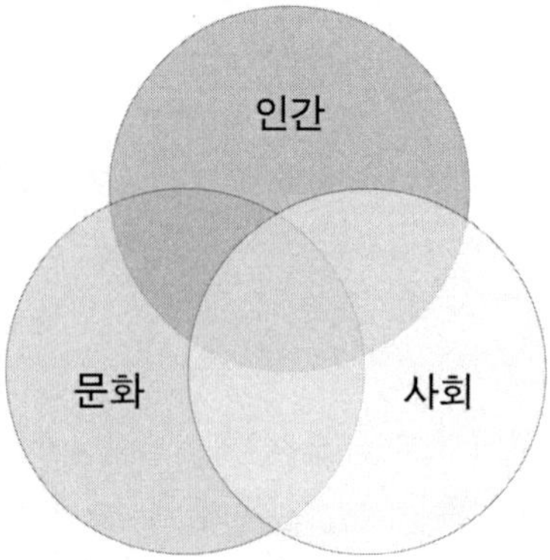

[그림 2-1] 사회, 문화, 인간의 관계

한 관계를 가진다. 즉 문화가 교육목표와 내용의 자원이 되는 것이다. 교육의 과정이 곧 문화 습득 과정을 포함하는 것이다.

2. 인간과 사회

1) 사회화의 개념

사회화(socialization)란 한 인간이 자기가 속해 있는 사회의 행동양식, 가치관, 신념, 태도, 규범 등을 내면화하여 그 사회의 구성원이 되어 가는 과정을 말한다. 이러한 사회화는 개인과 사회의 상호작용의 과정이며 한평생을 통하여 계속되는 것이다.

사회화의 대표적인 기관으로 가정, 학교, 대중매체, 지역사회 등을 들 수 있다. 가정은 일차적인 사회화의 장이며 일반적인 사회화 형태의 모방이기 때문에 가족 구성원들은 자녀들이 그들의 행동양식을 모방한다는 것을 인식하고 언행에 모범을 보여야 한다. 그리고 가정의 구조와 형태, 역할관계 등도 자녀들의 행동특성에 많은 영향을 미친다.

학교의 사회화 과정은 가정에 비하여 계획적, 의도적으로 사회화를 시도하는 기관으로 서로 이질적인 아동들을 집단적으로 사회화시키는 곳이다. 학교는 공적인 교육과정을 통하여 일반적인 지식, 기술, 태도 등을 습득하고 교사와 학생, 학생 상호 간의 새로운 사회적 역할을 습득시킨다. 특히 교사는 사회화의 모델로서 가정의 부모와 같은 역할을 한다.

드레벤(R. Dreeben)은 학교의 사회화 내용을 독립성의 규범, 성취성의 규범, 보편성의 규범, 특정성의 규범으로 구분했다.

독립성의 규범은 학생들이 학교에서 독립적으로 자기의 할 일을 스스로 깨닫고 배우게 된다는 것이다. 자기 자신의 문제는 스스로 처리해야 하고 자신의 행동에 책임을 질 수 있도록 한다는 것이다.

성취성의 규범은 학생들이 교과 내용이나 과외활동 그리고 운동을 통하여 스스로 성취감을 맛보게 하고 계속해서 이러한 경험을 할 수 있도록 해야 한다는 것이다.

보편성의 규범은 같은 연령의 학생들이 같은 학습내용과 과제를 함께 공유함으로써 형성되는 것으로 모든 학생들에게 똑같은 규범이 적용되는 것을 말한다.

특정성의 규범은 동일 연령의 학생들은 다른 연령의 학생들과 구분되어 특정한 환경에서 학습하게 되며, 학생들을 흥미와 적성에 맞는 영역에서 집중적으로 교육함으로써 학습되는 것이다.

대중매체에 의한 사회화는 구성원들에게 공통의 의식을 갖게 하고 경험의 확대, 협동심, 사회적 규범 등을 효과적으로 전달하며 지능과 사회성을 발전시키고 다양한 흥미를 촉진시킨다. 그러나 지나친 상업주의, 저급한 오락문화, 공격적 성격유발, 각종 범죄행위의 모방과 같은 역기능도 있음을 인식해야 한다.

2) 인간, 사회, 교육

(1) 교육의 사회적 기능

사회의 기능을 효율적으로 수행하기 위해서 사회는 여러 가지 제도를 가지고 있다. 교육도 사회제도의 하나이다. 따라서 여기서는 학교 교육에 대한 이해를 돕기 위해 학교 교육의 기능을 다음과 같이 나누었다.

첫째, 교육이 갖는 가장 중요한 사회기능은 문화 전승 및 사회통합기능이다. 공인된 사고와 행동, 생활양식과 지식, 기술을 포함하는 문화 전승을 위한 교육의 공동작용 없이는 공동생활의 유지와 통합이 불가능하다는 점에서 문화 전승 기능은 가장 기본적이고 일차적인 교육의 기능이라고 할 수 있다. 학교 교육을 통한 사회통합기능은 학교 수업을 중심으로 한 정치적 사회화를 통해 심층적인 의식구조의 변화를 가져오는 데 의의가 있다.

둘째, 교육은 사회혁신 기능을 한다. 사회화, 사회적응, 사회 유지 및 통합기능과 같은 보수적 기능만을 담당하는 것이 아니라 사회를 변화시키고 더 나아가 더욱 바람직한 방향으로 개선, 발전시키는 능동적이며 진보적이고, 혁신적인 기능을 담당하기도 한다. 사회변화는 사회구성원의 의식, 가치관, 태도 등을 포함하는 사고 및 행동양식의 변화를 통해서 이루어진다.

셋째, 교육은 사회이동기능을 한다. 사회이동은 사회계층 이동과 같은 종적·수직적 이동과 직종이나 지역적 이동과 같은 횡적·수평적 이동이 있다. 현대사회는 귀속적 지위보다 업적 지위를 더 중요하게 요구하기 때문에 개인의 학업성적, 전문적 지식 및 기술을 가정 배경, 종교, 인종, 성별보다 더 중요하게 간주한다. 특히, 한국과 같이 학력을 중시하는 사회풍토에서는 학교 교육을 많이 받아야 하위계층에 속하는 직업에서 상위계층에 속하는 직업으로 상승 이동할 가능성이 커진다.

넷째, 교육이 수행하는 기능 중 가장 현실적이고 구체적인 기능은 사회충원기능

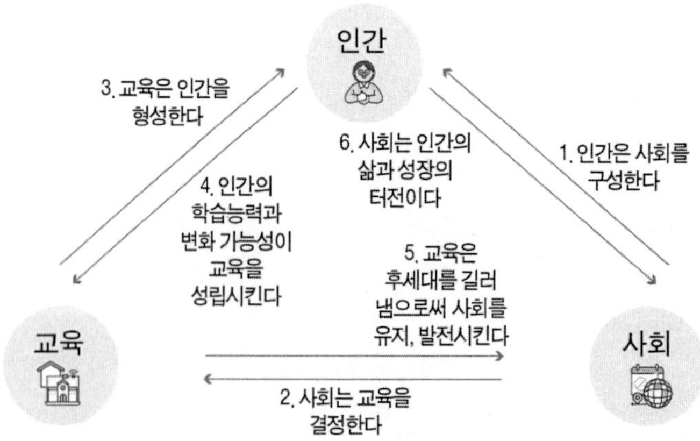

[그림 2-2] 인간, 사회, 교육의 관계

이다. 사회의 존속과 발전을 위해서 수행되는 다양한 일은 각자 다른 수준의 자질을 가진 인력을 요구한다.

(2) 사회와 교육의 관계

사회와 교육의 관계에 대해 교육사회학의 관점인 기능주의와 갈등주의를 제시하였다. 기능이론은 사회학의 창시자인 콩트(A. Comte), 스펜스(H. Spencer)에 의하여 기초가 형성되고 뒤르켐(E. Durkheim)에 의하여 발전되어 파슨스(T. Parsons)에 의해서 체계화된 것이다. 기능이론의 일반적인 특징을 살펴보면 다음과 같다.

기능이론은 사회를 인체와 같은 생물학적 유기체에 비유한다. 우리 몸이 건강하게 유지되려면 호흡기관, 소화기관, 배설기관 등이 서로 조화를 이루고 상호작용해야 하듯이 한 사회가 조화롭게 발전하려면 사회를 구성하고 있는 여러 요소들이 안정되고 질서 있게 유지되어야 한다는 것이다.

기능이론에 의하면, 사회는 안정지향적이며, 구성원들은 각자에게 맡겨진 고유한 역할 및 기능을 가지며, 이들은 사회안정과 발전을 위하여 상호작용한다. 여러 가지 사회적 갈등현상은 일시적이고 부분적인 현상으로 사회의 안정과 질서 그리고 조화를 근본적으로 파괴할 수는 없다.

기능이론은 사회는 높은 능력을 가진 사람이 인정받고 선발되는 기능 사회인 동시에 전문가 지배 사회로 본다. 각자가 가진 능력과 업적의 차이에 따라 다른 대우를 받는 것은 당연한 것이며 공정한 기회를 부여하는 조건에서 개인의 노력과 능력에 따라 차등적 보상을 받는 것은 정당하다고 생각한다.

기능이론은 교육이 자라나는 청소년들에게 그 사회의 바람직한 가치관, 신념, 태도 등을 내재화시키는 사회화 기능과 개인의 능력에 따른 선발의 기능을 수행한다고 본다. 즉 교육은 인재를 양성하고 선발하는 중요한 기능을 가진다고 본다.

갈등이론은 마르크스(K. Marx)와 베버(M. Weber)의 사상에서 연유되었으며, 보울즈(S. Bowles)와 긴티스(H. Gintis) 등의 신마르크스주의자들에 의해서 다양한 이론으로 체계화되었다. 갈등이론의 일반적인 특징을 살펴보면 다음과 같다.

첫째, 갈등이론은 사회의 본질을 끊임없는 경쟁과 갈등의 연속이라고 본다. 특히 지배집단과 피지배집단 간 권력의 차이는 이러한 갈등의 핵심적 요소이다. 또한 인간의 욕구는 무한한 데 비하여 욕구충족을 위한 재화는 제한되어 있기 때문에 경쟁과 갈등은 불가피하다고 본다.

둘째, 갈등이론은 사회가 안정되고 질서를 유지하는 것은 사회구성원 간의 합의에 의한 것이 아니고 일부 지배집단의 강제에 토대를 두고 있다고 본다. 즉 지배집단들은 피지배집단에게 그들의 신념이나 가치관을 교화시켜 정당화시키려 한다는 것이다.

셋째, 갈등이론은 교육이 지배집단의 이익을 정당화하여 기존의 지배구조를 영속시키고 재생산하는 도구적 기능으로 본다. 즉 상류계층의 학생일수록 높은 교육기회를 차지하고 교육 내용도 그들의 지배구조를 정당화하는 내용으로 구성되어 있다는 것이다.

넷째, 갈등이론은 교육을 불평등한 사회구조를 확대 재생산하는 과정으로 본다. 교육은 능력 있는 사람들에게 공평한 기회를 주어 계층이동을 하게 하는 것이 아니라 지배계급에 속하는 특정 엘리트 집단의 이익과 권력을 영속화시키는 도구로 보는 것이다.

최근 미시적 이론은 교육을 정치, 경제, 사회, 문화 등에 종속되어 있는 것으로 보지 않고 안목을 학교와 구체적인 교실 상황으로 돌리는 것을 말한다. 즉 학교 교육을 이해하는 것은 물론 학교 교실 상황에서 교사와 학생 간의 상호작용에 관한 연구를 핵심으로 하고 있다. 이러한 흐름을 신교육사회학이라고 한다.

3) 사회계층과 교육

(1) 사회계층의 개념

사회계층이란 직업, 가정 배경, 교육 수준, 재산, 수입, 정치적 지위 등의 여러 가지 사회적 조건으로 사회체제 속에서 비슷한 위치에 있는 인구집단을 말한다. 반면에 사회계급은 대체로 경제적 조건이 비슷한 사람들이 유사한 생활 습관, 가치관, 태도를 가지는 것을 말한다. 이것은 집단적 응집력 또는 계급의식이 전제된 개념으로 생산수단과 권력의 유무에 따라 결정되는 것이다.

기능론적 입장에서는 사회계층을 조화롭고 자연스러운 기능의 분화로 이해하려

한다. 이와는 대조적으로 갈등론적인 입장에서는 사회계층을 인위적인 불평등으로 본다. 이러한 사회계층의 결정요인은 일반적으로 재산, 직업, 권력, 교육 수준, 수입 등이 종합적으로 평가되어 결정되지만 가장 중요한 결정요인은 재산, 수입, 직업, 교육 수준이다.

(2) 사회계층의 특징

상류 계층 사람들의 행동 특성은 주로 가문과 전통을 존중하는 보수적인 성향이다. 이들은 대체로 선조로부터 물려받은 유산을 상당히 보유하며 사회적으로 알려진 가정 배경을 가지고 있다. 상류 계층의 교육적 특징은 자신의 현재 지위와 품위를 유지하기 위해 교육에 관심을 가진다. 자녀교육에 대한 지원을 충분히 할 수 있는 상황이며, 교육에 대한 열의도 매우 높다고 볼 수 있다.

중류 계층 사람들은 주로 전문직에 종사하고 있으며 성취동기가 높고 상류계층으로의 상승이동 욕구가 매우 높다. 따라서 사회활동에 적극적이며 미래 지향적이다. 중류 계층의 교육적 특징은 자녀교육에 대한 기대가 매우 크다. 특히 자녀들에게 성취 의욕과 자제력을 갖도록 지적인 압력을 가하며 행동을 통제하는 경우가 많다. 그리고 학교 교육을 통하여 자녀를 계층상승 시키려는 부모들의 교육열이 높다.

대부분 몇 세대에 걸친 하류 계층의 반복으로 빈곤하며, 일용직 등으로 생계를 유지하는 사람들이다. 이들에게는 꿈과 희망 그리고 미래에 대한 기대 수준이 낮고 경제적으로 안정되어 있지 못하다. 따라서 현재지향적인 가치관을 주로 가질 수 있으며, 정부의 지원에 의존하는 경향이 있다. 하류 계층의 교육적 특징은 자녀교육에 대한 지원을 거의 하지 못할 가능성이 매우 크다고 볼 수 있다.

(3) 사회계층과 교육

일반적으로 교육은 사회적 이동을 촉진하는 중요한 요인이다. 특히 교육을 통한 사회계층의 상승은 비교적 안정적이기 때문에 교육에 대한 높은 관심과 기대를 가지고 있는 것이다. 또한 교육은 경제적, 문화적 계층상승의 수단이 되기도 하며 국민의 생활 태도와 가치관 그리고 신념을 변화시켜 계층문화의 향상을 촉진할 수 있다.

사회계층은 재화나 사회적 지위, 권력 등에 의한 사회집단의 위계적 구조를 분류하는 것이다. 사회계층의 구조는 한 사회에서 희소한 자원이 어떠한 모습으로 분배되어있는 것인가를 보여주는 것이다. 또는 사회이동의 가능성과 조건에 따라 계층화된 사회구조를 이르는 말이다. 계층의 수직 이동 가능성이 적은 폐쇄적 계층구조와 사회이동이 비교적 자유롭게 이루어지는 개방적 계층구조로 나누기도 한다. 계층구조는 피라미드형과 다이아몬드형으로 나눌 수 있다. 피라미드형 계층구조에서는 하위계층 구성원의 비율이 상류계층에 비해 훨씬 높게 나타난다. 이러한 사회에서는 소수의 상층이 다수의 하층을 지배하고 통제한다. 역사적으로 전근대적인 봉건 사회가 대부분 피라미드형 계층구조를 띄었다. 다이아몬드형 계층구조에서는 상층과 하층에 비해 중간층의 양적 비율이 월등히 높다. 이것은 산업 사회로 접어들면서 전문직, 사무직, 관료 등과 같은 직종이 늘어나면서 중간 계층의 구성원 비율이 급격히 증가하였기 때문이다. 이 사회에서는 두터운 중층이 상층과 하층 사이의 완충제 역할을 하기 때문에 전체적으로 안정된 사회 모습을 갖추었다.

사회이동이란 사회적 위계 체제 속에서 한 개인이나 집단이 어떤 사회적 지위로부터 다른 사회적 지위로 이동하는 것을 뜻한다. 사회이동의 기준은 주로 부모가 속해있던 계층이 된다. 직업은 그 유형과 전문성의 수준에 따라 사회적 권위와 가치가 다르다. 터너(Terner)는 사회이동을 경쟁적 이동(contest mobility)과 후원적 이동(sponsored mobility)으로 구분하였다.

경쟁적 이동은 공정한 경기에서처럼 경쟁의 참가자는 다양한 전술을 자유로이 사용하며 기존의 엘리트가 가진 기득권을 배제하고 순전히 개인의 자질과 노력에 의해 결정되는 이동을 말한다. 후원적 이동은 경쟁방식을 피하고 통제된 선발 과정이 이를 대신한다. 경쟁적 이동이 지배적인 사회에서는 사회이동을 공평하게 하기 위해 학생선발의 시기를 될 수 있는 한 연기한다.

사회이동에 관한 학교 교육의 효과에 대하여 크게 두 가지의 입장이 있다. 낙관주의적 관점은 학교 교육이 모든 사람에게 균등하게 배분됨으로써 경제적인 양극화 현상을 막을 수 있고 빈곤을 퇴치시킬 수 있다고 보는 입장이다. 비관주의적 관점은 실제적으로는 교육과 사회적 이동과의 상관이 낮으므로 교육기회의 불평등 감소가 사회적 불평등 감소를 이루지 못한다는 교육효과 회의론에서 대두되었다.

마틴(R. L. Martin)은 사회계층과 교육과의 관계를 다음과 같이 제시했다.

① 각 계층은 고유의 문화를 가지고 있고 교육에 대한 태도도 다르다. 즉 계층에 따라 자녀들의 진학이나 선택하는 교육내용이 다르다.
② 학생들의 인성이나 사회적 행동의 특징들을 보면 사회 계층적 배경을 알 수 있다.
③ 학교의 교육목적, 내용, 방법 그리고 교사의 학생에 대한 태도에 있어서도 계층적 차이가 존재할 수 있다.
④ 학교는 사회계급에 있어서 사회이동과 관련성이 있다는 측면에서 볼 때 계층의 재생산 기능을 한다.

3. 개인과 조직 문화

1) 조직의 개념

조직이란 무엇인가에 대해서 알아보기 전에 우리가 얼마나 조직과 밀접한 관계를 맺고 있는지부터 인식할 필요가 있다. 현대인은 어떤 형태로든 조직을 통하여 생활하고, 조직 목적을 달성하기 위해 조직 내에서 역할을 담당하게 된다. 예를 들어, 우리는 세상에 태어날 때도 병원이라는 조직의 힘을 이용해서 태어나고, 마지막 순간도 장의사라는 조직의 힘을 빌리게 된다. '인간은 사회적 동물이다.'라고 한 아리스토텔레스의 말처럼 우리는 조직을 떠나서는 생활할 수 없다. 이처럼 인간은 조직 속에서 각자의 욕구를 충족하면서 공동의 이익을 추구한다. 조직은 이러한 공동의 이익을 효과적으로 달성하기 위하여 구성원들 간의 상호 협력과 협동 행위가 잘 이루어지도록 하는 터전이다. 따라서 조직은 '행정이 이루어지는 그릇'으로 비유할 수 있다.

조직의 개념은 학자에 따라 다양하게 정의되고 있는데 일반적으로 조직의 속성은 세 가지로 요약할 수 있다.

첫째, 조직은 달성하고자 하는 공동의 목표를 갖고 있는 집합체다.

둘째, 조직은 조직목표를 달성하기 위한 조직 구성원들의 행동을 조정·통제하는 규정과 규칙이 있다.

셋째, 공동목표를 합리적으로 달성하기 위해 사람들은 주어진 역할 범위에서 상호 협력적인 관계를 유지한다. 조직을 이루고 있는 사람들은 각자 역할, 의무, 과업, 책임·권한 등이 분담되고, 보다 효과적으로 목표를 달성하기 위해서 상호 협력한다.

이러한 조직의 속성을 바탕으로 조직의 정의를 내려 보면 공동의 목표를 달성하기 위하여 둘 이상의 구성원들이 규칙과 규정에 따라 서로의 역할을 분담하여 상호 협력하는 체제 또는 일정한 환경하에서 집단의 공동 목표 달성을 위해 구성된 구조적 사회 단위로서 구성원 간의 힘의 체제라고 할 수 있다.

2) 조직의 유형

집을 지을 때 콘크리트건물인가 목조건물인가 등에 따라서 집을 짓는 방식과 사용방식이 다르고, 집의 구조가 달라진다. 마찬가지로 학교를 비롯한 모든 조직은 조직에 따라 구조가 다르다. 조직의 목표를 달성하기 위하여 과업을 맡고 있는 개인이나 혹은 집단들이 어떻게 연결되어 있느냐에 따라 조직구조(organizational structure)가 달라진다. 이러한 연결을 그림으로 그려 놓은 것이 바로 그 조직도(organizational chart)다. 조직도를 보면 그 조직의 구조를 쉽게 파악할 수 있다. 가장 기본적인 형태로서 분류되는 공식조직과 비공식조직, 계선조직과 참모조직 그리고 집권화 조직과 분권화 조직 정도를 파악할 수 있다.

공식조직과 비공식조직

공식조직(formal organization)은 그 조직의 기구표에 나타나는 조직이다. 공식조직은 직무, 책임, 권한을 중심으로 구성원 혹은 작업집단들을 나누고 권한의 계통과 기능적 분업에 따라 조직의 목표를 효과적으로 달성하기 위해 제도화하여 조직의 체계를 갖게 된다. 이는 교육행정 이론의 발달과정에서 과학적 관리 시대에 강조한 내용이다.

이에 비해 비공식조직(informal organization)은 조직 속에서 조직 구성원들 간의 소속감과 정서적 유대 등에 의해 형성되는 자연발생적 집합체다. 이러한 비공식조직은 학연, 혈연, 지연, 동호회 등 다양한 형태가 있다. 이는 교육행정 이론의 발달 과정에서 인간관계론 시대에 강조한 내용이다.

조직의 구조는 의사결정과 구성원 행동 통제에 공식조직의 힘이 강하냐 아니면 비공식조직의 힘이 강하게 작용하느냐에 따라 다르다. 또한 공식조직과 비공식조직의 관계가 어떤 관계에 있느냐에 따라서 조직의 효과도 달라진다. 공식조직과 비공식조직이 조화를 이루어 순기능을 한다면 집단의 단결력이 생겨서 의사소통이 쉬워지고, 개인의 정체감과 자존심을 높여 줌으로써 조직의 활력소가 된다. 반면에 역기능으로 작용할 때는 공식조직의 의사소통을 차단하거나 왜곡하여 비합리적인 의사결정이나 편파적인 행정행위 등으로 조직의 혼란이 일어날 수도 있다.

계선조직과 참모조직

조직도를 보면 위에서부터 수직적으로 내려간 라인과 수평적으로 옆으로 퍼져 있는 라인이 있다. 수직적으로 내려간 라인을 계선조직이라고 한다. 행정조직에서 국장-과장-계장-직원 등으로 연결되는 집행부서와 군대의 지휘, 명령, 계통이 분명한 조직이 대표적이다. 계선조직은 상하위계 속에서 지휘와 명령계통에 따라 움직인다. 따라서 구성원 상호 간의 권한과 책임의 한계가 명백하고, 조직의 간결화로 의사결정이 신속하게 이루어지며 경비절감의 효과를 가져올 수 있다. 하지만 개선 부분이 지나치게 강조되면 최고관리자 의 업무량이 과중하게 되고, 전문가의 지식이나 경험이 활용되지 못해 독단적인 의사결정이 이루어져 조직의 경직성을 초래할 수 있다.

반면에 수평적인 라인은 참모조직(또는 막료조직, staff organization)이다. 참모조직은 계선조직이 원활하게 목적을 달성하도록 지원·보조해 주는 조직이다. 따라서 계선조직의 의사결정이나 업무를 추진하는 데 필요한 정보나 아이디어를 제공하고, 필요한 사항에 대해 자문·지원하는 역할을 담당한다. 참모조직을 잘 활용하면 계선조직에서 일을 처리하는 데 필요한 정보를 제공하여 효과적으로 추진할 수 있지만, 지나치게 참모조직을 활용하다 보면 일의 진행이 늦고 자원의 낭비를 초래할 수가 있다.

집권화 조직과 분권화 조직

조직의 성격을 이해하는 데 중요한 요인 중의 하나가 집권화와 분권화다. 집권화(centralization)란 권한 및 의사결정권이 상부조직에 집중해 있는 현상을 말하고, 분권화(decentralization)란 반대로 하부조직에 분산되어 있거나 위임되어 있는 현상을 말한다. 조직의 권한과 의사결정권이 집권화되어 있느냐 분권화되어 있느냐 하는 문제는 조직구조에 많은 영향을 미친다. 일반행정뿐만 아니라 교육행정에서도 집권화와 분권화 사이에 적절한 정도의 권한 배분과 균형을 유지해야 한다는 입장에서 '적도집권(適度集權)의 원리'가 요구되고 있다. 즉, 중앙집권제와 분권제 사이에서 적절한 균형을 취하는 것을 말한다.

집권화를 할 경우는 통일된 정책을 수행할 수 있으며, 신속하게 업무를 처리하는 데 용이하다. 또한 통합적 조정이 쉽고 행정기능의 중복과 혼란을 피할 수 있다. 반면에 지나친 집권화는 획일주의에 빠져 개별의 특수성과 적시성을 고려하지 못하며 권위주의적이고 형식적인 행정 병폐를 초래할 수 있다.

3) 조직의 풍토

(1) 조직문화의 정의

우리는 일상생활 중에 '문화'란 용어를 아주 흔하게 사용하고 있다. 특히 '문화가 다르다'는 표현을 사용하여 문화 간의 비교를 나타내기도 한다. 예를 들어, 지역에 따라 도시문화와 시골문화, 국가에 따라 우리나라 문화를 이해하기 위해 도시문화와 외국의 문화 등으로 표현하기도 하고, 기업문화, 군대문화, 학교문화와 시골문화를 비교해 보자. 문화 등 조직 간에도 문화라는 개념을 비교해서 적용하고 있다. 그만큼 문화라는 용어는 우리와 아주 밀접하고 친밀한 용어다.

문화라는 용어는 인류학이나 사회학에서 그 기원을 찾아볼 수 있는데, 사회단위에 속한 사람들 간의 전통적 신념, 기대, 가치, 규범, 행동양식, 생활습관 등이 오랫동안 내재되어 형성되는 것이다. 그래서 문화는 내부 구성원들이 어떻게 행동해야 하는지 하나의 암묵적 지침이 된다. 따라서 조직마다 이러한 문화가 독특하게 형성되기 때문에 다양한 조직문화가 존재하고, 그 정의도 다양하다. 조직문화의 개념에 대한 몇 가지 공통점을 요약해 보면 다음과 같다(이석열, 1997).

첫째, 조직문화는 조직이 외부환경에 적응하고 조직 내부의 문제를 해결하는 과정을 반복하면서 오랜 시간이 흐르면서 형성된다.

둘째, 조직문화는 가정, 신념, 가치, 규범과 관습, 의례와 의식, 상징, 전통, 언어 등의 중심개념으로 표현되고, 조직 구성원들이 보편적으로 공유하고 있으므로 조직 구성원 간에 일체감을 형성해 준다.

셋째, 조직문화는 조직 속에서 조직 구성원들이 어떻게 행동해야 하는가를 규정하는 지침으로서 무의식적이고 당연하게 받아들인다.

결국 조직문화는 "조직 구성원들이 내외적인 문제를 해결과정에서 반복된 경험을 통해 무의식 복된 경험을 통해 무의식적으로 당연하게 공유하게 된 기본 가정, 신념, 가치, 행동규범 등의 결합체"라고 할 수 있다.

(2) 조직문화의 수준

조직문화는 여러 가지 구성요소 중에서 구체적인 것에서부터 추상적인 것으로 나누어 묵시적 가정, 공유된 가치, 규범으로 수준을 나눌 수 있다(Hoy & Miskel, 1996).

묵시적 가정으로서의 문화

묵시적 가정이란 조직 구성원들 사이에 공공연하게 이야기하거나 거론하지 않아도 당연한 것으로 받아들이는 수준으로 문화의 수준 중 가장 심층적이고 추상적인 것이다. 예를 들어, 조직 구성원들이 인간 · 진리 · 인간관계 · 환경 등을 어떠한 관점으로 보느냐에 따라 조직문화는 달라질 것이다. 조직 구성원들이 인간을 선천적으로 선하다고 보느냐 아니면 악하다고 보느냐, 진리라고 하는 것이 외부의 권위자에 의해 결정된다고 보느냐 아니면 개인적인 탐구과정과 검증에 의해서 밝혀진다고 보느냐, 또한 인간관계를 위계적으로 보느냐 아니면 평등하다고 보느냐, 환경도 인간이 통제할 수 있다고 보느냐 아니면 환경에 의해 지배를 받는다고 보느냐에 따라 조직문화의 특성은 크게 달라질 것이다. 조직문화를 이해하기 위한 요체는 조직 구성원들이 공유하고 있는 기본 가정이 무엇인가를 알아내는 일이지만 가장 심층적이고 추상적이기 때문에 쉽게 발견하기 어렵다.

공유된 가치로서의 문화

문화의 중간 수준은 조직 구성원들이 공유하고 있는 가치다. 가치는 바람직한 것에 대한 개념이고 이는 문화에 대한 기본적 가정을 반영한다. 구성원들이 공유하고 있는 가치에 따라서 구성원의 행동이 달라질 수 있다. 예를 들어, 기업이 추구하는 가치와 군대가 추구하는 가치는 분명히 차이가 있을 것이다. 이러한 가치에 따라 모든 의사결정도 달라질 것이다. 결국 구성원들이 공유하는 가치는 조직 구성원 이 그 조직의 일원임에 대하여 자부심을 느끼고, 그 조직에 근무하는 것에 중요한 의미를 더 쉽게 가질 수 있도록 한다(Hoy & Miskel, 1996: 130-131).

공유된 규범으로서의 문화

규범은 문화의 수준에서 가장 표면적이고 구체적이기 때문에 가시적이다. 규범은 성문화되어 있지 않지만 일반적으로 구성원들이 그렇게 행동하도록 한다. 예를 들어, "수업시간에 떠들어서 수업을 방해해서는 안 된다."라는 말은 학교의 학칙이나 규정에는 성문화되어 있지 않다. 하지만 모든 학생들은 수업시간에 떠들어서는 안 된다는 기대 속에서 행동한다. 이와 같이 규범은 조직 구성원들이 조직의 성격에 부합하도록 마땅히 따르도록 하는 원리나 법칙이다. 그래서 규범은 구성원들의 행동이나 조직생활의 측면을 이해하는 데 중요한 수단이자 방법을 제공한다.

규범의 특징은 조직 구성원들이 승인하면 할수록 더욱 강화된다. 다시 말해서 사람들이 조직의 규범에 따랐을 때 보상이나 격려를 받는다든지, 또는 규범을 어겼을 때 곤란을 당한다든지 하게 되면 그 규범은 더욱 강화되는 경향이 있다.

(3) 조직문화의 이해

조직문화를 실증적으로 연구하고 확인하는 일은 쉬운 문제가 아니다. 일반적으로 문화를 확인하기 위해서는 세 가지 상징체제인 이야기(stories), 삽화(icons), 의식(rituals) 등을 통해서 이해할 수 있다. 여기에 제시된 세 가지 상징체계를 토대로 조직문화를 유추해 보도록 하자.

이야기

어느 조직이든 그 조직과 관련된 이야기들이 있기 마련이다. 이야기란 조직의 과거 역사 속에서 만들어진 것으로서 대개는 희생적, 영웅적, 도덕적인 것들로서 전해 내려오기 마련이다. 예를 들어, 학교의 설립자의 이야기나 아니면 학교의 선배 중에서 입지적인 인물이나 학교의 전통과 관련하여 내려오는 이야기다. 이러한 이야기는 실제 사건에 기초한 것, 상상적으로 꾸며 낸 것 또는 실제 사건과 상상적인 내용이 혼합된 이야기일 수도 있다. 예를 들어, 졸업한 선배 중에 노벨문학상을 수상한 사람이 있다고 할 때, 그 학교에서 문학에 대해 가지는 의미는 엄청날 것이다. 이와 같이 조직에 관련된 이야기는 어느 조직에나 있기 마련이다.

삽화와 상징

어떤 조직에서는 직원들이 모두 정장을 하고 다니며 넥타이도 양복 색깔도 단색이 많으며 흰색 와이셔츠만 입는다. 이러한 복장 스타일은 그저 우연이 아니라 직원들에게 흐르는 보이지 않는 규범이 있기 때문이다. 또한 인사법, 전화 받는 말씨 그리고 맡은 일이나 수업에 임하는 태도까지 학교마다 다르다.

뿐만 아니라 조직이나 학교는 로고, 슬로건, 건물장식 등을 통해서 학교 이미지를 홍보하고, 구성원들에게 일체감을 심어 준다. 광고나 매스컴뿐만 아니라 학교의 청사진, 계획서, 원칙들을 만들어 내외에 공표하고 따르게 한다. 이를 위해 학교의 교육이념, 교훈, 교목, 교화, 상징물을 정해 놓기도 한다. 이 모두가 학교의 특성과 정체성을 드러내는 징표(signs)다.

만약 어느 학교의 복도에 역대 교장의 사진이 줄지어 걸려 있다고 하자. 그리고 교장실에 들어갔더니 그동안 졸업생들이 국내외 대회에 나가서 받은 트로피가 장식되어 있다고 하자. 이러한 모든 것은 그 학교의 전통을 나타내는 조직문화의 중요한 매체가 된다. 조직 구성원들은 상징물과 징표를 보고 그 학교에 근무하거나 다니는 것에 대해 자부심과 긍지를 느끼게 된다. 결국, 상징물과 징표도 오랜 시간을 거치면서 학교의 조직문화를 전달하는 중요한 매체가 되는 것이다.

의례와 의식

조직 내의 어떤 행사나 행동은 규정과 관습에 따라서 특별한 상징적 의미를 지닌 채 규칙적으로 지켜진다. 이를 의례(rites)라고 하고 특별한 공개 행사는 의식(rituals, 예식)이라고 한다. 이러한 의식은 조직 구성원으로서 일체감을 불러일으키기도 하고, 조직의 단합을 유도하는 힘이 될 수 있다. 이와 같이 직원회의라던지 한 학교의 조회, 교직원 회의, 운동회, 봉사활동 등 많은 의례는 문화 형성에 중요한 매체다.

(4) 조직문화의 유형

학교조직문화는 외부 환경에 대한 적응과정과 내부적인 문제해결 과정에서 형성되며, 이에 따라 상이한 형태로 나타난다. 학교조직문화는 이러한 상이한 형태를 유형화하여 맥락적인 이해를 시도할 수 있다.

학교조직문화 유형을 적극적 - 소극적, 유연성 - 경직성 차원에 따라 혁신문화, 합리문화, 집단문화, 위계문화로 나눌 수 있다.

혁신문화를 가진 학교조직에서는 교사들이 외부환경의 변화에 적극적으로 반응하고 문제해결과정에 유연성을 보인다. 그러므로 외부환경의 변화에 두려움을 갖기보다는 의욕적이고 모험적으로 아이디어나 교육프로그램을 개발하려는 창의성을 발휘한다. 그리고 이러한 과정에서 교장이나 교감의 의견과 반대되는 것이라도 교사 상호 간에 의견교환이 자유롭게 이루어진다. 그러므로 학생들의 학습효과를 높이기 위해서는 결과가 다소 불확실하더라도 새로운 교수방법을 적용한다. 그리고 이러한 교수방법에 대해 교사들의 수용 정도가 높아 혁신적으로 환경변화에 반응한다. 합리문화를 가진 학교조직의 교사들은 외부환경의 변화에 대해 적극적으로 반응하나 문제해결과정에 경직성을 보인다. 그러므로 학교운영과 조직의 편성은 체계적이고 일관된 관리체제를 바탕으로 교육목표 달성만을 강조한다. 일을 처리하는 데에 있어 가능한 최소한의 투입에 최대한의 산출인 효율성이 중요한 규범으로 작용한다. 따라서 교사들 상호 간의 인간관계보다는 과업달성을 위해 실리적인 관계가 유지된다. 결국 인간관계나 주어진 여건보다는 성공 여부에 대한 결과를 중요하게 여긴다.

집단문화를 가진 학교조직은 조직 구성원들이 외부환경의 변화에 대해 소극적으로 반응하며 문제해결과정에 유연성을 보인다. 외부환경에 대해 능동적이지 못하지만 교사 상호 간에 협조적이다. 따라서 학교운영의 중요한 지표도 마치 가족과 같이 교사들 간에 결속력을 강조한다. 그러므로 교사들 사이에 업적 위주의 경쟁보다는 교사들 상호 간의 팀워크나 협동이 강조된다. 그래서 교사들은 서로의 개인적 사정이나 어려움을 자신의 일로 받아들이고 관심을 갖는다. 또한 교장이나 교감은 위계적인 상사이기보다는 친근한 직장 선배로서 느껴진다. 위계문화를 가진 학교조직은 조직 구성원들이 외부환경의 변화에 대해 소극적으로 반응하며 문제해결과정에 경직성을 보인다. 조직 구성원인 교장과 교감 그리고 교사들 간에 서열의식이 강조된다. 조직 내부적으로 엄격한 결재 과정을 통해서 매우 체계적이고 일관된 관리체제가 형성되며 조직 전체의 통솔과 통제가 이루어진다. 그러므로 업무처리에 관련된 절차나 규정이 세밀하게 정해져 있고 변경하기가 어렵다. 새로운 방법을 모색하기보다는 규정을 철저히 따르면서 실수 없이 수행하는 것이 강조된다. 따라서 교사들은 독자적으로 일을 처리하기보다는 일일이 교장이나 교감의 지시를 받아서 처리한다.

(5) 조직풍토

개인이 각기 고유한 인성을 지니고 있는 것과 마찬가지로 조직도 그 나름대로의 특성을 지니게 된다. 개별 조직이 갖고 있는 고유한 특성을 흔히 조직풍토라고 한다. '조직문화'라는 용어가 널리 사용되고 있지만, 조직풍토 개념을 사용하여 수행된 연구가 더 오래되었고 더 많다. 처음 만난 사람도 그 사람에게 느껴지는 인상이나 분위기가 있듯이 조직에도 그 나름대로의 분위기가 있다. 조직풍토는 다른 조직과 구별되는 그 조직만 갖고 있는 독특한 분위기다. 조직풍토는 인간행동에 영향을 미치는 사회심리적 실체로서 조직과 조직 구성원의 행동을 이해하는 데 중요한 요인이 된다. 학교조직에서도 조직풍토가 학교조직 구성원들의 행동에 영향을 미치는 것으로 밝혀졌다(Pace, 1973, 5-7: 김창걸, 1992에서 재인용). 과연 내가 속한 학교조직의 풍토는 어떤 풍토인가 하는 문제다. 우리가 다녔던 초등학교, 중학교, 고등학교, 대학교까지 학교마다 느껴지는 조직풍토가 다를 것이다. 개방풍토의 특징은 학교 구성원 사이에 협동과 존경이 존재한다는 것이다. 학교장은 교사들의 제안을 경청하고, 받아들이며, 교직원들의 전문적 능력을 존중한다. 학교장은 교사들의 업무 수행을 일일이 간섭하지 않고 자율적이고 전문적 능력을 발휘하도록 지원한다. 이에 반해 폐쇄풍토는 개방풍토와 반대되는 데 학교장은 틀에 박힌 사소한 일과 불필요한 잡무를 강조하고, 교사들은 최소한의 반응을 보이며 거의 헌신하지 않는다.

헬핀(Halpin)과 크로프드(Croft)는 개발한 조직풍토 기술지에 근거하여 교장의 행동 특성으로 원리원칙, 실적 중시, 솔선수범, 인화 등을, 교사의 행동 특징으로는 방관, 방해, 사기, 친밀성을 제시하였다. 연구 결과에 의하면, 교장의 행동 특성 네 가지 유형과 교사의 행동 특성 네 가지 유형을 결합하여 여섯 가지 조직풍토 유형을 제시하였다. 개방적 풍토, 자율적 풍토, 통제적 풍토, 친교적 풍토, 간섭적 풍토, 폐쇄적 풍토이다.

학교풍토를 보는 또 하나의 틀은 조직건강(organizational health)이다. 사람도 건강한 사람이 있고, 건강하지 못한 사람도 있듯이 조직도 건강한 조직과 건강하지 않은 조직이 있을 수 있다. 마일즈(Miles)는 건강한 조직을 조직의 최적상태(well-being) 또는 최적기능(optimal functioning)으로 정의하였다(1975: 224-247), 조직건강이란 조직의 기능을 효과적으로 발휘하여 조직을 성장 발전시킬 수 있는 능력이다. 조직건강의 정도가 높을 때 학교의 적응력도 촉진된다. 건강한 조직풍토를 가지고 있는 학교란 조직목적을 달성하기 위한 자원과 노력을 결집하면서 환경에 성공적으로 대처하는 학교다.

건강한 학교의 학교장은 교사들에 대해 지원적이면서 학교가 가고자 하는 방향을 명확히 제시하고 높은 수행 수준을 유지한다. 교사들도 교수·학습 활동에 헌신적이며 높은 성취 수준을 유지한다.

건강하지 못한 조직풍토를 가지고 있는 학교의 학교장은 교사들에게 방향을 제시해 주지 못하고 배려와 지원도 제한적이며 리더십도 발휘하지 못한다. 교사들의 사기는 낮고, 교사들은 서로 간에 혹은 일에 대해서 좋은 느낌을 갖고 있지 않다.

(6) 직무동기

직무동기(work motive)란 직무환경에서 직무와 관련이 있는 행동을 개시하고 목표를 지향하는 한편, 이를 지속적으로 유지시키는 내적인 힘이라 할 수 있다. 이

정의로부터 직무동기를 세 가지 측면에서 이해할 수 있다. 첫째, 인간행동을 활성화(energize)시킨다. 즉, 사람들로 하여금 일정한 방식으로 행동하도록 힘을 솟게 하는, 개인 내의 활성적인 힘이 곧 동기다. 둘째, 인간행동의 방향을 설정하거나 목표를 지향하도록 통로(channel)를 마련해 주는 작용을 한다. 어떤 목표를 향하여 행동하는, 즉 동기가 지니는 방향이나 목표의 차원을 의미한다. 셋째, 인간행동을 유지시키거나 지속시키는 것과 관련이 있다. 이는 동기가 지니는 지속성 또는 행동적인 속성을 의미한다.

직무동기의 의미에 비추어, 교사의 직무동기란 교사들이 학교조직의 목적 달성을 위한 행동을 개시하고, 그 행동을 활성화화며 이를 유지시키는 내적 상태다.

조직 속에서 구성원이 조직목표의 달성을 향해 동기화(motivation)되는 과정은 [그림 2-3](송화섭, 1992: 202)을 통해 이해할 수 있다. 우선, 일반적으로 사람들은 충족되지 않은 욕구, 즉 욕구결핍을 줄이기 위한 방안을 탐색하게 되는데, 하나의 행동안(行動案)이 선택되면 목표지향적인 행동이 발생한다. 그런 다음에 일정 기간이 지나면 어떤 식으로든 자신이 수행한 성과가 평가되고 이를 바탕으로 외부로부터 보상 또는 벌이 주어지는데, 이를 자신이 지각하는 수행의 결과와 비교하여, 욕구결핍을 재평가하게 된다. 이러한 동기화 과정은 순환하여 반복된다.

한편, 직무동기와 관련한 이론을 살펴보고자 한다. Maslow는 인간행동의 동기는 계층적으로 이루어진 다섯 가지 욕구를 충족하기 위해 발동한다고 설명하였다. 이를 욕구계층이론(need hierarchy theory)이라고 일컫는데, 조직에서의 직무동기를 체계적으로 알려 주는 대표적 이론 중 하나다. 욕구계층이론은 다음과 같은 전제를 바탕으로 한다.

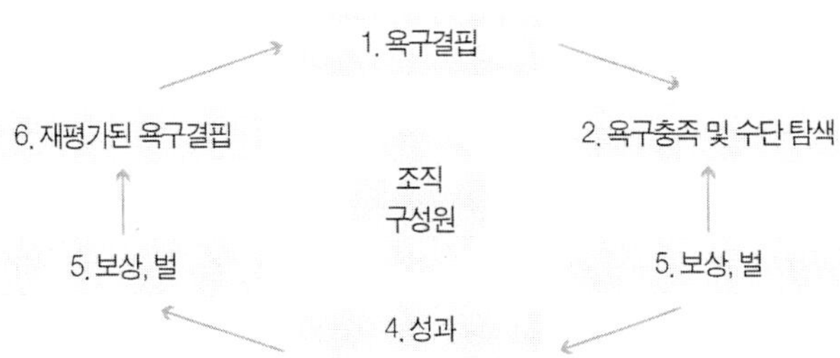

[그림 2-3] 직무동기의 과정

- 인간은 항상 무엇인가를 필요로 하는 존재다. 즉 충족되지 못한 어떤 욕구를 충족시키기 위해서 동기가 유발된다.
- 인간의 욕구는 다섯 가지가 계층을 이룬다.
- 일단 충족된 욕구는 약해져 동기유발 요인으로 작용하지 않고, 그다음의 욕구가 지배적인 동기요인으로 부각한다.
- 인간은 궁극적으로 자아를 실현하려는 존재다.

생리적 욕구(physiological needs)는 인간의 삶 그 자체를 유지하기 위해 필요한 기초적인 욕구로, 의식주·성·수면 등 생리적 균형을 유지하는 데 관련된 기본적 욕구다. 배고픈 아이는 학교에 가더라도 공부에는 흥미를 기울이기 힘든 것이 예다. 안정의 욕구(safety needs)는 사람들이 신체적 위험과 위협으로부터의 보호, 불안과 공포로부터의 심리 정서적인 안정, 혼돈과 무질서로부터의 해방 등을 추구하는 것을 말한다. 조직 구성원들의 안정욕구는 신분보장, 직업 안정성, 의료혜택, 연금제도 그리고 산업재해로부터 보장책에 대한 관심으로 나타난다. 사회적 욕구(social needs)는 인간은 사회적 존재이기 때문에 대인관계를 통해 친교와 우정을 나누고 집단이나 조직에 소속되기를 원하는 욕구를 갖고 있다. 학생들이 학교에 가는 이유도 지식만을 추구하는 것이 아니라 친구들과 사귀고 어울리려는 욕구가 있기 때문이다. 존경의 욕구(esteem needs)는 인간은 자존심을 유지하고 타인으로부터 인정이나 존경을 얻고 싶은 욕구를 갖고 있다. 존경의 욕구는 타인으로부터의 존경(인정, 명예, 지위 등)과 자기존중(자기 가치감, 자기 효능감 등)로 구분된다. 교사가 교감으로, 교감이 교장으로 승진하는 것은 존경의 욕구와 관련이 있다. 자아실현의 욕구(self-actualization needs)는 자신의 잠재능력을 최대로 발휘하여 자기완성을 이루려는 욕구다. 자신이 가치 있게 여기는 대상에 헌신을 다하여 목표를 이루려는 욕구가 그것이다. 교직을 천직으로 알고 학생들을 가르치는 과정에서 삶의 보람을 찾는 경우가 이에 해당한다.

욕구계층이론은 인간의 욕구를 체계적으로 설명해 주고 있지만, 다음과 같은 비판점이 제기되고 있다.

첫째, 일반적으로 인간의 욕구가 하급의 욕구로부터 상급의 욕구로 이행하면서 순차적으로 나타나기는 하지만 욕구의 '순차적 계층성'이 항상 고정적인 것은 아니다. 어떤 사람은 생리적 욕구나 안정의 욕구가 충족되지 않은 가운데에서도 자아실현을 위한 활동에 에너지를 쏟기도 한다.

둘째, 인간의 행동은 여러 욕구요인이 상호 복합적으로 작용하여 행동을 결정하기도 한다. 교사들이 방학 중에도 쉬지 않고 자발적으로 연수를 받는 이유는 자신을 계발하기 위한 자아실현의 욕구와 함께 승진(존경의 욕구)을 위한 욕구를 충족하기 위한 노력일 수 있다.

셋째, 인간의 욕구와 동기를 정태적으로 파악하였다는 한계가 있다. 욕구요인의 상대적 중요성은 사람에 따라 다를 뿐 아니라, 개인적으로도 상황에 따라 상대적인 선호(강도)가 다르다. 그래서 인간의 행동을 제대로 이해하려면 조직의 변인(구조와 과정, 리더십), 환경 변인(정책이나 제도의 변화 등)을 두루 고려할 필요가 있다.

넷째, 자율욕구를 강조하지 않은 한계가 있다. 교사들은 교직을 수행하는 과정에서 전문적인 판단기준과 양심에 비추어 자유롭게 학생들을 가르치기 원하는 경우가 있다.

그럼에도 욕구계층이론은 교육에 대한 시사점을 준다. 첫째, 학교조직의 경영자들에게 학교조직 구성원들의 직무동기에 대해 체계적으로 설명해 준다. 조직의 구성원들은 조직의 목표에 공헌하는 대가로 조직으로부터 어떤 보상을 받기를 원한다. 이 점에서, 학교경영자들은 교사들이 충족하기를 바라는 욕구의 내용을 체계적으로 알아야 한다. 그렇게 하면 교사들이 가르치는 일에 만족하여, 학교조직의 목적 달성에 더 헌신할 수 있도록 지원할 수 있다.

둘째, 인간의 욕구가 단계적이면서 복합적으로 작용한다는 사실에서, 교사들의 동기유발을 위한 복합적인 접근이 필요하다. 교사들에게는 안정적으로 직무에 전념할 수 있도록 보수 등 경제적 지원을 적정하게 해주는 동시에 사회적으로 그 권위가 훼손당하지 않도록 교권을 세우는 등 존경의 욕구도 필요하고, 교직에 종사하는 보람을 갖고 학생을 가르치도록 사회적·제도적 장치를 만드는 일도 중요하다. 교사들의 직무동기를 유발하고, 높이기 위해서는 종합적인 접근이 필요하다.

셋째, 학교조직에서는 '인간중심 경영'이 그 어느 조직보다 중요하다. 매슬로가 가정하는 인간의 욕구체계에서 맨 위에 있는 자아실현의 욕구는 그 자체가 교육의 중요한 목표이기도 하다. 교사들이 자기 스스로 성장하고 있고 발전하고 있다는 확신을 갖지 못한다면, 학생들의 자아실현을 위해 노력하는 데 한계가 있을 것이다. 이 점에서 학교경영자들은 교육의 주체인 교사들이 직무를 통하여 자아실현의 욕구를 충족하도록 '인간중심'의 조직문화와 풍토를 가꾸어야 한다.

넷째, 교사들이 긍정적인 자아개념을 갖고 고차적인 요구를 충족하도록 배려하는 것이 필요하다. 일반적으로 실패회피자는 낮은 자아개념을 갖고 자기보호와 자아방어를 위하여 에너지를 소모하지만, 성공추구자는 자기존중감과 자아실현의 욕구를 갖고 자신의 역량을 개발하려 노력한다. 따라서 교사들이 긍정적인 자기 이미지를 가져야만, 발전하려는 욕구를 더 갖게 되고 학생들에게도 역할모델이 될 것이다.

허즈버그(Herzberg)는 11개의 산업체에서 200명의 기술자와 회계사들을 대상으로 일을 하면서 즐거웠던 시간이나 사건 또는 불쾌했던 시간이나 사건을 회상하게 한 다음 왜 그런 감정을 느끼게 되었는지, 그리고 그것들이 직무성과에 어떤 영향을 미쳤는지를 면접 조사하였다. 이런 실증적인 연구 결과를 바탕으로, 직무상황에서 '만족을 주는 요인'과 '불만족을 주는 요인'은 서로 다르다는 사실을 보고하였다. 그래서 허즈버그의 이론을 동기-위생이론(motivation-hygiene theory)이라 한다. 허즈버그는 인간의 기본적인 욕구는 불유쾌한 것을 피하려는 것과 개인 성장을 갈망하는 것으로 이원적인 구조를 가지고 있다고 보았다.

동기-위생이론은, 직무만족과 직무불만족은 서로 독립(분리)된 별개의 차원이며, 각 차원에 작용하는 요인 역시 별개라는 관점을 취한다. 즉, 허즈버그는 직무상황에서 만족의 반대는 불만족이 아니라 '만족이 없는 무만족(no satisfaction)'이며, 불만족의 반대는 만족이 아니라 '불만족이 없는 무불만족(no dissatisfaction)'이라는 사실을 발견하였다. 이를 기초로, 허즈버그는 직무만족을 가져다주는 것으로 밝혀진 요인들을 동기요인(motivators) 또는 만족요인(satisfiers)이라 부르고, 직무불만족을 가져다주는 것으로 밝혀진 내용들을 위생요인(hygiene factors) 또는 불만족요인(dissatisfaction factors)이라 불렀다.

동기요인은 직무상황에서 사람들에게 만족을 가져다주는 요인인데, '직무 그 자체와 관련된 것들이다. 사람들은 일을 하는 과정에서 성취감이나 책임감, 그리고 발전하고 있다는 느낌을 갖도록 직무를 설계하고, 일의 목표나 수행방식 등을 스스로 결정하도록 자유재량권을 주면 만족을 느낀다.

동기요인에 속하는 것들은 충족되지 않아도 불만은 없지만, 일단 충족하게 되면 직무태도와 직무만족에 긍정적인 영향을 줄 수 있다. 동기요인은 매슬로가 말한 욕구계층 중에 상위욕구(자기존경과 자아실현)와 일치한다고 볼 수 있다.

위생요인이란 직무를 수행하는 환경과 관련된 요인으로, 회사의 정책과 행정, 감독, 임금, 대인관계, 작업조건 등을 말한다. 위생요인은 그것의 충족이 단지 직무에 대한 불만족의 감소만을 가져올 뿐이지 적극적으로 직무만족에 작용하지는 못한다. 이는 매슬로가 말한 생리적 욕구, 안정의 욕구, 사회적 욕구 그리고 존경의 욕구 중 타인으로부터의 존경과 관련이 있다.

동기 위생이론은 조직에서의 직무동기를 잘 설명해 주고 있으나, '허즈버그 논쟁'이라고 불릴 만큼 비판도 받고 있다.

첫째, 동기-위생이론은 개인차를 무시하고 두 요인을 서로 배타적으로 본 것은 현실을 제대로 반영하지 못할 수도 있다. 이 이론은 직무만족과 불만족에 대한 개인의 반응은 유사할 것이라는 가정을 취하는데, 동료들과 우정(사회적 욕구)을 쌓으면서 일을 하는 과정에서 만족을 느끼는 사람도 많이 있다. 이처럼 어떤 요소가 만족요인이 되기도 하고 불만족 요인이 되기도 하기 때문에 개인차를 무시한 것으로, 두 요인을 엄밀하게 상호배타적인 것으로 보기는 어렵다.

둘째, 만족과 불만족을 분류하는 방식에도 문제가 있을 수 있다. 사람들은 자기가 통제할 수 있는 요소에 대해서는 자연히 즐거운 경험을 언급할 가능성이 있는 반면에 자기통제를 벗어나는 직무환경에 대해서는 기분 나쁜 경험을 말할 가능성이 높다.

셋째, 공개적인 면담을 하였기 때문에 응답자들이 사회적으로 수용할 수 있는 응답, 즉 면담자가 듣기를 원한다고 생각하는 대답을 했을 가능성이 높다.

넷째, 이 연구는 실제적인 동기와 성과의 관계를 탐구하기 보다는 종업원의 만족에 초점을 두었다. 즉, 직무에 대한 만족스러운 경험을 한 사람이 직무성과가 높은지, 그리고 직무불만족을 더 많이 경험한 사람은 그렇지 않은 사람에 비해 직무성과가 더 낮은지에 대해 깊이 있는 연구를 바탕으로 한 결론은 아니다.

동기-위생이론은 직원들로 하여금 직무만족과 직무성과를 제고하는 방안에 대한 철학적 토대를 제공하고 있는데, 일 그 자체와 관련된 직무재설계(job redesign)가 있다. 이에 따르면 교사들은 보수나 근무조건의 개선보다는 가르치는 일 그 자체를 통한 발전감, 책임감, 도전감 등을 경험하면 동기가 활성화되기 때문에 직무 자체 또는 그 수행방식 등을 변화시키는 것이 필요하다. 직무설계를 통한 효과적인 동기화 전략으로 직무풍요화(job enrichment) 전략을 들 수 있다.

직무풍요화는 직무수행에 다양한 작업내용이 포함되고, 보다 높은 수준의 지식과 기술을 필요로 하고 작업자에게 자신의 성과를 계획·지휘·통제할 수 있는 자율성과 책임을 많이 부여하고, 개인적 성장과 의미 있는 작업경험에 대한 기회가 제공될 수 있게끔 직무의 내용을 재편성하는 것을 말한다(신유근, 1985: 258-259), 직무풍요화는 행동과학자들이 작업자의 동기부여에 많은 관심을 기울이고 있었던 직무확대(job enlargement)나 직무교체(job rotation)의 개념과 차이가 있다. 이것은 작업의 지나친 단순화를 해결하기 위하여 작업자가 하고 있는 작업의 공정상 단순히 한 가지 일만이 아닌 여러 가지의 다양한 일을 더 하게 되면 작업자가 직무에서 더욱 만족을 얻을 수 있을 것이라는 가정에서 이루어진 것이다. 그러나 직무풍요화는 단순히 종업원에게 작업을 더하게 하는 것이 아니라 그의 재능과 기술을 더 발휘할 수 있게 하여 자기실현의 기회를 제공하자는 데 있다(김창걸, 1992), 결국 직무풍요화는 교사들로 하여금 직무수행상의 책임을 증가시키고, 권한과 자유재량권을 부여하며, 구성원들로 하여금 자신의 능력을 발휘할 수 있는 기회를 갖도록 하여 직무수행의 과정에서 도전, 보람 · 흥미 · 심리적 보상을 얻도록 하자는 것이다(노종희, 1992: 130-131),

애덤스(Adams)가 제안한 공정성이론(公正性 理論, equity theory)은 사회적 비교이론(social comparison theory)을 토대로 직무동기를 설명하였다. 공정성이론은 조직 속에서 개인은 자신이 투자한 투입(inputs)과 여기서 얻어지는 결과(outcomes)를, 다른 개인이나 집단의 그것들과 비교한다고 가정한다. 그래서 자신이 투자한 투입 대 결과의 비율이 타인의 그것과 동일하면 공정하다고 느끼며 만족하게 된다. 그러나 이에 대해 불공정성을 지각하게 되면, 공정성을 회복하는 쪽으로 어떤 행동을 한다는 것이다. 즉, 공정성이론의 기본 전제는 동기란 개인이 자신의 작업상황에서 노력한 결과에 대한 보상이 정당한가, 그렇지 않은가에 따라 영향을 받는다는 것이다.

조직 속에서 사람들은 어떤 경우에 공정성 또는 불공정성을 지각하게 되는가?

어떤 개인의 투입을 Ai, 결과를 Ap라고 하고, 다른 사람의 투입과 결과를 각각 Bi, Bp라고 가정하자. 그러면 Ap/Ai = Bp/Bi일 때 공정하다고 지각할 것이다. 반면에 Ap/Ai>Bp/Bi이면 타인의 노력에 비해 자신이 더 많은 보상을 받고 있다고 지각할 것이고, Ap/Ai<Bp/Bi이면 자신의 노력에 비해 더 적은 보상을 받는다고 느껴 불만족을 경험할 것이다.

그런데 공정성이론에 의하면, 과대보상(overpayment)이든 과소보상(underpayment)이든 불공정성을 지각한다. 즉, 개인들은 부족한 보상에 대해서는 불만족을 느끼고, 과도한 보상에 대해서는 부담감을 지각하게 된다. 그리고 이러한 긴장감은 불공정성의 정도에 따라 달라지는데, 불공정성을 감소시키는 방향으로 동기화(motivation)가 작용한다.

[그림 2-4] 공정성이론의 논리

직무수행자가 불공정성을 감소시키기 위해 활용하는 행동은 다음과 같다(신유근, 1985: 249).

투입의 변경

투입을 증가시키거나 감소시켜 준거인과 균형을 유지한다. 과소보상의 경우, 개인은 노력을 덜할 것이고 과다보상의 경우는 노력을 더 할 것이다.

결과의 변경

투입의 증가 없이 보수, 근무조건 등의 개선을 요구할 수 있다. 예는 노조의 압력 등으로 임금인상이나 작업조건을 개선하는 경우, 특히 이것이 다른 산업이나 조직과의 불공정성을 없애기 위한 것일 때에 볼 수가 있다.

자신의 투입과 결과의 인지적 왜곡

실제 투입이나 결과를 변경시키지 않고 인지적으로 왜곡시킴으로써 같은 결과를 얻을 수 있다. 즉, '내가 맡고 있는 일이 더 중요하니까.'라고 생각할 수 있다. 또 대학을 나온 사람이 고등학교를 나온 사람보다 월급이 적을 때 '그는 업무능력이 나보다 나으니까.'라고 여기거나 '그가 월급은 많더라도 승진의 기회는 내가 더 많으니까.'라고 생각하여 받아들이는 것을 말한다.

직장 이동

근무하고 있는 직장을 떠남으로써 아예 불공정성을 없애 버리는 것이다. 이는 극단적인 예로 불공정성이 극히 클 때, 또는 개인이 이를 감당할 수 없을 때 나타난다. 또는 다른 부서로 이동하는 것이다.

비교 대상의 투입이나 결과에 대한 영향력 행사

비교 대상이 되는 동료에게 투입을 감소시키도록 혹은 조직을 떠나도록 압력을 넣을 수 있다. 또는 비교 대상이 실제보다도 열심히 일하고 있으므로 많은 보상을 받는 것은 당연하다고 믿을 수도 있다. 또는 그의 보상이 실제보다도 적은 것으로 지각할 수도 있다. 또는 다른 부서로 이동하는 것이다.

비교 대상의 변경

비교 대상을 변경함으로써 불공정성을 줄일 수가 있다.

공정성이론의 시사점은 첫째, 학교조직에서 교사들은 사회적 비교과정을 통해 만족과 불만족을 경험한다는 사실에 비추어, 학교경영자들이나 정책집행자들은 교사들을 공정하게 대우하도록 노력해야 할 것이다. 예를 들어, 성과급을 결정할 때 교직의 특성상 그 성과를 객관적으로 정하기 곤란하다는 사실을 염두에 두고, 교사들이 최대한 합의할 수 있는 안을 만드는 노력을 들 수 있다.

둘째, 학교조직에서 교사들은 자신들이 받는 보상을 교직 내의 다른 사람뿐만 아니라 교직 이외의 직종에 종사하는 사람들과도 비교할 수 있다. 이러한 점에서 호봉이 올라갈수록 타 직종에 비해 상대적으로 급여 수준이 떨어지는 교사들의 보수체계는 교사들의 직무만족과 사기진작을 위해 국가적인 차원에서 정책적 배려가 필요하다.

셋째, 학교경영자는 교사의 동기부여에 있어서 지각의 중요성을 고려하여 건설적인 조직풍토나 문화를 구축할 필요가 있다. 지각은 행위자 개인의 소산일 수 있으나, 인간 행동을 사회적 과정 속에서 이해하게 될 때 구성원이 상호작용하여 만들어 내는 조직풍토나 문화는 개인의 환경에 대한 지각과정에 크게 영향을 미칠 수 있다. 따라서 냉소적이거나 적대적인 학교 풍토가 형성되면, 그에 속한 교사들은 서로에 대해 부정적으로 지각하며 이것이 동료의 성과를 왜곡되게 지각하도록 하는 요인이 될 수 있다.

CHAPTER

03

교육에 대한 이해

Question

교육이란? 교육의 의미에 대해 어떻게 생각합니까?

교육자에게 필요한 신념 혹은 태도는 어떤 것이 있을까요?

교육은 인간에게 필요한 것일까요?

교육이 이루어지는 다양한 형태에 대해 생각해 볼까요?

교사 혹은 교육을 하는 사람으로서 스스로 생각하는 교육철학은 어떤 것인가요?

교육학은 어떤 학문이라고 생각하나요?

CHAPTER 3
교육에 대한 이해

1. 교육의 의미

1) 교육의 개념

교육이라는 말은 일상적으로 흔히 사용된다. 교육은 단순히 가르치고 배우는 것 이상을 의미하며, 교육이란 말은 관점에 따라 다양한 뜻을 가진다. 교육은 인류의 역사와 더불어 시작했고 인간문화가 있는 곳은 어디나 유형무형의 교육 작용이 존재했다.

우리는 형식적 교육을 통해서 학문적인 지식과 기술에 있어서 전통적인 뜻에서 가르침을 받는 것은 사실이지만, 또한 인간은 태어나면서부터 그 주변을 통해서 학교와는 관계없이 많은 것을 배우는 것도 사실이다. 교육은 학교와 같은 형식적인 교육기관을 통해서 일정한 기간에만 이루어지는 것이 아니라 평생을 통해서 가능한 것이다.

교육이란 무엇인가에 대해 답하는 일은 곧 인간이란 어떤 존재이며, 교육은 인간의 삶에서 어떤 의미가 있느냐는 질문에 답하는 일과 밀접하게 관련되어 있다. 우리의 삶에서 교육이 지닌 중요성을 인식했던 많이 학자들은 교육에 대한 다양한 관점을 제시하였다.

그리스의 철학자 Platon은 교육을 "영원한 이데아의 세계, 즉 진리의 세계로 무지한 인간을 안내하는 과정"이라고 정의하였다. Rousseau(1712~1778)는 「에밀(Emile)」에서 만물은 태어날 때는 모두 선하나 인간에 의해 악하게 되었다는 성선설에 근거하여 인간의 자발자전(自發自展)을 위한 모든 조성 작용이 교육이라고 정의하였다. Kant(1724~1804)는 인간성의 이념을 실현하는 것이 교육이라고 보았다. 프랑스의 사회학자이며 교육학자인 Durkheim(1958~1917)이나 독일의 사회학자인 Mannheim(1893~1947)은 사회의 유지와 개조를 위한 문화 전달의 과정으로, 미국의 철학자이며 교육학자인 Dewey는 끊임없는 경험의 개조과정으로 교육을 정의하였다. 행동주의 학습이론가였던 Skinner는 반복된 경험에 의한 인간 행동의 변화이며, 인본주의 심리학자인 Maslow는 자아실현을 위한 인간 형성의 과정으로 교육을 정의하였다.

동양에서 교육이라는 용어가 처음으로 사용된 것은 「孟子」의 진심편(盡心篇) 상편(上篇) 가운데 孟子有三樂章 속에 나오는 "得天下英材而教育之三樂也"이다. 여기서 한자의 '敎育'이라는 말의 어의(語意)를 분석해보면, '敎'란 전통문화, 풍습, 언어를 전수한다는 의미를 담고 있으며, '育'이란 타고난 소질, 품성을 바르게 자랄 수 있도록 보호, 육성한다는 의미를 담고 있다.

교육을 가리키는 영어는 'education(에듀케이션)'과 'pedagogy(페다고지)', 두 가지가 있다. 먼저 education은 라틴어 'educare(에듀케어)'와 'educere(에듀세레)'에서 나온 말인데, 서로 상반되는 의미를 지닌다.

먼저 'educare'는 사회적으로 가치 있는 것을 아동에게 전달하는 '밖으로부터의 교육'이고, 즉, 주입, 훈련 등을 의미한다. 이 경우에 교육이란 교사가 주도하는 사회의 문화와 규범의 전달을 강조하는 내용 중심의 엄격한 과정이 된다.

이와 달리 'educere'는 내적 능력을 밖으로 이끌어 내는 '안으로부터의 교육' 즉 계발, 성장을 의미한다. 여기서 교육이란 타고난 잠재 능력을 계발하는 활동이며, 자발적 참여 의식을 강조하는 아동 중심의 부드러운 과정이 된다.

교육을 가리키는 또 다른 말로 'pedagogy'가 있다. 'pedagogy'는 그리스어 'paidagogos(파이다고고스)'에서 나온 말이다. 그리고 'paidagogos'는 'paidos(파이도스, 아동)'와 'agogos'(아고고스, 지도하다)의 합성어이다. 'paidagogos'는 고대 아테네 사회에서 아동을 지도했던 가정 교사를 가리킨다.

'pedagogy'는 '교육', '교육학', '교수법', '교직', '교육 활동' 등 다양한 의미를 갖는다. 보다 엄밀하게 말해서 'pedagogy'는 '아동 교육'이다. '성인 교육'은 'andragogy(안드라고지)'이다. 'pedagogy'는 성인 교육영역에서도 활용될 수 있다. 좋은 예를 브라질의 교육철학자 프레이리의 저서 "피억압자의 교육"에서 볼 수 있다. 이 책은 성인을 대상으로 문맹퇴치와 의식화를 이끈 교육서이다.

'paideia(파이데이아)' 또한 교육을 지칭한다. 이 말의 구체적 의미는 교양교육이다. 역사적으로 교양교육은 교육의 중심이었다. 서양에서 교양교육을 위한 대표적인 교과는 '7자유과(seven liberal arts)'였다. 7자유과란 3학(문법, 수사학, 논리학)과 4과(기하학, 수학, 천문학, 음악)을 포함한다. 이들 교양 교과는 고대 그리스부터 근세까지 중등 교육 및 고등교육에서 학문의 중심이었다. 이는 직업교육과 대조를 이룬다. 7자유과를 중요시한 것은 인간의 본성이 이성을 계발하는데 효과적이라는 믿음과 기대가 지속되었기 때문이다.

따라서 교육이라는 말은 어원으로 볼 때 가치 있는 무엇인가를 미성숙한 아동에게 전수하거나 전달한다는 의미와 더불어 아동이 내재적으로 가지고 있는 잠재능력을 계발하여 다듬고, 완성해 나가는 활동이라는 의미를 담고 있다.

현재까지 내려진 교육에 대한 정의를 크게 세 가지로 정리해 보면 기능적 정의, 규범적 정의, 조작적 정의 등이 있다. 이는 교육을 무엇을 위한 수단으로 규정하는 기능적 정의, 교육을 그 궁극적 목적과 결부시켜 규정하는 규범적 정의, 교육을 실제 요인과 활동의 견지에서 규정하는 조작적 정의이다.

교육의 기능적 정의(functional definition)는 교육을 무엇을 위한 수단으로 규정하려는 입장이다. 교육이 이바지해야 할 대상을 국가 사회로 보느냐, 정치로 보느냐, 경제로 정하느냐, 사회문화로 정하느냐, 종교로 보느냐, 인간 자신으로 정하느냐 등에 따라 수많은 기능적 정의가 가능하다. 예를 들면 '교육은 국가 사회발전을 위한 수단이다', '교육은 경제발전에 필요한 수단이다', '교육은 사회문화의 계승 및 발전의 수단이다', '교육은 신의 뜻을 실현하는 수단이다', '교육은 개인의 사회적 출세를 위한 수단이다'라고 정의하는 것이다. 이러한 기능적 정의는 교육의 도구적 가치를 중시하는 입장이다.

교육의 규범적 정의(normative definition)는 교육을 궁극적 목적과 결부시켜 규정하는 것이다. 이 정의는 교육이 외재적 가치를 실현하기 위한 수단이 아니라 내재적 가치를 실현하는 과정임을 강조한다. 즉 교육은 그 자체로서 가치 있는 무엇인가를 실현해 가는 과정이라는 것이다. 예를 들면 '교육은 인격 완성 및 자아실현의 과정이다', '교육은 민주적 시민이 갖추어야 할 자질을 함양하는 과정이다', '교육은 영원한 진리나 가치에로의 접근 과정이다' 등이 여기에 속한다. 교육에 대한 규범적 정의는 교육의 가치실현을 위한 교육 자체의 발전에 더 비중을 두는 입장이다.

조작적 정의(operational definition)는 교육을 기술적(記述的) 또는 조작적 입장에서 정의하는 것이다. 예를 들면 '교육은 인간행동 특성을 계획적으로 변화시키는 과정'이라고 정의한다. 이란 말은 우리가 사용하는 말 가운데서 가장 많이 쓰이는 용어 중의 하나일 것이다.

교육에 대한 기본 전제로서 첫째, 인간에 대한 신념이 최우선 조건이 된다. 인간에 대한 깊은 믿음은 여러 측면에서 생각할 수 있으나 그중에서도 인간의 존엄성에 대한 신념, 인간의 주체성에 대한 신념, 인간의 성장 가능성에 대한 신념, 그리고 인간의 과학적 이해 가능성에 대한 신념은 교육을 성립시키는 대전제가 되는 신념들이다.

① 인간의 존엄성은 자유민주주의의 기본신념이다. 이 신념이 전제되지 않는 한 자유민주주의 사회는 성립되지 않는다. 부나 권력은 인간을 위하여 필요한 것이지만, 인간의 존엄성을 전제로 할 때 가치로운 것이다. 그러므로 인간사회에서 인간들이 노력하는 부, 권련 등의 그 어떤 대상도 어디까지나 인간을 목적으로 하여 있는 것에 지나지 않는다. 교육도 마찬가지이다. 예를 들면 과학기술 교육을 강화하는 목적은 과학기술의 발전을 통하여 보다 질 높은 인간의 삶을 영위하기 위함에 있다. 이러한 인간의 존엄성에 대한 신념은 인간의 능력이나 지위에 초점을 두는 것이 아니고 모든 인간 그 자체가 존엄하다는 것이다.

② 인간의 주체성에 대한 믿음은 인간이 자연환경을 움직이고 개조할 수 있으며, 그것에 따라서 자신의 운명을 스스로 결정할 수 있다는 믿음이며, 따라서 인류의 역사는 인간이 결정할 수 있다는 신념을 포함하는 것이다. 인간이 자연에 도전하여 자연을 극복할 수 있는 주체라는 전제가 성립될 때 교육이 가능한 것이다.

③ 인간의 성장 가능성에 대한 믿음이다. 교육은 인간의 성장 가능성이 풍부하다는 전제 아래 성립된다. 인간의 성장은 생후의 경험이나 환경에 따라 변화한다는 가능성에 대한 인식은 인간의 잠재능력이 풍부함을 의미하는 것이다.

④ 인간의 과학적 이해 가능성에 대한 믿음은 인간 자신도 과학적 이해의 대상이 될 수 있다는 것이다. 이 신념에 대해 일부에서는 반론을 제기하기도 한다. 그 이유는 인간은 과학만으로는 완전히 이해될 수 없다는 것이다. 그러므로 인간의 과

학적 이해 가능성에 대한 신념은 교육 실제에서 인간의 과학적 이해가 꼭 필요하다는 것을 의미하는 것으로 해석되어야 한다. 또한 인간을 물건처럼 과학적으로 연구하는 것은 인간의 존엄성을 깨뜨린다는 것이다. 그러나 의학의 시조인 하아비(W. Harvey)가 인간생리에 관한 과학적 연구를 위해 숨어서 인체해부를 한 일, 프로이트(S. Freud)가 신경증, 정신병의 수많은 사례를 토대로 새로운 이론을 발표한 일 등은 결국 인간을 무지로부터 구해냄으로써 인간의 존엄성을 높이는 결과를 가져왔다. 인간현상은 복잡하고 신비롭고 오묘해서 과학적으로 알 수 있는 대상이 아니라는 주장도 있다. 그러나 인간을 과학적으로 알지 못하면 올바른 교육은 기대할 수 없을 것이다.

둘째, 변화에 대한 신념이다. 교육은 인간이 변화한다는 신념을 전제로 하여 성립될 수 있다. 인간을 변화시킬 수 없다면 교육은 성립될 수 없는 것이다. 이 변화할 수 있다는 전제는 변화 자체가 발전적일 수도 있고 퇴보적일 수도 있다는 것을 예상해야 하고, 그렇기 때문에 변화라는 신념의 전제는 발전적이고 진보적인 변화만을 의미해야 한다는 뜻이다. 따라서 교육은 인간과 사회를 긍정적, 발전적, 진보적으로 변화시킬 수 있다는 전제하에서만 성립하는 것이다.

셋째, 계획에 대한 신념이다. 어떻게 변화시킬 것이며 어떤 방법으로 변화시킬 것인가를 의미하는 것이 계획성이다. 계획적이라는 말의 의미는 다음과 같은 관점으로 고찰해 볼 수 있다. ① 계획적이라는 개념 속에는 교사가 기르고자 하는 인간의 행동특성에 대한 명확한 목적의식을 갖고 있다는 것이 전제되어야 한다. ② 이 행동특성은 변화한다는 명확한 이론과 경험적 실증의 뒷받침이 있는 것을 뜻한다. 이러한 특징은 교육이 과학적인 패러다임 속에서 이론과 경험적 실증의 체계화를 이루어야 한다는 것이다.

교육의 3요소는 의도적인 교육활동이 이루어지기 위하여 필요한 요건이다. 교육의 3요소는 교육의 주체인 교사, 객체인 학생, 매개체인 교재를 말한다. 교사는 교육의 주체로서 학생의 학습활동을 계획하고 지도하는 역할을 하는 사람이다. 미성숙한 학습자의 올바른 인도자, 안내자요, 학습자의 잠재력을 최대한 키워주고 도와주는 촉진자 및 조언자로서 책임과 기능을 가지고 있다.

학생은 교육의 객체이며 대상이지만 그는 단순한 수동적 위치에 있는 것이 아니라 스스로 타고난 천부의 가능성과 잠재력을 능동적으로 실현해 가는 학습의 적극적인 주체자이다. 인간으로서 모든 학습자는 전인적 인간으로서의 공통점이 존중되어야 한다. 개인차를 인정해야 한다. 교육내용(교재)은 가치 있다고 인정되는 인류의 문화유산과 생활경험이다.

이와 같이 교육이란 무엇인가에 대한 여러 관점과 교사가 교육을 함에 있어서 반드시 필요한 몇 가지 신념, 혹은 태도에 대해 살펴보았다. 다음은 「장자」 외편 중 천도(天道)에 나오는 윤편(輪扁)의 일화이다. 이를 통해서 교육이란 무엇인가를 다시 한번 생각해 볼 필요가 있을 것이다.

제나라 환공이 서재에서 책을 읽고 있었다.
윤편(輪扁, 수레바퀴 제작 기술자란 뜻)은 그 마당에서 수레바퀴를 깎고 있었다. 일을 하다 무료하였는지 윤편은 망치와 끌을 놓고 환공에게 물었다.
"감히 묻겠습니다. 공께서 읽고 계신 것은 무슨 말씀입니까?"
공이 말했다.
"성인의 말씀이요."
윤편이 말했다.
"성인은 살아계십니까?"
공이 말했다.
"이미 돌아가셨소."
윤편이 말했다.
"그렇다면, 왕이 읽고 있는 것은 옛사람의 찌꺼기 같은 것일 뿐입니다."
환공은 노기를 띠고 말했다.
"과인이 읽는 책을 바퀴 깎는 사람이 어째서 시비를 거는가? 감히 임금의 독서를 평가하다니…. 타당하면 참겠지만, 타당하지 않으면 너는 죽을 것이다."
윤편이 말했다.
"저는 제가 하는 일로써 그것을 봅니다. 바퀴를 너무 많이 깎으면 헐거워 빠져버리고 덜 깎으면 빡빡하여 들어가지 않습니다. 바싹 깎는 것과 덜 깎는 것은 손으로 익혀서 마음으로 느끼는 것이기에 말로써 설명할 수 없습니다."
"정확하게 바퀴를 깎는 것을 저는 자식에게 설명만으로 깨우쳐줄 수 없고 자식 또한 저에게 물려받을 수 없습니다. 이런 까닭으로 일흔이 되어 늙도록 바퀴를 깎고 있습니다."
"그처럼 옛사람도 진리를 전하지 못한 채로 죽었을 것입니다. 그러니 왕이 읽는 것은 옛사람의 찌꺼기 같은 것일 뿐입니다."

「장자」의 13장 13절 앞부분에서 장자는 이러한 윤편의 일화를 거론한 이유에 대해 다음과 같이 스스로 설명하고 있다. 세상에서 도를 얻기 위해 소중히 여기는 것은 책이다. 책은 말을 늘어놓는 것에 지나지 않으며 말은 소중한 데가 있다. 말이 소중하게 여겨지는 것은 뜻 때문이다. 뜻에는 가리키는 바가 있다. 뜻이 가리키는 것을 말로는 전할 수 없다. 윤편이 자식에게 자신의 바퀴 만드는 기술을 물려주지 못하는 까닭은 그 기술은 손 자체에 있으며 그 기술을 처리하는 자신만의 솜씨를 말이나 글로 옮길 수 없기 때문이다. 그것은 오로지 스스로 그 일과 대면하여 실력을 쌓아가는 수밖에 없다.

2) 교육의 필요성

인간은 모든 동물 가운데 성장의 한계에 가장 늦게 도달한다. 인간은 자립해서 살 수 있는 능력이 가장 모자란 무능한 존재로 태어난다. 인간은 이 무능한 기간이 다른 어느 동물보다도 길다. 인간은 스스로 살아갈 수 있는 능력을 갖추고 태어나지 못했기 때문에 다른 사람의 도움이 없이는 생존할 수 없다. 따라서 인간은 그 길고 무력할 때 다른 사람의 보호와 양육이 필요할 뿐만 아니라 더 인간답게 살아가기 위해서는 일생 어떤 형태로든지 교육이 있어야 하는 존재이다.

인간과 동물의 근본적인 차이는 동물은 커다란 현실성과 극히 작은 가능성을 가지고 태어나는 데 반하여, 인간은 극히 커다란 가능성과 작은 현실성을 가지고 태어나는 데 있다. 이처럼 인간은 다른 동물에 비해 성장 시기가 현저하게 길기는 하지만 무한한 성장 가능성을 소유한 존재라는 본질적 특성 때문에 인간에게만은 교육이 필요하다. 인간은 교육에 의해서만 그 생명을 보존하고 가치를 발휘할 수 있는 존재라는 것은 아베롱(Aveyron)의 야생아에 관한 실험적 사례가 잘 설명해 준다. 이 사례는 프랑스 남부 지방에서 발견된 야생 소년의 실제 이야기이다. 1799년 프랑스 남부 아베롱의 쌩드세르닝 이라는 마을의 숲속에서 11, 12세 정도로 보이는 소년이 발견되었으며, 발견 당시 동물의 습성을 그대로 가지고 있었다. 이 소년은 파리농학교 의사였던 이타르(J.M.G. Itard)에 의해서 5년 동안 교육을 받았다. 교육을 통하여 감각 운동의 영역은 어느 정도 성취되었고, 인간의 생활 습관에도 어느 정도 적응하며 다소의 감정 표현이 가능해졌다. 다만 인간의 언어를 완전히 습득하는 것은 한계가 있었다.

교육적인 환경의 중요함은 헬렌 켈러(Helen Keller, 1880~1968)의 사례를 통해서도 생각해 볼 수 있다. 두 살 때 병에 걸려 청각과 시작을 잃었다. 가정교사인 앤 설리번의 지도와 노력으로 극복하고 헬렌 켈러는 세계 각지를 돌아다니며 장애인들을 위한 교육, 사회복지시설의 개선을 위해 앞장섰고, 여성, 노동자 등 소외된 사람들의 인권을 위해 사회운동을 하였다. 설리번과 헬렌이 함께한 초기의 이야기, 즉 헬렌이 정신적, 지적으로 많은 성장을 이룬 시기의 이야기는 「내가 살아온 이야기(The Story of My Life)」에 담겨 있다. 이처럼 후천적인 교육과 경험을 통하지 않고서는 인간다운 발달이 불가능함을 알 수 있다.

한편, 인간에게 어느 정도까지의 교육이 가능한가? 교육의 가능성은 적어도 이상적인 상황 속에서는 인간이 각자 타고난 성장 가능성만큼이나 크고 넓다고 할 수 있다. 그러나 실제로 많은 사람은 자신의 가능성을 최대한 실현하지 못한 채 생을 마감한다. 사람의 교육적 상황이 성장을 극대화할 수 있는 좋은 조건만으로 되어 있지 않기 때문이다.

교육의 관심이 인간의 행동 변화에 있고, 그것은 곧 성장을 의미한다고 할 때, 교육의 가능성은 인간이 얼마나 성장할 수 있느냐에 달려 있다고 할 수 있다. 즉 교육의 가능성은 인간의 성장 가능성과 직결된다는 것이다. 인간의 발달과 학습을 연구하는 사람들에 의하면 인간은 그가 평생에 개발하고 발휘할 수 있는 것보다도 몇 배 이상의 가능성을 가지고 있다고 한다. 그리고 인간이 신체적, 지적, 정서적, 사회적으로 죽음의 순간까지도 멈추지 않고 계속 성장할 수 있다는 사실은 교육의 가능성 또한 무한함을 말해준다. 인간에게 무한한 교육이 가능하다는 것은 곧 인간이 무한히 성장하는 힘을 지녔다는 말이 된다. 성장 가능성은 오히려 소극적인 개념이지만 성장하는 힘(성장력)은 인간이 그 가능성을 능동적으로 실현하고자 하는 적극적인 개념이 된다.

이러한 인간의 성장력에 관한 생각은 교육 자체에 대한 기존의 관념을 상당히 변화시킬 수 있다. 즉, 학습자를 단지 무력한 존재, 도움을 받아야만 하는 존재로 보고, 교육자로서 일방적으로 결정된 지식과 기술을 전달하던 교육관은 이제는 지탱할 수 없는 것이다. 따라서 아동의 내적 성장력을 인정할 때, 교육자가 할 역할이란 그 잠재력이 최대한으로 발현되도록 하는 것이며, 또 그들이 교육자가 제시한 것 이상으로 학습할 수 있음을 허용하는 것이다. 그러므로 교육의 결과를 임의로 한정을 짓거나 획일화시킬 수 없으며, 끊임없이 성장할 수 있도록 호기심과 탐구심, 창의적 노력을 격려해 주는 것이 진정한 교육이 된다.

교육을 통한 인간의 변화는 한계 혹은 제한점이 있을까? 인간의 성장 가능성에 한계를 짓는 조건으로 소질과 환경을 들 수 있다. 소질이란 인간의 신체적 기능 또는 정신적 기능의 잠재적 능력을 말한다. 이 잠재적 능력은 유전으로 결정되는 부분이 많으나, 환경의 영향에 따라 신장하는 범위도 적지 않다고 보고 있다. 그리고 유전으로 결정되는 신체의 강약, 지능의 우열, 의지의 강온 등은 교육으로 변화시킬 수 없거나 극히 미약한 효과만 기대되는 것이다. 물론 영양과 운동에 따라 체질과 체능의 개선이 어느 정도 가능할 뿐 아니라 오늘날은 지능의 개발 가능성도 상당 수준 인정되고 있다. 그러나 그것도 일정한 수준에 도달한 유전적 소질이 갖추어졌을 때의 경우이지 극단적이면 심한 좌절을 경험하게 되는 것이다.

인간의 성장, 발달의 속도와 특성에 환경의 영향이 크다는 것도 일반화된 사실이다. 같은 유전인자를 가지고 태어났다고 해도 각자의 환경이라든가 교육의 영향으로 성장하는 과정에 많은 차이가 나타난다. 환경적 조건이 인간의 특질을 결하는 데 가장 중요한 요인이 된다고 할지라도 그 유전적인 소질을 발달시키는 것은 자연적 환경이나 물리적 환경 또는 사회적, 문화적 환경에 내포된 힘의 여하에 달린 것이다.

한편, 어떤 사람이 성장 가능성을 훌륭하게 타고났다 하더라도 그가 경험한 인간적, 문화적, 물리적 환경이 교육적으로 부적합했을 때 그 사람의 잠재능력의 계발활동인 교육은 제한을 받게 된다. 그러면 교육을 하는 데 있어서 유전과 환경 중 어느 편이 더 크게 작용하는가? 이에 대해 한마디로 단정 짓기는 어렵다. 우드워즈(R. S. Woodworth)는 인간의 성장 가능성은 환경을 세로로, 유전을 가로로 한 직사각형 속의 면적과 같다고 보아서 유전과 환경과의 관계는 유전과 환경의 상호작용 함수라고 하였다. 고트샬트(K. Gottschaldt)도 비슷한 관점에서 유전과 환경과의 상호관계는 환경적 요인과 유전적 요인의 일직선상에 위치하는 서로 다른 한 점이라고 설명하였다.

2. 교육의 유형

교육형태의 분류는 그 기준에 따라 다양하게 구분될 수 있다. 그 기준을 교육의 대상에 두었을 때 유아교육, 아동교육, 청년교육, 성인교육으로 구분하며, 교육이 일어나는 장소에 따른 구분에서는 가정교육, 사회교육, 학교교육, 직장교육으로 구분되며, 교육내용 면에서 보면 일반교양교육과 전문 직업교육으로 구분할 수 있다. 교육제도에서 나누는 학습자의 수준에 따른 분류에서 보면 교육은 초등교육, 중등교육, 고등교육으로 구분할 수 있다. 또한 의도성이나 형식의 유무에 따라 분류하여 보면 교육은 의도적 교육과 무의도적 교육이나 형식적 교육과 비형식적 교육으로 구분할 수 있다. 여기에서는 이렇게 다양한 교육의 형태 중에서 교육의 기본적 개념을 이해하는 데에 중요하다고 생각되는 교육의 형태에 대한 두 가지 구분 방식에 대해서만 다룬다.

1) 형식적 교육과 비형식적 교육

교육은 의도에 따른 형식과 절차의 유무에 따라 크게 형식교육과 비형식교육으로 분류된다. 이는 교육이 의도된 목적에 따라 일정한 계획과 조직을 가지고 소정의 기간 동안 지속적으로 이루어지는가 아닌가에 따른 분류이다. 이러한 분류는 교육의 의도성 유무와도 밀접한 관련을 가지기 때문에 흔히 의도적 교육과 무의도적 교육으로 분류되기도 한다.

먼저, 형식적 교육이란 특정한 교육의 이상과 목적에 따라 그것의 실현을 위하여 의도하는 바를 계획적이고 지속적으로 일정한 기간 동안 실시하는 교육을 일컫는다. 즉 교육하고자 하는 일정한 의도가 있고 의도에 따라 선정된 교육내용을 특정 장소에서 학습자에게 교육하는 과정이 있을 때 이를 형식적 교육이라고 한다. 여기에서 말하는 형식을 구성하는 요소로는 매우 다양하게 제시될 수 있으나 일반적으로 시설과 설비, 교사, 교육내용, 학습자 등과 같은 유형의 요소와 교육목적, 학습활동, 교사와 학습자 간의 인간관계와 상호작용 등과 같은 무형의 요소를 든다. 이러한 요소를 두루 갖추고 있는 대표적인 교육의 형태에 속하는 것은 학교교육이다. 학교교육 외에도 형식적 교육에는 강습소, 양성소, 훈련원, 학원 등의 사회교육기관에서 의도적인 목적으로 실시하는 교육이 여기에 속한다.

비형식적 교육은 교육기관에 의하지 않고 자연이나 사물, 인간관계에 있어서 자연 발생적으로 이루어지는 무의도적 교육을 일컫는다. 교육은 학교와 같은 형식적 교육을 통하여서만 이루어지는 것은 아니다. 원시사회에서는 학교와 같은 의도적이며 제도화된 형식적 교육기관이 없이도 지식과 기술 등이 생활 속에서 자연스럽게 교육 되어졌다. 그리고 아동은 자기가 원하든 원하지 않든, 좋아하든 싫어하든 거의 무의식적이고 우연적으로 지식과 기술, 규범과 관습, 기타 여러 가지 생활적인 것을 배운다. 따라서 비형식적 교육은 교육을 위한 계획성, 조직성 등이 미약하며 개인을 둘러싼 제반 환경과 조건에 의하여 교육되는 것이다. 가정교육이나 일부의 사회교육이 이러한 비형식교육에 해당하며 특히 오늘날에 와서 매스컴이나 인터넷은 사람들에게 매우 강한 영향력을 지닌 비형식교육의 형태라 할 수 있다. 이러한 면에서 형식교육을 협의의 교육이라고 한다면 비형식교육은 광의의 교육이라고 할 수 있다.

그런데 문제는 형식적 교육은 비형식적 교육에 담긴 교육의 의미로부터 멀어질 수 있는 가능성이 있다는 점이다. 삶에서 배우는 것은 무엇보다도 실제로 행동하는 것을 통해서, 경험에 의해서 배우는 것이다. 그러므로 삶에서 배우는 것은 지식과 행동과 정서가 통합되어 있는 것으로서 삶 속에서 살아 움직이는 의미 있는 내용이며 삶에서 사용될 수 있는 내용이다. 하지만 학교교육은 주로 문자에 의존하기 때문에 지적인 요소를 제외한 다른 요소들이 배제되게 된다. 따라서 직접적인 삶의 경험을 통하여 배우는 내용과 학교에서 배우는 내용 사이에 불일치가 생길 위험이 있다. 이러한 불일치는 사회적 생활의 영위라는 교육의 일차적 목적과 학교교육을 무관한 것으로 만들 가능성이 있다. 그러므로 형식교육과 비형식교육, 의도적 교육과 무의도적 교육 사이에 적절한 균형과 연속성이 유지되어야 한다.

2) 가정교육, 학교교육, 사회교육

교육이 이루어지는 장을 중심으로 교육의 형태를 분류하면 교육은 가정교육, 학교교육, 사회교육으로 구분된다.

가정교육은 모든 교육의 기초가 되며 인간 교육의 기본적인 터전을 제공해 준다. 가정교육은 가족 집단을 단위로 하여 성립되는 교육형태이며 부모가 의도적 혹은 무의도적으로 자녀에게 행하는 비형식적 교육에 속한다. 가정교육의 중요한 특성에 대하여 보다 구체적으로 살펴보면 다음과 같다.

첫째, 가정교육은 자연적, 무의도적으로 이루어지는 교육이다.

둘째, 가정은 강한 애정을 중심으로 결속된 집단이기 때문에 애정의 습득과 생성 원리를 학습하는 장이 된다.

셋째, 가정교육은 인간성의 기초를 형성하는 장이다.

넷째, 가정교육의 내용은 실제 생활에 필요한 것으로 이루어져 있다.

다섯째, 가정교육은 그 기능상으로 보아 학교와 같이 일정하게 정해진 프로그램에 의한 훈련에 중점을 두는 것과는 달리 항상 자녀의 심신의 보호와 배려가 배경이 되고 있다.

학교는 제도화된 틀 속에서 전문적인 소양과 지식을 갖춘 교사가 일정한 연령층의 학생을 대상으로 정선된 문화유산을 교육내용으로 구성하여 계획적으로 교육하는 기관이다. 학교교육은 사회생활 속에서 자연적으로 행하여지고 있는 교육을 학교라는 지정된 장소에서 소정의 기간 동안 의도화, 계획화, 조직화하여 이루어지는 것을 뜻한다. 일상생활 속에서 이루어지던 교육이 학교교육이라는 조직적인 교육기관을 통하여 이루어지게 된 것은 사회가 발전하면서 지식과 기술 그리고 생활의 양식들이 직접적인 경험만으로는 제대로 학습할 수 없을 정도로 복잡하고 다양해졌기 때문일 것이다. 이럴 경우에 축적된 문화를 다음 세대에게 계승하고 발전시키기 위해서는 조직적이고 계획적인 교육이 필요할 수밖에 없다. 오늘날 학교교육은 가장 중요한 그리고 대표적인 형태의 교육으로 보통 교육이라 할 때는 이러한 학교교육을 의미한다. 이러한 학교교육의 중요한 기능적 특징을 서술하면 다음과 같다.

첫째, 학교교육은 문화유산을 전승함으로써 사회의 유지와 존속을 가능하게 한다.

둘째, 학교교육은 문화유산을 전달함으로써 사회의 통합과 통제의 기능을 수행한다.

셋째, 학교교육은 사회적 선발 및 지위 결정의 기능을 한다.

넷째, 학교교육은 사회변화 및 발전의 기능을 수행한다.

다섯째, 학교교육은 자아실현의 기능을 한다.

사회교육은 넓은 의미로는 학교교육을 제외한 모든 교육을 일컫는 용어로 사용되고 있으며, 좁은 의미로는 학교를 졸업한 사람들을 대상으로 하는 성인교육만을 지칭하는 의미로 사용되기도 한다. 다시 말하면, 넓은 의미에서 사회교육을 규정할 때는 유아교육, 청소년교육, 성인교육, 노인교육을 포함하는 전생애교육 혹은 평생교육의 의미를 지니지만, 좁은 의미로 규정할 때는 청소년 이후의 성인교육만을 의미하는 것이다. 우리나라 사회교육법에서는 이 가운데 전자의 견해를 사회교육의 의미로 받아들이고 있다. 우리나라 사회교육법 2조 1항에 의하면 "사회교육은 다른 법률에 따른 학교 교육을 제외하고 국민의 평생교육을 위한 모든 형태의 조직적인 교육 활동을 말한다."라고 정의하고 있다. 학교 교육과의 차이를 지니는 사회교육의 특성은 다음과 같다.

첫째, 사회교육은 학교 교육과 달리 학습자가 자발적으로 참여한다는 것이다.

둘째, 사회교육은 실생활에서 부딪치는 현실적인 문제와 직접적인 관련이 깊은 활동을 중시한다.

셋째, 사회교육은 학습 내용이나 방법에 있어서 다양성을 가지고 있다.

3) 교육학의 이해

어떤 학문이든지 그 학문의 일차적인 목적과 기능은 그 학문이 탐구하는 대상세계를 보편적이고 일반적으로 기술하고 설명할 수 있는 이론체계를 구축하는 데 있다. 물리학은 물질세계를 구성하는 모든 요소의 성질과 구조를 밝힐 수 있는 일반적인 법칙의 발견과 구축을 그 목표로 하고 있으며 사회학은 사회현상 및 조직의 원리나 구조를 설명해 줄 수 있는 법칙이나 이론의 탐색을 목표로 하고 있다.

철학은 삶과 존재의 의미를 설명해 줄 수 있는 보편적인 이론과 원리를 규명하고자 하는 목표를 가진다.

학문의 일차적인 목표와 기능이 어떤 구체적이고 특수한 대상을 기술하고 설명하는 것이 아니라 모든 대상을 포괄적으로 설명할 수 있는 보편적인 진술이나 법칙을 구축하는 데에 있다고 할 때 학문으로서의 교육한 역시 모든 교육 현상을 포괄적으로 기술하고 설명할 수 있는 보편적인 지식 체계의 형성을 그 목표로 하고 있다. 즉, 어떤 특수한 상황에서 이루어지는 교육 현실이나 그 이론적 근거를 기술하는 것이 아니라, 모든 특수한 교육 현실이나 이론에 공통으로 적용되는 보편적 원리나 요소를 설명하고자 하는 것이다. 물론 이와 같은 일반적 원리나 이론적 체계의 형성은 구체적인 교육 현실을 떠나서는 가능할 수가 없다. 교육에 대한 일반적인 원리나 이론체계의 형성을 위해서는 구체적인 현실 속에서 이루어지는 다양한 교육 현실에 대한 관찰과 이해가 필수적이기 때문이다.

교육학은 교육활동이나 교육 현상을 이해하기 위한 탐구 활동을 목적으로 하는 학문이다. 교육학의 연구대상은 교육 현상이다. 교육 현상은 인간을 변화시키고 성장시키려는 의도와 목적에서 이루어지는 일련의 모든 교육적 행위나 사건을 말한다. 교육현상을 연구대상으로 삼는 교육학은 우리의 삶과 존재에서 교육이 필수 불가결의 중요성과 의미가 있는 활동이기 때문에 그 자체가 의미 있고 가치 있는 학문 분야라고 할 수 있다. 교육 현상 또는 교육활동은 교육의 3요소와 교육목표 설정, 교육내용의 선정과 조직, 교수학습 경험, 교육평가의 교육활동 과정에 일어나는 수많은 다양한 사실과 사건을 말하며, 이들이 교육학의 연구대상인 것이다. 이들 요소와 교육의 과정에 관련되어 제기될 수 있는 연구문제를 살펴보면 다음과 같다.

교육목표 설정에서 제기될 수 있는 질문은 왜, 무엇을 위해 교육을 할 것인가? 즉, 어떤 교육목적과 목표를 정할 것인가?, 어떤 교육목적과 목표가 바람직하고 가치 있는 것인가? 누가 교육목적과 목표를 결정할 수 있는가? 우리 사회가 교육을 통해 길러내기를 바라는 바람직한 인간상은? 바람직한 인간은 구체적으로 어떤 행동과 태도를 지녀야 하는가? 어떤 교육목적과 목표가 실현 가능할 것인가? 학습자들은 교육을 통해 무엇을 배우기를 원하는가?

교육내용 선정과 조직에 관련하여 제시 가능한 질문은 설정된 교육목적과 목표를 달성하기 위해 어떤 내용을 가르쳐야 할 것인가? 어떤 교육내용이 가치 있는가? 교육내용을 선정하는 기준을 무엇으로 정할 것인가? 어떤 원리에 의해 교육내용을 조직하는 것이 효과적인가? 학생들의 발달수준이나 능력에 맞는 교육내용은 어떤 것인가?

교수·학습경험에 관련하여 가능한 질문은 학생들의 지적, 정의적, 신체적 특성과 사회적 배경, 가정환경을 어떻게 정확하게 파악할 것인가? 학습자들의 특성과 배경의 차이는 교수·학습의 과정과 결과에 어떻게 영향을 줄 것인가? 어떤 교수·학습 과정이 학습자들의 학습을 최대로 하는가? 교수·학습 과정을 잘 이끌 수 있는 교사는? 교육평가에 관련하여 가능한 질문은 교육의 결과를 어떻게 정확히 파악할 수 있는가? 양호한 평가도구는 어떤 것인가? 학생 개인별 학업 성취도를 어떻게 평가할 것인가? 평가 결과를 어떻게 활용할 것인가?

교육은 삶의 과정이라 할 수 있으며, 교육은 우리 삶의 수많은 요소가 복합적으로 작용하는 현상이다. 교육은 교육 그 자체로서만 존재하는 것이 아니라, 정치 경제 사회 문화 종교 예술 등 우리 삶의 모든 영역과 연결되어 있고, 또한 우리가 태어나서 죽을 때까지의 모든 시기에 걸처 끊임없이 이루어지며, 가정과 학교 및 사회를 포함하는 모든 장소에서 광범위하게 이루어지는 활동이다. 교육학의 연구대상인 교육 현상은 철학적, 역사적, 경제적, 사회적, 문화적, 정치적, 행정적 현상과 관련되어 있다. 따라서 교육학은 다양한 학문적 접근과 지원이 필요하며, 또한 이를 적극적으로 활용하는 학문이다. 이에 따라 교육학의 주된 하위 분야는 교육철학, 교육사, 교육심리학, 교육사회학, 교육공학, 교육행정학 등으로 구분된다. 이처럼 다양한 학문적 접근과 지원을 토대로 이루어지기 때문에 교육학은 종합학문으로서의 특징을 지닌다.

교육철학은 교육과 관련하여 제기되는 철학적 문제를 고찰하고 해답을 찾아가는 분야이다. 교육의 목적, 가치, 내용, 방법 등에 관한 문제를 개념적, 논리적 측면에서 검토하고 분석하는 작업을 주된 연구과제로 한다. 교육심리학은 교육현장에서 일어나는 심리적인 문제를 탐구하고 연구하는 분야이다. 학습자들의 발달적인 특성과 지적, 정서적, 심리적인 측면, 학습과 효과적인 학습전략 등을 제시하고 설명하기 위해 연구를 진행한다.

교육사회학은 교육 현상과 실제를 사회학적 관점에서 탐구하고자 하는 분야이다. 교육과 사회문화의 관계, 사회계층과 교육, 사회화의 유형, 학교 혹은 교사 문화 등에 관한 연구를 한다. 교육행정학은 교육을 시행하는 데 필요한 인적, 물적, 재정적 자원의 확보와 관리, 교육정책의 수립, 교육법과 교육제도, 예산 편성 및 기획, 장학과 효율적인 학급 경영 등에 관한 연구를 진행한다. 교육공학은 학습을 위한 과정과 자원의 설계, 개발, 활용, 관리 및 평가에 관한 이론과 실제(Seels & Richey, 1994)를 연구하는 분야이다. 교육공학의 발전 초기는 수업에서 매체를 어떻게 활용할 것인가와 관련되었으나 점차 수업을 효과적으로 할 수 있도록 교수설계, 개발 및 평가를 포함하는 방향으로 확대되었다. 교육공학은 학습 촉진 및 수행 향상에 적절한 공학적 과정과 자원의 창출, 활용, 관리를 연구하고 윤리적으로 실현하는 분야(Januszewski & Molenda, 2008)이다.

교육학의 주요 연구방법은 다음과 같다.

실험법(experiment)은 어떤 하나의 변인의 값이 변할 때 다른 변인의 값에 영향을 주어 그 값이 변하는지를 관찰하여 두 변인 사이의 관계를 설명하고자 할 때, 즉 두 변인 사이의 인과관계를 밝히고자 할 때 주로 사용되는 방법이다. 따라서 실험연구에서는 두 개 이상의 변인을 다루게 되는데, 연구자가 임의로 조작하는 변인을 독립변인이라 하고, 이 독립변인으로 말미암아 유발되는 반응이나 결과를 종속변인이라 한다.

실험연구에서는 독립변인이 종속변인에 미치는 영향을 정확하게 확인하기 위해 실험집단과 통제집단을 구성하여 연구를 수행한다. 독립변인을 처치한 피험자 집단을 실험집단이라 하고, 독립변인을 처치하지 않고 실험집단과 어떠한 차이가 나는지를 비교하기 위한 피험자 집단을 통제집단 또는 비교집단이라 한다.

관찰법은 연구자가 확인하고 있는 그대로 기록한 내용을 토대로 분석한다. 참여관찰, 자연적 관찰 등이 있다. 관찰할 때는 연구자 자신의 주관이나 선입견이 작용하지 않도록 해야 하며 관찰의 초점을 명확히 해야 하고 현재 관찰된 사실만 가지고 성급한 판단을 해서는 안 된다.

조사법은 인구조사에서와 같이 어떤 사실이 존재하는가를 파악하여 사실대로 기술하고 해석하는 연구이다. 즉 관심영역에 대해 무엇이 어떻게 존재하고 있는가를 주로 질문지법이나 면접법을 통해 파악하여 사실 그대로를 기술하고 해석하는 연구방법이다.

조사연구에서 많이 사용되는 질문지법은 연구에 필요한 문제에 관한 사항을 사전에 질문지로 작성해서 그에 대한 피험자의 반응을 자기보고의 형식으로 얻어 이를 분석하는 방법이다. 주로 피험자의 가치관, 태도, 사고 및 지식 등을 조사할 때 사용한다. 면접법은 연구자와 연구대상자가 1대 1로 직접 만나서 연구자가 질문을 하고 이에 대해 연구대상자가 반응하는 방법이다. 이 방법에는 피면접자로부터 자료를 수집하기 위한 목적으로 하는 조사면접과 면접과정에서 문제 진단과 치료를 목적으로 하는 상담면접이 있다.

검사법은 다양한 검사를 활용하여 어떤 특성들의 존재를 파악하여 그들 간의 관계의 정도를 알아보는 연구이다. 연구에 많이 이용되는 검사는 지적 특성을 재는 검사와 정의적 특성을 재는 검사 그리고 성격검사 등이 있다.

사례연구는 특정 개인이나 집단을 대상으로 이들에 대한 각종 자료를 다양한 방법으로 수집하고 체계적으로 분석하여, 그 연구대상이 가지고 있는 문제나 특성을 심층적으로 연구하는 방법이다. 사례연구는 정상적인 아동을 대상으로 연구하기도 하지만, 일반적으로는 문제가 있는 특정한 사람들은 대상으로 이들이 지니고 있는 문제의 본질 및 발생 원인을 규명하고 진단하여 지도방법 또는 치료방법을 강구함으로써, 이들의 문제행동을 해결하기 위한 목적으로 사용하고 있는 연구방법이다.

3. 교육자의 자질과 역할

교직은 우리 사회에서 중요하고 전문적인 직업 중의 하나이다. 그만큼 개인적으로나 사회적으로 많은 책임과 의무가 뒤따른다. 우리는 교사의 역할을 단순히 알고 있는 지식을 전달하는 것으로 잘못 인식하고 있다. 그러나 교사란 학생들에게 지식만을 전달하는 것이 아니라 학생이 사회의 일원으로서 성장하도록 모든 정신적인 면까지도 지도해 주는 직업이다. 즉 학생들의 생각과 사상형성의 길잡이라 할 수 있다. 교사의 모든 행동과 말 하나하나가 모두 학생들에게 큰 영향을 준다. 그러므로 교사는 항상 신중히 행동하고 깊이 생각하고 말해야 한다. 또한 교사가 학생을 잘못 이끌어 나가면 그 여파는 개인적으로 뿐만 아니라 사회적으로도 큰 문제가 된다는 것을 명심해야 할 것이다. 우리는 좀 더 올바른 교사의 모습과 역할에 대해 관심을 가져야 한다.

유치원, 초등학교, 중고등학교와 같은 교육기관의 평가 기준은 화려한 건물이나 최신의 교육기자재가 아니다. 각 교육기관에서 얼마나 우수한 교사를 확보하고 있는가에 따라서 교육의 질이 달라진다. 즉 교육의 질은 교사의 질 이상도 이하도 아니라는 말이다. 한 국가의 교육수준을 판단하는 기준도 마찬가지이다. 교사들이 사명감을 가지고 한평생 연구하는 자세로 학생들에게 헌신하는 모습을 보여야 국가의 교육수준이 높이 평가되는 것이다.

오늘날 컴퓨터를 활용하는 교육환경이 아무리 급속하게 변화해도 교육의 핵심은 교사이다. 교사의 역할은 학생들에게 기술, 정보, 지식만 기계적으로 전달하는 것이 아니다. 한 인간의 전인교육을 책임지고 있는 것이 교사이기 때문에 더욱더 교사의 중요성을 실감하게 되는 것이다. 아동과 학생이 학교시절에 어떠한 유형의 교사를 만나느냐에 따라서 한 인간의 삶이 전적으로 달라진 예를 많이 볼 수 있다. 따라서 교사는 아동과 학생들의 모든 영역에서 거울과 같은 존재임을 명심해야 한다.

교사란 다른 사람들이 새롭고 다양한 방법으로 배우고 행동하는 것을 도와주는데 책임 있는 사람이라고 말할 수 있다. '교사'라는 용어는 다른 사람이 배우고 행동하는 것을 돕는데 있어서 기본적으로 전문적, 또는 직업적인 사람을 말한다.

1) 교육자의 자질

전공영역의 수월성

교사는 자기가 전공한 영역에 대한 전문가적인 지식과 기술을 가지고 있어야 한다. 즉 교사는 자기 전공과목에서 세계 최고의 수준에 이르는 학문적 권위를 가지고 있어야 한다. 예를 들어 자기의 전공영역에서 최고 수준의 자리를 확보하지 못하면 교사로서 존재 의미가 없어지게 되는 것이다. 전공영역의 수월성을 확보한 사람은 어떤 내용이 핵심적이며 주변적인 내용인지를 파악하고 있는 교사이다. 따라서 교사는 한평생 연구하는 자세가 필요하다.

교수방법에 대한 지식의 획득

교사는 교과내용을 학생들에게 쉽게 예를 들어서 전달해야 한다. 즉 교과내용을 실제생활과 접목시켜서 이해하게 하고 활용할 수 있도록 해야 한다. 우리 주위에는 너무 어렵게 가르치는 교사를 가끔 볼 수 있으며 책을 그냥 읽어가는 교사도 있다. 쉬운 예를 들어 설명하지 못하는 경우도 있다. 가르치는 방법에 대한 지식을 획득하는 방법은 항상 노력하고 자기의 교수방법을 개선하기 위한 반성의 시간을 갖는 태도라고 할 수 있다. 교사는 종합예술가로서 자기 스스로 강의의 목적과 내용, 방법, 평가에 대한 책임을 져야 하는 사람이다. 또한 교육학 전반에 걸친 인간행동의 다양한 심리적 발달 특징들도 알고 있어야 효과적으로 교과내용을 가르칠 수 있는 것이다.

소명의식

성직자들이 하나님께 부름을 받았다는 소명의식을 갖는 것과 같이 교사는 교직으로부터 부름을 받았다는 소명의식을 가져야 한다. 따라서 교사는 성직자와 같은 자세로 사랑과 봉사 그리고 희생을 통하여 교육활동에 전념해야 한다.

오천석은 교사들이 소명의식을 가져야 함을 다음과 같이 말하고 있다. "교사의 임무는 단순한 직업이나 노동이 아니다. 그에게 소명감을 주는 비전과 헌신에 의하여 인식되어야 한다. 비전과 헌신을 속성으로 하는 소명감이 있으며 교사는 산 스승이 될 수 있고 어린이의 영적 성장을 돕는 참된 교육자가 될 수 있는 것이다." 이 글은 교사들이 소명의식을 가지고 있어야 미래에 대한 비전을 가지고 학생들을 지도할 수 있다는 것을 강조하고 있는 것이다.

학생에 대한 사랑과 봉사 정신

교사는 자기 자신을 사랑하는 사람인 동시에 학생들을 사랑하고 이해하는 사람이다. 모든 학생들을 똑같이 사랑하고 칭찬하며 격려해야 한다. 소위 성적 좋은 학생들은 칭찬하고 그렇지 못한 학생들은 미워해서는 안된다. 오히려 이런 학생들에 대한 사랑과 책임감을 더욱 느껴야 한다.

실천하는 교사

교사는 자신이 가르친 것들을 실천해야 한다. 교육학에서 제시하는 어떠한 이론보다 실천하는 모범을 보이는 것이 가장 좋은 교수방법인 것이다. 예를 들어 '인간을 존중하라'고 가르쳤다면 자기 자신이 먼저 모든 학생들을 존중하는 삶을 살아야 한다. 즉 인간존중의 원리에 따라 살아가는 교사는 학생들의 능력, 환경, 삶의 목적을 존중해야 하며 동시에 그들 스스로 결정하고 판단할 수 있는 존재로 인정해야 한다. 또한 '정직하게 살아가라'고 가르쳤으면 교사 자신이 한평생 정직하게 살아가도록 노력해야 한다.

2) 교육자의 역할

교사의 역할에 대한 연구는 다양하지만 여기서는 리들(E. Reedle)과 바텐버그(W. Wattenberg), 그리고 페스탈로치(Pestalozzi)가 제시한 교사의 역할을 간략하게 소개하고자 한다.

사회 대표자로서의 교사

교사는 학생들이 그 사회에서 요구하는 바람직한 가치관, 신념, 태도, 규범 등을 내재화시켜 가는 사회화 과정에서 그들의 삶의 양식을 대표하는 위치에 서게 된다. 특히 교사의 언행은 학생들의 사회화에 모델이 될 수 있기 때문에 스스로 삶의 태도를 반성하며 살아가야 한다. 잠재적 교육과정의 중요성이 바로 여기에 있는 것이다.

평가자로서의 교사

학생들의 성적평가, 행동평가, 수상 대상자를 결정하는 일, 처벌의 결정과 같은 일은 객관적인 교사의 평가가 요구된다. 교사의 판단과 평가는 학생들의 긍정적 자아개념의 형성과 교수·학습상황에 영향을 미친다.

지식자원으서의 교사

학생들에게 필요한 지식을 제공하는 것은 교사의 중요한 임무이다. 훌륭한 교사는 학생들의 수준에 맞게 교수내용을 조직해서 전달함으로써 학생의 지적 호기심을 충족시킨다. 학생들은 지적 호기심에 불을 붙여주는 살아있는 교과서로서의 역할을 교사에게 기대한다.

학습과정의 조력자로서의 교사

교사는 학생들이 주어진 과제를 학습하는 과정에서 어려운 문제에 직면하게 될 때 학생들 스스로 중요한 지식을 이해하고 새로운 지식을 찾아내며 배운 지식을 적용하여 새로운 문제를 해결할 수 있도록 조력자의 역할을 해야 한다.

판단자로서의 교사

교사는 학급 내에서 학생들의 의견이 일치하지 않거나 갈등·대립하는 현상이 있을 때 가장 만족스럽고 합리적인 방법으로 문제를 해결해 주어야 한다. 이때 교사의 공정성 여부가 교사의 권위에 영향을 줄 수 있다.

훈육자로서의 교사

학생들 중에는 학습활동에 방해가 되고 학급집단의 공동목표달성에 지장을 초래하는 학생이 있다. 이때 교사는 학생들의 질서를 유지하기 위해 민주적인 훈육을 통하여 학생들의 잘못된 행동을 수정해 주어야 한다.

동일시 대상으로서의 교사

동일시는 학생들의 인성발달뿐만 아니라 학업성취에도 영향을 준다. 학교에서 학생들의 중요한 동일시 대상은 교사이다. 따라서 교사의 여러 가지 행동특성은 학생들에 의해서 잘 모방된다. 예를 들면 존경하는 교사의 말투, 필체, 인생관, 가치관 등이 동일시의 대상이 될 수 있다.

불안 제거자로서의 교사

다양한 발달과정에서 학생들은 여러 가지 불안을 경험하게 된다. 학생들은 아직도 무력하기 때문에 발달과업을 달성하는 데 여러 가지의 불안이 있다. 교사는 일관성 있는 태도로 학생들의 불안을 제거해 주는 역할을 수행해야 한다.

자아 옹호자로서의 교사

성장과정에 있는 학생들은 흔히 자신감을 상실하여 스스로 열등의식에 빠져 자포자기하는 경우가 있다. 이때 교사는 학생들에게 성취감을 맛보게 하고 적절한 강화를 통하여 긍정적인 자아개념을 형성할 수 있도록 도와주어야 한다. 긍정적인 자아개념의 형성은 자기 스스로를 존중하는 삶의 태도를 가지게 하여 자신감을 회복하도록 해 준다.

집단지도자로서의 교사

교사는 담당하고 있는 학급의 지도자로서 민주적 지도성을 발휘하여 학생들의 사기를 높이고 학습 응집력을 길러 줄 필요성이 있다.

부모 대행인으로서 교사

교사는 부모 대신의 역할을 할 때도 있다. 특히 초등학교 저학년인 경우 교사를 가정의 부모로 생각한다. 그러므로 교사들은 친자식과 같은 양육태도를 가지고 교육해야 한다.

적대감정의 표적으로서의 교사

성장과정에 있는 학생들이 사춘기 또는 청년기를 지날 때 기성사회의 문화와 권위에 도전하면서 적대감을 표출한다. 학생들에 의한 적대감정의 표출대상자는 교사이다. 이들의 표적이 되어주는 것은 학생들의 스트레스 해소와 정신건강에도 도움이 된다.

친구로서의 교사

학생들이 가장 좋아하는 유형 중 하나가 바로 친구 같은 교사이다. 학생들은 친한 친구처럼 대화하고 싶고 자기의 마음을 털어놓고 싶은 교사를 원한다.

바람직한 교사상에 대한 연구는 여러 가지가 있지만 여기서는 하트(Hart)와 퀸틸니아누스(Quintilianus), 페스탈로치의 교사상을 소개하고자 한다.

① 하트의 이상적 교사상

- 교과를 분명하고 철저하게 설명하며 실례를 잘 들어주는 교사
- 명랑하며 온후하고 유머 감각이 있으며 농담을 할 줄 아는 교사
- 학습집단의 일원으로서 인간적이고 친절하며 동료의식을 가진 교사
- 학습자에게 관심을 가지고 이해하려는 교사
- 학습을 재미있게 이끌고 학습의욕을 북돋아 주어 학습활동을 즐겁게 하도록 하는 교사
- 엄정하고 존경심이 드는 교사
- 공평하고 편애가 없으며 신용이 있는 교사
- 무뚝뚝하지 않고 괴팍하지 않으며 잔소리, 빈정거림, 비꼬는 일이 없는 교사
- 사람을 좋아하고 인간적 친화성이 있는 교사

② 퀸틸니아누스의 이상적 교사상

- 교사는 아동에게 친자녀와 같은 마음으로 임해야 한다.
- 교사는 자신의 악덕은 물론 다른 사람의 악덕을 용서해서는 안 된다.
- 교사의 태도가 너무 엄격해서는 안 된다.
- 교사는 분노의 정을 갖지 않아야 한다.
- 교사법은 쉬워야 하고 근로에는 인내성이 있어야 한다.

- 질문을 받았을 때는 신속하게 응답해야 하고 질문이 없을 때는 물어봐야 한다.
- 아동의 성적에 대해서는 칭찬을 해 주어야 한다. 그러나 너무 과도해서는 안 된다.
- 교정을 해줄 때는 비난을 해서는 안 된다.
- 교사는 아동에게 오래 간직할 것만을 이야기해 주어야 한다.
- 교사는 가끔 선하고 존경받을 만한 것들에 대해 물어봐야 한다.

③ 페스탈로치의 교사 역할론

- 학생들에게 진리와 개성과 장래의 꿈을 위해 격려를 해주는 교사
- 정신적 문화유산을 체계화시켜 학생들에게 계승시키는 교사
- 미래의 이상사회의 설계도를 그리는 교사
- 문화에 대한 애착심이 강한 교사
- 학생들의 꿈을 가꾸는 교사
- 학생과 공생공존하며 사제동행의 사랑을 실천하는 교사

교사는 인간을 인간답게 교육하는 일이 주된 일이기 때문에 교사는 각자 교육에 관한 명확한 자신의 철학적 관점을 가지고 있어야 한다. 교사는 왜 다양한 철학적 관점에 대하여 연구하고 공부해야 하는가?

첫째, 문제의 성격을 분명하게 정리할 수 있기 때문이다.

둘째, 교육문제 해결을 위하여 다양한 철학적 사고를 탐구함으로써 우리는 다양한 해결방안을 강구할 수 있다는 점이다.

셋째, 교육에 관한 다양한 철학적 관점을 탐구함으로써 교육에 관한 우리들 자신의 사고와 신념을 명확하게 한다.

3) 교육자의 윤리

학생을 가르치는 직업을 교직이라고 한다. 교직이 전문성을 지녀야 한다는 뜻의 핵심은 두 가지 특성으로 요약될 수 있다. 교직이 고도의 지성을 필요로 하는 정신

활동이며 장기간에 걸친 교육과 훈련을 받지 않고는 그 직업에 종사할 수 없다는 점이다. 교직이 다른 전문직, 이를테면, 의사직, 변호사직, 성직자직 등과 마찬가지로 고도의 자율성과 사회적 책임을 아울러 가져야 한다. 교사의 전문성을 논의할 때는 반드시 윤리문제가 결부된다.

교직자의 윤리를 확립하기 위하여 대한교육연합회(현재의 한국교원단체 총연합회의 전신)에서 교사의 윤리에 관련되는 강령을 두 차례에 걸쳐서 제정했다. 첫 번째는 1958년에 제정된 교원윤리강령이며, 두 번째는 1982년 5월 15일 스승의 날에 선포한 사도헌장과 사도강령이다. 이러한 교사의 윤리강령에서 가장 강조하고 있는 것은 스승으로서 제자를 사랑하는 것이라고 하겠다.

1) 사도헌장

오늘의 교육은 개인의 성장과 사회의 발전과 내일의 국운을 좌우한다. 우리는 국민교육의 수임자로서 존경받는 스승이요, 신뢰받는 선도자임을 자각한다. 이에 긍시와 사명을 새로이 명심하고 스승의 길을 밝힌다.

첫째, 우리는 제자를 사랑하고 개성을 존중하며, 한마음 한뜻으로 명랑한 학풍을 조성한다.

둘째, 우리는 폭넓은 교양과 부단한 연찬으로 교직의 전문성을 높여 국민의 사표가 된다.

셋째, 우리는 원대하고 치밀한 교육계획의 수립과 성실한 실천으로 맡은 바 책임을 완수한다.

넷째, 우리는 서로 협동하여 교육의 자주 혁신과 교육자의 지위향상에 적극 노력한다.

다섯째, 우리는 가정, 교육. 사회교육과의 유대를 강화하여 복지국가 건설에 공헌한다.

2) 사도강령

민주국가의 주인은 국민이므로 나라의 주인을 주인답게 길러내는 교육은 가장 중대한 국가적 과업이다.

우리 겨레가 오랜 역사와 찬란한 문화를 계승·발전시키며, 선진제국과 어깨를 나란히 하여 인류복지증진에 주도적으로 기여하려면, 무엇보다도 문화국민으로서의 의식개혁과 미래사회에 대비한 창의적이고 민주적인 인간 육성에 온 힘을 기울여야 한다.

그러기 위하여 우리 교육자는 국가발전과 민족중흥의 선도자로서의 사명과 긍지를 지니고, 교육을 통하여 각자의 능력을 최대한으로 계발하여 개인의 자아실현과 국력의 신장 그리고 민족의 번영에 열과 성을 다해야 한다.

또한 교육자의 품성과 언행이 학생의 성장발달을 좌우할 뿐만 아니라 국민 윤리재건이 된다는 사실을 명심하고, 사랑과 봉사, 정직과 성실, 청렴과 품위, 준법과 질서에 바탕을 둔 사도 확립에 우리 스스로 헌신하여야 한다.

이러한 우리의 뜻은 교직에 종사하는 모든 교육자가 공동체 의식을 가지고 노력하여야만 이루어질 수 있다는 것을 인식하고, 사도헌장제정에 때를 맞추어 우리의 행동지표인 현행 교원윤리강령으로 개정하여 이를 실천함으로써 국민의 사표가 될 것을 다짐한다.

제1장 스승과 제자

스승의 주된 임무는 제자로 하여금 고매한 인격과 자주정신을 가지고 국가 사회에 보상할 수 있는 유능한 국민을 육성하는 데 있다. 그러므로

① 우리는 제자를 사랑하고 그 인격을 존중한다.

② 우리는 제자의 심신발달이나 가정의 환경에 따라 차별을 두지 아니하고 공정하게 지도한다.

③ 우리는 제자의 개성을 존중하며, 그들의 개인차와 욕구에 맞도록 지도한다.

④ 우리는 제자에게 직업의 존귀함을 깨닫게 하고, 그들의 능력에 알맞은 직업을 선택하도록 지도한다.

⑤ 우리는 제자 스스로가 원대한 이상을 세우고, 그 실현을 위하여 정진하도록 사제동행(師弟同行)한다.

제2장 스승의 자질

스승은 스승다워야 하며 제자의 거울이 되고 국민의 사표가 되어야 한다. 그러므로,

① 우리는 확고한 교직관과 긍지를 가지고 교직에 종사한다.

② 우리는 언행이 건전하고 생활이 청렴하여 제자와 사회의 존경을 받도록 한다.

③ 우리는 단란한 가정을 이룩하고 국법을 준수하여 사회의 모범이 된다.

④ 우리는 학부모의 경제적·사회적 지위를 이용하지 아니하며 이에 좌우되지 아니한다.

⑤ 우리는 자기 향상을 위하여 전문적인 지식과 전문화된 기술을 계속 연마하는데 주력한다.

제3장 스승의 책임

스승은 제자교육에 열과 성을 다하여 맡은 바 책임을 다하여야 한다. 그러므로,

① 우리는 사회의 일원으로서 모든 책임과 의무를 다한다.

② 우리는 교재연구와 교육자료 개발에 만전을 기하여 수업에 최선을 다한다.

③ 우리는 생활지도의 중요성을 인식하여 제자들이 올바른 사람이 될 수 있도록 지도의 철저를 기한다.

④ 우리는 교육의 성과를 공정하게 평가하고 이를 교육에 충분히 활용한다.

⑤ 우리는 제자와 성인들을 위한 정규교과 외의 활동에 적극 참여한다.

제4장 교육자와 단체

교육자는 그 지위의 향상과 복지의 증진을 위하여 교직단체를 조직하고 적극 참여함으로써 단결된 힘을 발휘할 수 있다. 그러므로,

① 우리는 교직단체활동을 통하여 교육자의 처우와 근무조건의 개선을 꾸준히 추진한다.

② 우리는 교직단체의 활동을 통하여 교육자의 자질향상과 교권의 확립에 박차

를 가한다.

③ 우리는 편당적, 편파적 활동에 참가하지 아니하고 교육을 방편으로 삼지 아니한다.

④ 교직단체는 국가의 주요 교육정책 결정에 참여하여 교육자의 열망과 주장을 충분히 반영시킨다.

⑤ 교직단체는 교육의 혁신과 국가의 발전을 위하여 다른 직능 단체나 사회단체와 연대 협동한다.

제5장 스승과 사회

스승은 제자의 성장발달을 돕기 위하여 학부모와 협력하여 학교와 사회와의 상호작용의 원동력이 되고 국가발전의 선도자가 된다. 그러므로,

① 우리는 학교의 방침과 제자의 발달상황을 가정에 알리고, 학부모의 정당한 의견을 학교교육에 반영시킨다.

② 우리는 사회의 실정을 정확히 파악하고 지역사회의 생활과 문화의 향상을 위하여 봉사한다.

③ 우리는 사회의 요구를 교육계획에 반영하며 학교의 교육활동을 사회에 널리 알린다.

④ 우리는 국민의 평생교육을 위하여 광범위하게 협조하고 핵심이 된다.

⑤ 우리는 확고한 국가관과 건전한 가치관을 가지고 국민의식개혁에 솔선수범하며, 국가발전의 선도자가 된다.

읽고 생각해 보세요

[출처: 유시주(역)(2000). 선생님. 푸른나무]

"눈높이 맞추기"

호주의 노스 퀸즐랜드에서 교육 상담가로 일할 때였다. 나는 종종 특별한 문제에 봉착한 현직 교사들을 도우러 가곤 했다. 그중에서 원주민 아이들에게 수학을 가르치느라 애를 먹고 있던 2년차 선생님이 나에게 도움을 청했을 때의 일을 각별한 기억으로 간직하고 있다.

먼지 이는 먼 길을 달려서 나는 그 학교에 도착했다. 그리고 담임선생님과, 아이들이 대체 수학의 어떤 개념을 이해하지 못하는지 이야기를 나누었다.

그녀는 꽤 긴 시간 동안 자신이 처한 상황을 설명했는데, 그 설명이란 것이 다소 모호했다.

"아이들이 도무지 이해를 못해요."

나는 상황을 제대로 파악하기 위해 구체적으로 물었다.

"아이들이 이해하지 못하는 것이 어떤 건지 구체적인 예를 들어보세요."

"그러죠, 우리가 쓰는 수학 교사 지침서에는 학생들이 대상들을 분류할 수 있어야 한다고 되어 있잖아요. 그래서 저는 얼마 전에 색깔 있는 블록들을 가져다가 아이들에게 형태와 크기, 색깔에 따라 그걸 분류하는 법을 가르쳤죠. 당신도 그 과정을 아시잖아요."

이렇게 말하고 그녀는 한숨을 내쉬었다. 나는 재차 물었다.

"그래서 어떻게 되었는데요?"

"글쎄, 그리고는 아이들에게 해보라고 시켰죠. 그랬는데 아이들이 도무지 이해를 못하는 거예요. 블록들을 하나씩 일일이 구분해 놓는 거예요. 그래서 수업은 엉망이

돼 버렸죠. 하도 황당해서 아이들한테 막 소리를 지르고는 수업을 끝냈다니까요."

"좋아요. 그러면 교실로 가서 이번에는 좀 다른 방법으로 수업을 시도해 봅시다."

나는 이렇게 말하고 그녀를 따라 교실로 들어갔다. 마침 쉬는 시간이 끝나고 아이들이 교실로 돌아오고 있었다. 아이들은 꽃처럼 환한 웃음을 짓고 있었고, 정이 많아 보였다, 아이들은 나를 보더니 내가 누구인지, 왜 온 건지 알고 싶어 했다. 나는 아이들의 궁금증을 풀어 주고 나서, 밖으로 나가 몇 가지 물건들을 모아서 돌아오자고 말했다.

우리는 모두 밝은 햇빛 속으로 걸어 나갔다. 나는 물통을 갖다 놓고는 아이들에게 뜰에 자라고 있는 것들을 모아 오라고 시켰다, 물통은 금방 갖가지 잎사귀와 풀, 꽃들로 가득 찼다.

우리는 교실로 돌아와 둥글게 모여 앉았다. 나는 그 한가운데에다가 물통에 담긴 것들을 꺼내 놓았다.

"자, 이것들을 한번 구분해 보자."

그렇게 말하면서 나는 잎사귀는 잎사귀대로, 풀은 풀대로, 꽃은 꽃대로 각각 나누어 놓았다. 그러고 나서 다시 아이들에게 물었다.

"이렇게 세 가지로 나누어 놓은 것이 보이지? 내가 왜 이렇게 나누어 놓았을까?"

20쌍의 눈동자들은 나를 꿰뚫을 듯 쳐다보았다. 한동안 침묵이 흘렀다. 그때 조셉이 천천히 손을 들어 올렸다.

"아무 이유도 없는 것 같아요. 왜냐하면 저것들은 모두 자라는 것들이니까요. 저렇게 나누어 놓는 게 무슨 의미가 있겠어요."

나도 담임선생님이 느낀 것과 같은 황당함과 좌절감을 느끼기 시작했다. 그녀에게로 눈길을 돌리자 담임선생님은 '그것 보세요. 제가 뭐라고 했어요.'하는 표정을 짓고 있었다.

이제 어떻게 해야 하나를 생각하느라 내 머리는 쥐가 날 지경이었다. 그때 내가 무척 존경하던 스승이 예전에 내게 해준 말이 떠올랐다.

"만약 교사가 학생들을 가르칠 수 없다면, 학생들에게 교사를 가르치게 해보라."

나는 나누어 놓았던 풀들을 한군데로 다시 모아 놓고 아이들에게 말했다.

"좋아. 우리 게임을 한 번 해 보자. 이것들을 같은 식구별로 한 번 나누어 봐. 그러면 내가 어떻게 나누어 놓은 건지 알아맞혀 볼게."

그다음에 일어난 일을 나는 결코 잊지 못할 것이다.

스무 명의 아이들은 서로 한마디 말도 나누지 않았다. 그러나 아이들은 말을 하지 않고도 의사소통을 할 줄 아는 신통력을 가지고 있었음에 틀림없다. 조용한 가운데, 스무 명의 아이들은 한 3분 동안 그것들을 이리저리 섞고 옮기더니 내 뒤로 와서 앉았다. 그리고 기대에 가득 찬 눈빛으로 나를 쳐다보았다. 아이들이 마루 위에다 셋으로 나누어 놓은 무더기를 바라보았지만 왜 그렇게 나누어 놓았는지 나는 그 이유를 전혀 알 수가 없었다. 생각할 수 있는 외면적 속성들, 이를테면 색, 크기, 모양을 부지런히 머릿속에 떠올려 보았지만, 그 어느 것도 들어맞는 것이 없었다. 나는 혼란스럽고 의기소침해져서 아이들을 바라보며 말했다.

"왜 이렇게 나누어 놓았는지 도무지 알 수가 없구나. 미안하지만 말해 줄 수 없니? 제니스, 어때? 네가 말해 볼래?"

"아주 쉬워요, 선생님. 이것들을 봐요. 이것들은 정말 냄새가 독한 것들이에요."

그러면서 아이는 가장 가까이에 있는 무더기를 손으로 가리켰다.

"그러고 여기 있는 것들은요, 냄새가 조금 약한 것들이고요. 저기 나머지는 냄새가 전혀 안 나는 것들이에요."

머릿속에 불이 번쩍하는 것 같았다. 나는 아이들이 다른 기준으로도 그렇게 나눌 수 있는지 보고 싶었다.

"좋아. 정말 잘했어. 그런데 이것 말고 다른 방법으로 이것들을 나눌 수는 없을까?"

그러자 스무 명의 아이들은 일제히 끄덕여 보였다. 다시 3분 동안 그것들을 부산스럽게 이리저리 섞고, 옮기더니, 모두 나를 쳐다보면서 웃었다. 그 웃음 속에는 아무리 애를 써도 알아맞힐 수 없을 거라는 뜻이 담가져 있는 것 같았다.

나는 조금 생각해 보다가 포기하고 말았다. 그리고 왜 그렇게 나누었는지 설명해 달라고 아이들에게 부탁했다.

그러자 조셉은 이렇게 말했다.

"선생님, 이거는요, 우기가 되면 먼저 싹을 틔우는 것들이고요, 저거는요, 나중에 비가 아주 많이 내릴 때 나오는 것들이에요."

나는 아이들과 분류 연습을 대여섯 번 정도 더 해 보았다. 그때마다 아이들은 자신들이 고도로 발달한 분류 기술을 가지고 있음을 보여 주었다. 그리고 그 분류 기술은 나의 생활 방식이 아니라 그들 자신의 생활 방식과 깊은 관련을 맺고 있는 것들이었다. 나는 아이들에게 다른 방식으로 생각해 볼 기회를 주는 것이 얼마나 중요한지 깨달았다.

그 아이들은 전혀 다른 인식 방법-사물을 바라보는 전혀 새로운 방법-도 있을 수 있다는 것을, 그리고 우리는 모름지기 그 모든 가능성을 향해 마음을 열어 놓아야 한다는 것을 가르쳐 주었다, 또한 그들은, 교사라면, 언제라도 배울 자세를 갖추고 있어야 한다는 것을 가르쳐 주었다. 이 두 가지 가르침이야말로 교육자로서 내가 걸어갈 길을 밝혀 주고 이끌어 준 소중한 가르침이었다.

CHAPTER

04

학습에 대한 이해

Question

학습과 교수의 주체는 누구일까요?

학습의 의미는 무엇일까요?

학습동기는 어떻게 증가할 수 있을까요?

IQ, EQ, MI는 무엇일까요??

CHAPTER 4
학습에 대한 이해

1. 학습의 의미

1) 학습, 수업, 교수의 개념

학습, 수업, 교수, 교수·학습과정 등의 개념을 엄격히 구분하기는 매우 어렵다. 왜냐하면 이런 용어들 속에는 공통적인 개념이 내포되어 있으며 다만 강조점이 다를 뿐이기 때문이다. 우선 누구를 교육의 주체로 보느냐 하는 관점에서 볼 때 수업과 교수는 교사가 가르치는 행동을 말하고, 학습은 학생이 배우는 행동을 말하며, 교수·학습과정은 양자의 행동을 모두 포함한다고 할 수 있다. 이들 중 학습이 가장 넓은 뜻으로 쓰인다. 이는 수업이나 교수가 없는 상태에서도 학습이 일어나는 반면에 설령 가르친다 하여도 학습이 일어나지 않는 경우도 있기 때문이다.

학습은 개인이 환경과 상호작용하는 과정에서 나타나게 되는 여러 가지 형태의 비교적 지속적인 변화들이다. 따라서 선천적으로 형성되어 있는 행동과 신경계통의 성숙으로 말미암아 거의 자연적으로 일어나는 변화 또는 피로나 약물 등에 의한 일시적인 변화들은 학습에서 제외된다.

수업은 주로 학습자의 지적이고 탐구적 특성을 자극하는 내용을 전달하는 데 비해, 교수는 학습자의 모든 능력을 자극하는 포괄적 내용의 전달을 의미한다. 또 교수는 학습자가 보인 변화 중에서 의도적인 것과 무의도적인 것을 모두 포함한다는 점에서 수업보다 포괄적이다. 따라서 교수가 수업보다 넓은 개념으로 쓰여지는 경우도 있다.

교수·학습과정은 교사가 가르치고 학생이 그것을 배우는 과정이라고 할 수 있다. 좋은 수업이란 교수·학습과정이 잘 이루어지도록 환경을 계획적으로 조작하는 과정이라고 말할 수 있다. 그러면 교수와 학습의 차이점을 비교해 보자. 첫째, 교수에는 일정한 목표가 있어야 하나, 학습에는 목표가 있을 수도 있고 없을 수도 있다. 둘째, 교수는 일의적(一義的)이지만 학습은 다의적(多義的)이다. 셋째, 교수에 관한 연구는 교실사태를 연구대상으로 하나, 학습에 관한 연구는 동물을 대상으로 하는 경우가 많다. 넷째, 교수는 처방적이지만 학습은 기술적이다. 다섯째, 교재와 교수와 학습이 일치될 때 비로소 좋은 수업이라고 할 수 있다.

2) 학습이론

소련의 생리학자인 파블로프(I. P. Pavlov)는 배고픈 개에게 음식을 줄 때, 종소리를 들려주는 일을 여러 번 되풀이하게 되면 개는 종소리만 들어도 침을 흘리게 된다는 것을 발견했다. 이를 고전적 조건반사설이라 한다. 음식을 보고 침을 흘리는 것은 자연적인 반응으로 무조건 반응이고, 종소리에 침을 흘리는 것은 조건반응이다. 이 조건반응은 획득된 것이다. 이 학습은 새로운 자극(종소리)이 여러 번 음식과 같이 주어졌을 때 일어났다. 왓슨(J. B. Watson)도 조건반사설을 옹호하면서 학습이란 신경계에 기초를 둔 개인의 연합(S→R)의 형성이라고 보았다.

스키너(B. F. Skinner)는 파블로프만큼 잘 알려진 학자로서, 행동의 실험적 분석을 통하여 교육의 발전을 위한 학습기술 또는 정신질환이나 행동수정기술 등에 크게 공헌하였다. 스키너의 학습이론은 조작적 조건반사설이라고 한다. 파블로프의 실험에서 조건반응은 단지 외부자극에 의하여 야기된 반응에 관심이 있으나 스키너의 실험에서 조건반응은 인간의 욕구수준이나 외부의 환경에 따라 행동이 달라진다. 즉 파블로프의 이론에서 반응은 외부자극에 대하여 반응하는 것인데 반해, 스키너 이론에서 조작행동은 외부의 자극 없이 어떤 행동결과를 일으키도록 조작되는 행동을 말한다.

스키너의 조작적 조건형성에 관한 실험은 다음과 같다. 스키너 상자 속의 흰쥐는 1일 1회 먹이를 먹도록 순응시킨 것으로서 이 흰쥐가 쉬지 않고 계속 움직이다가 우연히 지렛대를 눌러 먹이를 얻은 후에는 다시 지렛대를 누르는 행동을 계속하였다. 이때 먹이는 지렛대를 누르는 행동을 강화시켜, 지렛대를 누르는 행동은 증가되었다. 그러나 지렛대를 눌러도 먹이를 얻을 수 없게 만든 경우에는 지렛대를 누르는 행동이 감소되는 현상 즉 소거현상이 나타났다.

또 실험자가 조작하여 전구에 불이 켜져 있는 동안에 지렛대를 누르면 먹이가 나오고 불이 꺼져 있는 동안에 누르면 먹이가 나오지 않게 변별조건을 구성하였는데 흰쥐는 불이 켜져 있는 동안에만 지렛대를 누름으로써 변별자극에 따라 반응을 조절해 나갔다. 이러한 실험을 통하여 조작적 조건형성이란 반응에 대하여 강화를 시켜 줌으로써 그러한 반응이 나타날 확률을 증가시켜 나가는 것임을 알 수 있다.

조작적 조건형성 이론의 핵심은 강화이다. 따라서 학습자에게 학습시키려고 하는 반응은 강화를 수반해야 한다. 실제 학습상황에서 학습자의 바람직한 행동이 일어날 때 과자, 학용품, 칭찬 등의 강화자극을 주면 그 행동의 발생 빈도가 높아지는 것을 볼 수 있다.

스키너는 이러한 학습이론을 수업상황에 적용할 수 있게 발전시킨 프로그램 학습을 고안했다. 여기서는 학습할 어떤 기능이나 정보를 작은 행동단위로 세분하고 계열성을 찾아서 단계별로 학습시킨다. 그 일련의 단편적 행동들은 하나로 통합되어 결국 유연한 하나의 종합적인 행동으로 형성된다. 이 프로그램 학습에서는 학습의 과정을 비교적 명확히 설명해 주고 있다. 그러나 모든 학습과제를 이와 같이 분석할 수 없으며, 또 그것이 가장 효과적인 수업이냐 하는 문제는 아직 남아있다.

3) 교수이론

교수이론은 교사가 학생으로 하여금 학습하도록 영향을 주는 방식을 다루는 것이다. 지금까지 많은 종류의 교수이론이 있지만, 여기에서는 브루너(Bruner)의 교수이론과 글레이저(R. Glaser)의 수업모형을 중심으로 설명하기로 한다.

브루너에 의하면 교수이론은 다음 네 가지의 특성을 갖추어야 한다고 하였다. 첫째, 교수이론은 학습으로 향하는 경향성을 개개인에게 가장 효과적으로 심어 주는 구체적인 경험을 명백하게 제시해 줄 수 있어야 한다. 둘째, 교수이론은 학습자가 한 영역의 지식을 가장 쉽게 학습할 수 있도록 지식 체계를 세우고, 구조화하는 구체적인 원리와 방법을 제시할 수 있어야 한다. 셋째, 교수이론은 아동·학생이 학습해야 할 자료가 어떤 계열로 짜이고 제시되어야 하는가를 명백하게 시사해 줄 수 있어야 한다. 넷째, 교수이론은 교수·학습과정에서 상벌과 강화의 성격, 그리고 그 적용방법을 명시할 수 있어야 한다.

학습 경향성

학습 경향성은 학습하고자 하는 또는 문제를 해결하고자 하는 경향이나 의욕을 뜻한다. 문화의 특징이나 동기체제, 개인적 요인들이 학습의 경향성을 결정하는 데 크게 작용한다. 교수이론에서는 이러한 여러 요인들을 어떻게 이용하여 설정된 목표달성에 적합한 학습 경향성을 아동·학생들 속에 촉진시킬 것이냐에 관심을 가진다. 학습의 경향성에 관계되는 브루너의 명제 몇 가지를 소개하면 다음과 같다.

첫째, 학습과 문제해결은 선택을 요하는 여러 가지 가능성의 탐색을 필요로 한다. 따라서 탐색과 호기심을 저해하는 학습내부의 억압을 해소해 줄 수 있는 교수·학습방법이 고안되어야 한다. 둘째, 사회계층·성·연령 등의 차이에 따라 지적활동에 대한 서로 다른 태도가 형성될 수 있다. 셋째, 학습자의 학습유형과 학습 자료의 종류 및 수준과의 관계가 학습에 미치는 영향이 크다. 가장 좋은 학습은 학습자의 학습유형과 학습 자료의 성격이 일치될 때 성립될 수 있다. 넷째, 교수하는 사람과 학습하는 사람의 관계가 영향을 미친다.

지식의 구조

브루너는 지식의 구조에 대한 중요성을 다음과 같이 설명하고 있다. 첫째, 교과의 기본적인 개념을 이해하면 그 교과를 이해하기 쉽다. 둘째, 일반적이고 기본적인 원리를 학습해 두면 필요에 따라 이것을 재구성할 수 있다. 셋째, 기본적인 원리나 개념을 이해하면 전이의 가능성이 최대가 된다. 넷째, 교재를 기본적인 과점에서 부단히 검토하면 기초적인 지식과 높은 수준의 지식 사이의 간격을 좁힐 수 있다.

학습의 계열

브루너는 학습의 계열을 어떻게 구성하느냐에 따라 다양한 목표달성의 효과가 증감될 수 있다고 하였다. 가장 좋은 학습계열 결정에 관계되는 몇 가지 명제를 소개하면 다음과 같다.

첫째, 가장 좋은 학습계열은 아동·학생들의 경험배경, 발달단계, 학습자료의 성격 등에 따라 달라진다. 둘째, 지식의 구조를 개념적으로 파악하고, 여러 가지 상황에 쉽게 적응할 수 있게 하기 위해서는 특수한 사실들을 기초로 한 귀납적 방법을 적용하는 것이 좋다. 개념적 관계를 이해시킴에 있어서 너무 일찍 상징적 표상에 의존한다면 아동·학생으로 하여금 상징과 그것이 묘사하는 사물 간의 관계를 오히려 보지 못하게 하는 결과를 낳을 수도 있다. 셋째, 계열 속의 단계 간의 간격의 크기는 달성하고자 하는 교육목표의 성격과 아동·학생의 현재 능력 수준에 따라 달라질 수 있다.

강화

브루너는 강화를 외재적 보상에 의한 것과 내재적 보상에 의한 것으로 구분하고 내재적 보상에 의한 강화를 우위에 놓았다. 학습한다는 것에 대한 순수한 즐거움에 따르는 발견의 기쁨과 성취의 만족감이 보다 큰 강화효과를 발휘한다는 것이다. 이에 관련된 브루너의 명제를 제시하면 다음과 같다.

첫째, 상이나 벌이 외부에 의해서 통제될 경우 그만큼 성취로부터 받는 보상은 감소된다. 문제를 성공적으로 해결한다는 것이 외부로부터의 칭찬이나 상을 받기 위한 수단이 되어 버린다면 외재적 보상을 받는 것이 주가 되고 문제해결 과정 자체는 부차적으로 되는 수가 있다. 둘째, 학습에 실패한다는 것은 다음의 성취 혹은 향상을 위한 가치 있는 보상을 얻는 일이 될 수 있다. 실패에 대해서 외재적으로 가해지는 벌은 실패에 따르는 정보 혹은 교훈을 감소시키게 된다. 셋째, 성공에 따르는 강한 외재적 보상은 성공한 바로 그 행동을 다음에 또 하게 하는 역할을 할 가능성이 많다. 그러나 외재적 보상은 바람직한 것일 수도 있고 그렇지 않을 수도 있다. 즉, 아동·학생의 어떤 성취가 보다 고도의 성취로 연결되는 중간적 단계의 성취에 불과할 경우 강력한 외재적 보상은 같은 수준의 행동만을 재연시키는 바람직하지 못한 역할을 할 수도 있다. 넷째, 외재적인 벌에 따르는 오류는 행동을 와해시킬 가능성이 높으며, 시정과 향상을 위한 기반이 되기는 힘들다. 다섯째, 위에 제시한 명제들을 토대로 생각할 때 교사의 임무 중 하나는 내재적·외재적 상벌의 균형을 정하는 일이다. 이는 외재적 상벌이 지나치게 적을 경우 사실상 학습을 위한 노력이 감소되기 때문이다. 아동·학생들의 성취도와 과정의 경험 및 학습내용의 종류에 따라 외재적 상벌의 균형은 결정되어야 할 것이며 그것은 많은 실험적 연구가 뒷받침되어야 한다.

발견학습(discovery learning)은 교사의 지시를 최소로 제한하거나 혹은 전혀 교사의 지시 없이 학생이 독자적으로 학습목표를 달성하도록 하는 교수-학습방법을 말한다. 따라서 발견학습은 학습 자료를 최종 형태로 주지 않고 학생 자신이 그 자료를 조직하도록 요구한다. 이것은 자료의 정보들 간의 관련성을 발견하게 하는 것이다. 발견학습은 기본개념이나 일반원리를 의미 있게 이해하는 데 도움이 되고, 탐구정신과 탐구기능을 학습하는 데도 도움이 된다. 또 본질적인 인간가치인 자기발견이나 자아실현과 일치된다는 면에서 특히 중요시되었다. 발견학습을 정당화시키는 중요한 가정의 하나는 인간을 근본적으로 탐구하는 존재로 본다는 점이다.

그러나 발견학습이 지니는 잠재적 교육의 가치에도 불구하고 실제 학교 상황에서 많이 활용되지 못하고 있다는 것을 현실적인 문제가 많음을 시사하고 있다. 오즈벨은 발견학습도 그 나름의 장점을 지니고 있으나 그 적용과 효과에 대한 기대가 적정수준을 넘어서 독단으로 흐르고 있다고 비판하였다. 즉, 발견학습으로는 성취되기 힘든 교육목표에 그 방법을 적용시키려 한다든지, 지적 성숙도나 지적 기능의 수준을 고려하지 않고 발견학습을 일반화된 방법으로 사용하려고 하는 것은 아동과 교육목적에 대한 감상적 공상에서 오는 오류라고 지적하였다.

교수-학습 모형으로서 널리 알려진 글레이저(R. Glaser, 1962)의 수업모형은 다음의 그림 교수-학습 과정을 하나의 체제로 파악하고, 그것을 수업목표, 출발점 행동, 수

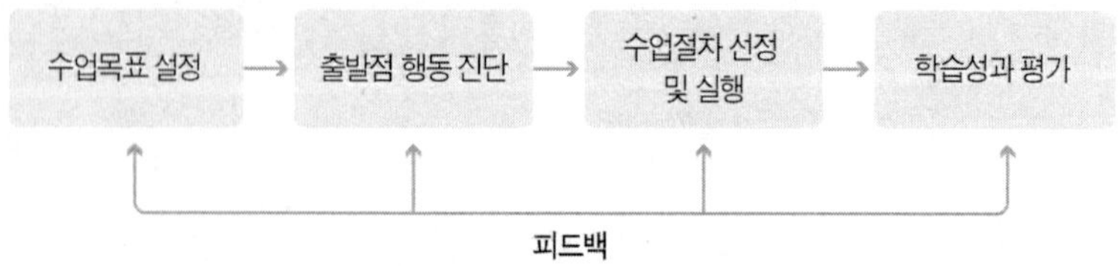

[그림 4-1] Glaser의 수업모형

업절차, 학습 성과 평가의 네 개의 구성요소로 구분하였다. 교수·학습의 각 과정 사이의 화살표는 수업의 진행 방향을 나타낸 것이다. 마지막 단계인 교수 평가의 결과는 앞의 세 단계에 반영된다는 것을 나타낸다.

이 수업모형은 수업목표에서부터 학습성과 평가까지의 교수-학습 과정을 간결하게 보여주었으며, 각 단계는 후속되는 다음 단계의 내용에 반영될 수 있으며, 각 단계는 피드백에 의해 유기적으로 상호 관련되며 어떤 수업에도 적용할 수 있는 모형이다.

수업목표 설정

수업목표는 한 시간의 교수·학습 또는 한 단원의 교수·학습이 끝났을 때 학생들에게 기대되는 성취에 대한 진술이다. 즉, 수업목표는 기대되는 성취도를 구체적이고 명확하게 기술한 것이다. 따라서 수업목표는 가능한 한 구체적이고 성취적인 용어로 진술되어야 한다.

출발점 행동 진단

출발점 행동은 학생이 새로운 도착점 행동을 획득할 수 있기 전에 이미 획득 되어진 행동을 말한다. 즉, 특정학습에 돌입하기 위하여 갖추어져 있어야 할 선수학습을 의미한다. 이 출발점 행동의 단계에서는 선수학습을 진단하고 결함이 발견되면, 이를 보충하여 선수학습을 갖추어 주는 일을 한다.

수업절차

수업절차는 수업목표 달성을 위한 교수·학습의 계획과 전개가 포함된다. 수업과정의 구체적 단계와 절차를 정하고 교과 내용에 적합한 자료를 준비하여 수업을 하는 과정이다. 학습목표 달성을 위한 교수-학습의 계획에 따른 수업 활동, 시청각 매체의 활용 등이 이루어진다.

평가

설정한 학습목표를 어느 정도 달성하였는지를 확인하는 것이다. 평가의 결과는 각 단계에 다시 피드백되며 각 단계의 수정, 보완 역할을 한다, 피드백은 지속적평가는 배치평가, 형성평가, 진단평가, 총합평가로 구분할 수 있다. 출발점 행동을 평가하는 배치평가, 수업이 진행되는 동안 학생의 학습진도를 평가하는 형성평가, 수업이 진행되는 동안 학생의 학습장애를 진단하고 분석하는 진단평가, 글레이저 수업모형의 마지막 단계에 가서 학생의 성취도를 평가하는 총합평가가 있다.

4) 교육방법의 유형

교수·학습방법의 유형은 고전적 방법, 지력개발 방법, 상호작용촉진 방법, 공학적 방법으로 이는 다음과 같다.

고전적 방법은 근본적으로 학자의 정서적인 성장이나 사회적 적응보다는 지적인 훈련에 목적을 두고 있는 강의법, 문답법 등의 전통적인 교수-학습 방법들이다. 고전적 교수·학습방법으로 이제까지 발전되어온 방법에는 대표적으로 강의법과 발문법이 있다.

강의법은 역사적으로 고대 희랍시대의 웅변의 한 가지 방법인 모순반박법으로부터 발전하기 시작하였다. 강의법은 교수자와 학습자가 벌이는 언어게임이라고 불리울 만큼, 구두언어를 매체로 하는 교수-학습방법으로, 역사적으로 가장 오랫동안, 가장 널리 보편화된 방법이다.

옛날부터 훌륭한 성현들은 그들의 제자와 문답을 통해 가르치고 배웠다. 교수-학습 방법으로서 발문법이 추구하는 근본목적은 사고를 촉진하는 데 있다. 발문법은 사고촉진 이외에도 교수·학습방법으로서 여러 가지 부수적인 가치를 지니고 있다.

지력개발 교수·학습방법의 목적은 지적인 과정(intellectual process)의 개발에 있다. 이러한 방법들은 앞서의 고전적 교수·학습 방법과 마찬가지로 가르치고 배우는 내용을 매우 중시하지만, 그러나 교수자의 입장에서 학습자에게 주입시키기 보다는 학습자 위주의 인지과정의 변화에 창출에 주력한다. 지력개발 교수학습방법은 유의미 수용학습법과 탐구학습법이 있다.

유의미 수용학습법은 유의미 학습이 되기 위한 교수·학습방법을 창안하였다. 모든 학습자료는 그 자체로 의미가 있는 것이지만, 중요한 것은 그것을 배운 학습자가 자신의 인지구조 속에 그것을 수용하여 영속적으로 안정성 있게 그리고 실체적으로 소유하여 자신의 현상학적인, 또는 심리적인 의미를 갖게 될 때, 그것은 유의미 학습이 된다는 것이다.

수용학습이라는 것은 학습자에게 제시되는, 그래서 학습자가 받아들이는 상황을 의미하는 것이다. 유의미 수용학습은 '선행조직자'라는 도입자료를 활용해서 이루어질 수 있음을 제시한 오즈벨은 교수자의 역할은 선행조직자의 선택과 제시에 두었다.

탐구학습, 또는 탐구수업이라는 표현은 그동안 우리의 교육 현장에서 거의 유행어처럼 널리 사용되어 왔다. 탐구란 현재 당면한 중요한 가치와 문제에 대한 반성적 검토이다.

사회적 상호작용 촉진 교수·학습방법은 타인과 관계지음의 능력을 키우는 데 초점을 두고 있다. 사회적 상호작용촉진 교수·학습방법들이 공통적으로 갖고 있는 특성의 하나는 이 세상에는 완전한 영구불변의, 그래서 의문의 여지가 전혀 없는 지식의 가치는 존재기가 어렵다는 믿음이다. 토의법, 역할극 등이 있다.

토의식 교수·학습방법은 근본적으로 교수자와 학습자간, 그리고 학습자 상호간의 교호작용을 전제로 한다. 토의식 교수-학습 방법의 유형을 교사의 역할과 교사가 제공하는 구조의 양에 따라 분류하면 두 가지로 대변할 수 있다. 하나는 교사중심 토의이고, 다른 하나는 학생집단중심 토의이다. 토의식 교수-학습 방법은 잘못하면 비생산적인 입씨름으로 시간만 낭비할 수도 있다.

역할극이란 근본적으로 타인의 역할을 경험해 봄으로써, 자신과 타인을 이해하고, 문제를 분석하는 데 도움을 주고자 하는 극화된 놀이로써, 사회적 상호작용을 촉진하는 교수·학습 방법의 하나로 널리 활용되고 있다.

공학적 교수·학습방법은 교육공학에서 지금까지 발전한 여러 가지 기술공학적인 방법이나 매체들을 교수-학습 과정에 활용하는 방법이다. 시청각 매체의 활용하는 것으로 교수공학의 역사적 발전은 시각매체의 발달로부터 출발한다. 또는 컴퓨터 보조수업(CAI)은 컴퓨터를 활용하여 가르치고 배우는 것이다. 이외에 플립러닝, 블렌디드 러닝을 들 수 있다.

2. 학습동기

1) 동기의 개념과 유형

동기(motivation)는 인간이 행동을 결정하는 데 중요한 작용을 한다. 특히 교육의 실제에 있어서는 동기의 개념이 대단히 중요하다. 동기유발 없이 효과적인 학습은 불가능하다. 동기란 유기체가 그의 욕구를 충족시키기 위하여 유인가를 찾는 과정이라고 정의할 수 있다. 동기는 행동을 일으키는 원동력이다. 동기는 유기체로 하여금 활동하게 하는 심리적 에너지인 것이다.

동기유발이란 어떤 행동의 근원이 되는 힘인 동기를 학습자에게 분기시키는 것을 말한다. 즉, 여기서 말하는 동기유발은 학습에 있어서 학습자가 하고자 하는 의욕이 생기게 하여 유목적이고 적극적으로 학습하도록 이끄는 것을 뜻한다.

동기는 일차적 동기와 이차적 동기로 구분하거나 내재적 동기와 외재적 동기로 구분한다. 일차적 동기는 인간의 생존과 직접적으로 관련된 물, 수면, 공기 등 기본적, 생리적인 욕구충족을 위한 것이다. 이차적 동기는 인간의 생존과 직접 관련되지 않은 동기로서 학습된 동기라고도 한다. 외재적 동기는 학습자의 외부로부터 이루어지는 것으로 외부의 어떤 보상을 얻으려는 것과 관련되는 동기이다. 내재적 동기는 학습자의 내부에서 일어나는 것으로 어떤 일을 하거나 활동하는 그 자체가 보상이 되는 동기이다. 내재적 동기와 외재적 동기는 상호관련 되어 있다.

학습동기 유발을 위한 방법을 살펴보면 첫째, 효과적인 학습동기는 학습의 목표를 개인적 욕구와 결부시켜 줄 때 유발된다. 둘째, 목표를 뚜렷하게 인식시켜 준다.

〈표 4-1〉 동기유발 방법

내재적 동기	외재적 동기
① 학생의 내적욕구와 학습과제를 일치 ② 학생의 흥미와 관심을 학습목표와 연관 ③ 긍정적 자아개념 형성 ④ 지적 호기심을 자극함	① 명세적 수업목표를 제시함 ② 칭찬, 상과 벌을 사용 ③ 경쟁심을 이용

셋째, 학생의 흥미나 적성에 부합된 과제일수록 학습동기 유발에 도움이 된다. 넷째, 칭찬이나 상은 학습동기 유발에 효과적인 방법이다. 다섯째, 긍정적 자아개념의 형성을 돕는다. 여섯째, 부분해답은 학습동기 유발에 도움이 된다. 일곱째, 경쟁심의 적절한 활용은 학습동기 유발에 도움이 된다.

2) 자기효능감

자기효능감에 초점을 맞추어 학습동기를 유발하기 위한 방법을 살펴보고자 한다. 성공경험, 과제난이도, 맥락적 요인들은 자기효능감을 판단하거나 높일 수 있다. 자기효능감이 높으면 학습 관련한 자신감을 가질 수 있어서 학습동기 유발에 효과적이라고 볼 수 있다.

성공경험들(enactive mastery experiences)은 효능감 정보에 대한 가장 영향력 있는 근원이다. 왜냐하면 그것들은 우리가 성공하기 위해서 행하는 것이 무엇이든, 그것을 성공할 것인지에 대한 가장 신뢰할 수 있는 증거를 제공하기 때문이다. 성공은 개인 효능감에 대한 강한 신념을 형성한다. 실패 경험의 누적은 개인효능감을 약화시킨다. 만일 사람들이 단지 쉬운 성공만을 경험한다면, 그들은 빨리 결과를 기대하게 되고, 실패하면 쉽게 낙심할 것이다. 탄력성있는 효능감을 지니기 위해서는, 지속적인 노력을 통하여 장애를 극복한 경험이 있어야만 한다.

사람들은 자기가 성공하기 위해 필요한 능력을 가지고 있다고 확신하면, 역경에 직면해서 오래 견디며, 장애에 부딪쳐서도 빨리 회복된다. 어려운 시간을 통해 장애를 견딤으로써 그들은 역경에 직면해서 더 강하고 더 능력있게 된다. Elder와 Liker(1982)는 1930년대 미국의 심한 경제 위기 기간 동안 겪는 힘든 시간이 여성들의 삶에 미치는 영향에 대한 분석에서, 이러한 효과에 대한 좋은 예를 제공하였다. 어떤 적응 수단을 가진 여성들 가운데에서 어린 나이에 경제적인 어려움을 겪은 경우는, 어려운 시간을 경험하면서 투쟁할 필요가 없는 경우보다, 나중에 좀 더 자기-확신적이고 자원을 풍부하게 갖게 되었다.

또한 개인 효능감은 과제의 지각된 난이도에 의존할 것이다. 쉬운 과제에서 성공하는 것은 당연하기 때문에, 효능감의 변화에 영향을 주지 않는다. 그러나 어려운 과제를 숙달하게 되면 자기의 높은 효능감에 대한 새로운 정보를 스스로에게 전해 준다. 과제 난이도(task firriculty)를 평가할 때 사람들은 그 활동을 수행한 다른 사람들의 성공률에 대한 정보에 의지한다. 과제 난이도 평가에 대한 학습자들 간의 차이는, 성공적 수행에서 기인하는 개인 효능감을 스스로 평가할 때 서로 다른 결과를 산출할 수 있다.

수행은 항상 성취를 방해한다거나 촉진할 수 있는 여러 요인이 포함되어 있는 맥락 내에서 발생한다. 이러한 맥락적 요인(contextual factors)은 상황적인 장애, 다른 사람들에 의해 제공된 도움, 사용 가능한 자원과 장비의 적절성, 그리고 그 활동이 수행되는 여건 등을 포함한다. 따라서 외적인 도움을 받아서 획득된 성공은 거의 효능감을 주지 못한다. 왜냐하면 그러한 성공은 개인적 능력에 의해서보다 외적인 도움 때문인 것이 확실하기 때문이다. 이와 유사하게, 불리한 조건에서 잘못된 수행은 최적의 조건에서 수행된 것 보다, 효능감에 대한 시사를 훨씬 적게 할 것이다. 능력과 무관한 요소들이 수행에 더 많이 작용할수록, 수행이 개인적 능력에 대해 시사하는 진단적 정보는 적다. 그러나 수행이 개인의 효능감에 대해 얼마나 많은 정보를 제공하는가에 대한 판단은, 능력과 무관한 요소들이 얼마나 많이 있는가와, 그 요소들에 얼마나 많은 비중이 주어지는가에 의해 영향받을 것이다(Trope, 1983).

한편, 자기효능감은 오랜 기간에 걸쳐 발달되는 것임에 틀림이 없다. 처음에는 효능감 향상이 쉽게 되지만, 나중까지 그렇게 빠른 속도를 내기는 어렵다.

시간의 흐름에 따른 변화는 효능감이 있음을 의미한다. 여러 번 실패를 경험했지만 오랜 시간 동안 계속해서 발전한 사람들은, 성공은 했지만 이전 증진율과 비교해서 자신의 수행을 떨어진 것으로 보는 사람들보다, 효능감을 향상하는 것이 더 쉽다. 만일 후자에 속하는 사람들이 일시적인 변화정지현상을 자기 능력의 한계를 향해 접근하고 있는 것이라고 해석한다면, 그러한 활동에서 높은 자신의 효능감을 기대하지 않을 것이다. 이런 경우 그들은 더 높은 수준의 효율성을 획득하기 위해 필요한 추가적인 시간과 노력을 투자하지 않음으로써 효능감에 긍정적 영향을 주지 않게 되는 것이다.

3. 지능

교육의 대상이 되는 학습자를 이해하기 위하여 인간의 지적 특성을 파악하는 일은 필수적인 것이다. 인간의 지적 특성은 교수·학습과정과 깊은 관계가 있기 때문이다.

1) 지능의 개념

인간의 정신능력에 관한 개인차의 과학적 연구역사는 겨우 1세기 정도에 지나지 않는다. 그러므로 그 초기에서부터 시작하여 사회적 상황과의 관계, 과학적 업적, 그리고 교육이나 기타분야에의 적용 등을 관련시키면서 그 개념을 체계적으로 살펴 볼 필요가 있으므로, 여기에서는 먼저 네 가지의 지능의 개념을 그 발달의 맥락에 관련시켜 논의해 보기로 한다. 제일 먼저 제시할 지능의 개념은 19세기 말엽에 시작된 지능에 관한 실험적 연구에서 기원된 것으로, 개인에 존재하는 기본 능력 혹은 정신작용의 종합체로 본 것으로, 독일의 심리실험 연구, 영국의 진화론의 관점, 프랑스의 지능부진 연구 등이 모두 이 속에 포함된다고 볼 수 있다. 두 번째의 개념은 지능검사가 제작되기 시작하면서 심리학자 및 교육학자가 그것에 관한 집중적인 관심을 표명한 결과로 발전되었으며, 지적 작업에 관련된 모든 능력, 모든 인간에게 존재한다고 본 단일 특성 혹은 단일능력으로 보는 입장이다. 세 번째의 개념은 1930년대의 다요인분석(多要因分析, muitiple factor analysis)의 발달과 맥을 같이 하면서 발전된 것으로, 지능이란 단일한 특성이나 능력이 아니라 여러 가지 다양한 능력의 요인으로 구성되어 있다는 입장이다. 네 번째의 개념은 지능검사나 지능측정에 대한 불만에서 출발하여 검사수행에 내포되어 있는 과정, 전략, 그리고 지식을 탐구하려는 시각에서 지능을 보려고 하는 입장이다.

그러나 1980년대에 들어와서 전통적인 지능개념은 일상생활에서의 실제적인 지적 능력을 연구하는 데 제한이 있다는 것을 지적하고 이에 대한 연구가 활발히 진행되고 있다. 일부 학자들은 전통적인 지능의 개념이 일상생활에서의 지적 능력을 연구하는 데 중요한 기초가 된다고 주장하고 있지만, 또 다른 일부 학자들은 전통적인 지능은 일상생활에서의 지적 능력의 일부 하위능력에 지나지 않는다거나 또는 전혀 다른 차원의 능력이라고 주장하기도 한다.

지능검사의 아버지라고 불리우는 Alfred Binet의 지능의 정의에서도 실제적 감각(practical sense), 판단, 선도력(initiative) 및 자신의 주어진 환경에 대한 적응능력으로 정의하고 있는데 이것은 실제 생활에서의 지적 능력을 강조하고 있음을 알 수 있다.(Binet & Simon, 1905). 따라서 이것은 곧 지능의 정의와 지능의 측정 간의 차이가 있음을 나타낸다. 전통적 지능검사가 학교에서의 성공만을 예언하는 데 주로 관심을 갖고 있으므로, 실제적 지능을 정의하는 하나의 방법으로 실제적 지능을 학교 밖에 일어나는 거의 모든 것에 대한 지적 반응으로서 학문적 지적 능력이 아닌 모든 것이라는 정의이다. 실제적 지능을 정의하는 두 번째의 방법으로는 실제적 해결 방법을 아는 것으로 정의하는 방법이다. Wagner와 sternberg(1986)는 실제적 지능이란 일상생활에서 자연스럽게 일어나는 불확실하게 정의된 문제를 다양한 방법으로 해결해 나가는 능력이라고 정의하고 있다. 세 번째는 실제적 지능의 정의를 사회적 능력(social competence)으로 정의하고 있다. Mercer, Gomez-palacio, 그리고 Padilla(1986)는 사회적 능력이란 한 개인이 특정한 집단에서의 역할의 기대를 충족시켜 주는 정도라고 정의하고 있다. 네번째의 실제적 지능의 정의는 한 개인이 전형적으로 지적인 사람을 닮은 정도라고 정의하고 있다. sternberg등(1981)은 일반인이 생각하는 지능의 개념을 조사한 결과 실제적인 문제해결능력, 실제적인 적응능력 및 사회적 능력으로 요약될 수 있다는 결론을 내리고 있다.

2) 지능의 구조

지능에 대한 개념 정의가 다양한 것처럼 지능의 구조에 대한 주장도 다양하다. 지능의 구조를 일반요인(g요인: general factor)과 함께 특수요인(s요인: specific factor)으로 구성되었다는 주장, 또한 여러 개의 특수요인으로 구성되었다는 주장 및 120개의 복합적 구성요소로 구성되었다는 주장 등등 다양하게 주장되어 발전되어왔다. 이를 좀 더 구체적으로 알아보기로 한다.

영국의 C. Spearman은 인간 능력을 요인분석(要因分析, factor analysis)이라는 측정학적 관점에서 접근한 최초의 인물일 뿐 아니라, 지능의 일반요인설(general factor theory) 혹은 2요인설(two factor theory)을 제안한 것으로 더욱 알려져 있다. 그는 여러 종류의 성취검사와 정신작업검사간의 상관계수를 조사하여 일정한 질서를 발견하고 일반지능요인(g요인: general intelligence factor)의 존재와 각각의 검사 고유의 것으로 특수요인(s요인: specific factor)의 존재를 가정하였다. 그는 모든 인지능력이나 정신능력을 측정하는 검사에는 일반요인이 존재한다고 주장하였다. 나중에 그는 이 특수요인 속에 공존하는 요인으로서 언어, 수, 정신속도, 주의, 그리고 상상의 5가지 요인을 찾아내었다.

Thurstone(1938)은 일반지능을 측정하는 검사를 다양하게 수집, 분류하여 50여 개의 검사로 구성하여 실시하고 다요인 분석방법에 의해 7개의 집단요인이 있는 것을 확인하였다. 그리고 이것을 인간능력 밑에 깔려있는 잠재적 원인인 기본정신능력(primary mental abilities: PAM)이라 하였는데, 이것은 지각속도요인(perceptual speed factor: P), 수요인(numerical factor: N), 단어유창성요인(word fluency factor: W), 언어요인(verbal comprehension factor: V), 공간요인(spatial visualization factor: S), 기억요인(memory factor: M) 그리고 추리요인(reasoning factor: R)이 이것들이다. Thurstone의 기본정신능력 연구는 지능연구에 있어서 여러 가지 획기적 전환을 가져오는 계기가 되었다.

Guildford(1959)는 다요인설의 관점에서 Thurstone의 기본정신능력을 확대, 증식시킨 지능구조모형(structure-of-intellect model: SI)을 발전시킨 것으로 유명하다. 그는 인간의 지능에는 세 개의 필수적 차원이 존재한다고 보았는데, 정신능력에 포함되는 내용(content)의 차원과 그 요인에서 요구하는 조작(operation)의 차원, 그리고 이러한 조작이 내용에 작용해서 나타나는 산출(product)의 형태가 어떤 것인가 하는 차원의 세 가지가 정신능력에는 필수적으로 요구되는 차원이라고 보고, 내용, 조작, 산출을 조합하면 거기에는 특정한 요인이 발생한다고 가정했다. 그리고 이들 3차원은 처음에는 내용 차원 4개, 조작 차원 5개, 산출 차원 6개 영역, 120개 요인으로 제시되었다. Guildford(1988)에 의해 제시된 지능구조모형은 5개의 내용 차원, 6개의 조작 차원, 6개의 산출 차원을 구성하는 요소들이 상호결합하여 얻어지는 180개의 상이한 정신능력으로 구성된다. [그림 4.2]는 Guildford의 지능구조모형에서

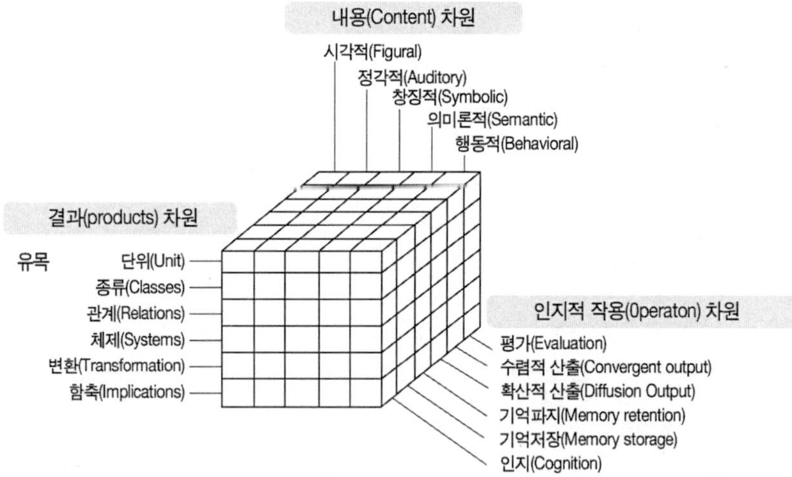

[그림 4-2] Guildford(1988)의 지능의 구조(출처: 구글-이미지 검색)

규정하고 있는 삼차원의 요소들이다. Guildford의 지능구조모형이 제시하고 있는 180개의 기본정신능력 중 100개 이상의 능력을 진단하는 검사들이 개발되어 있는 것으로 알려져 있다.

Cattel(1963)은 Thurstone이 제작한 기본정신능력검사 등을 분석한 결과 지능에 관한 두 개의 일반요인인 유동적 지능(流動的 知能, fluid intelligence/gf)과 결정적 지능(結晶的 知能, crystallized intelligence/gc)을 추출해 낼 수 있었다. 유동적 지능은 유전적·신경생리적 영향에 의해 발달되는 지능으로 뇌와 중추신경계의 성숙에 비례하여 발달한다. 따라서 유동적 지능의 발달은 청년기까지는 증가하나 생리적 발달이 쇠퇴하는 성인기 이후에는 점차 쇠퇴한다. 만약 뇌손상을 입었을 경우 유동적 지능은 감소하나 결정적 지능은 덜 감소하며 대부분의 경우 점차로 회복된다. 이것은 유동적 지능이 신경의 연합피질과 직접 관련되기 때문이다. 유동적 지능은 속도(speed), 기계적 암기(rote memory), 지각력(perception), 그리고 일반적 추리력(general reasoning) 등의 능력에서 잘 나타난다. 결정적 지능은 환경적 · 경험적 · 문화적 영향에 의해 발달되는 지능이다. 따라서 결정적 지능의 발달은 가정환경 · 교육정도 · 직업 등의 영향을 받는다. 그리고 결정적 지능은 성인기 이후에도 계속 발달하지만 환경의 질에 따라 차이가 있다. 즉 계속해서 지적 자극을 추구할 때 결정적 지능의 발달은 보다 뚜렷하다. 결정적 지능을 나타내는 능력은 언어이해(verbal comprehension), 문제해결력(problem solving), 논리적 추리력(logical reasoning), 그리고 상식(common sense) 등이다. 이러한 유동적 지능과 결정적 지능에 관한 연구는 J. R. Horn에 의해 1970년대 이후 미국을 중심으로 생애 발달심리학적 입장에서 활발하게 연구되고 있다. 한국인을 대상으로 한 연구에서는 가정환경이 결정적 지능의 습득에 영향을 미치나 유동적 지능의 습득에는 영향을 미치지 않는 것으로 발견되었으며, 가정환경 중 부모의 교육정도, 직업 그리고 수입 등의 지위변인보다 성취압력, 언어적 상호작용 등의 과정변인이 결정적 지능의 습득에 더 많은 영향을 미쳤다(이옥형, 1985). 그리고 22~62세 사이의 한국 성인남녀 240명을 대상으로 유동적 지능과 결정적 지능을 횡단적으로 연구한 추정선(1988)의 연구결과는 결정성 지능의 감퇴는 유동적 지능의 감퇴보다 속도가 느렸다. 또한 결정적 지능의 감퇴는 사회경제적 계층이 높을수록, 취업상태에 있을수록, 과업의 전문성이 높을수록 그 정도가 낮은 것으로 나타났다.

인간지능의 연구분야에서 탁월한 업적을 낸 미국 예일대학교의 Sternberg(1985)는 지능의 삼원이론(triarchic theory of intelligence)을 주장하여, 전통적인 지능의 개념에 실제적 지능의 개념을 포괄하는 지능발달의 새로운 접근을 전개하였다.

Sternberg는 이제까지 제안되어 온 지능이론들은 크게 세 가지로 나눌 수 있다고 주장하였다. 첫 번째는 지능을 주로 개인의 내적 세계(internal world)에 관련 지우려는 시도로서 한 개인이 사고할 때 그의 머릿속에서 무엇이 진행되는가에 관심을 가졌다. 두 번째는 지능을 개인의 경험(experience)과 관련 지우려는 것으로 한 개인의 경험이 지능에 어떤 영향을 미치며 또한 지능이 개인의 경험에 어떤 영향을 미치는가가 주된 관심의 대상이었다. 세 번째는 지능과 개인의 외적 세계(external world)와의 관련성에 관심을 두었다. 즉 외부세계와의 상호작용이 개인의 지능에 어떤 영향을 미치며, 개인의 지능이 그가 살고 있는 세계에 어떤 영향을 미치는가가 주된 관심이 되었다. Sternberg는 인간의 지능을 완전히 이해하려면 지능과 세 가지, 즉 개인의 내적 세계, 개인의 외적 세계, 그리고 내적 세계와 외적 세계를 중개하는 세계에 대한 경험과의 관련성을 이해해야 한다고 하였다. 그의 삼원이론은 바로 이러한 관련성 측면을 다루는 세 부분으로 구성되어 있으며, 삼원이라는 이름도 지능의 이러한 세 가지 관련성의 측면을 다루고 있기 때문에 붙여진 이름이다.

그의 이론을 형성하는 첫째 부분은 구성적(componential) 부분으로서 이것은 지능을 개인의 내적 세계와 관련짓는다. 둘째 부분은 경험적(experiential) 부분으로서 이것은 지능을 개인의 내적 세계와 외적 세계 모두와 관련짓는 부분이다. 셋째는 맥락적(contextual) 부분으로서 이것은 지능을 개인의 외적 세계와 관련짓는 부분이다. Sternberg는 이 세 부분을 체계적으로 다룸으로써 삼원이론을 하나의 완전한 지능이론으로 시도하고 있는데, 이러한 삼원이론의 세 측면인 구성, 경험, 그리고 맥락에 대해 각각 살펴보기로 한다.

첫째, 구성적 측면은 지능작용의 가장 중심적인 요인으로 기본적인 정보처리를 위한 세 가지 형태로 구성이 있는데, 그것은 상위구성(metacomponent), 수행구성(performance component), 그리고 지식획득 구성(knowledge-acquisition component)이다. 상위구성은 고차적인 정신과정인데, 이것은 어떤 일을 하려고 계획하는 것, 어떤 일을 하고 있는 동안 이 일에 대해 점검하는 것, 그리고 이 일을 평가하기 위한 집행, 통제과정이다. 수행구성은 상위구성의 지시를 실행하는 하위수준의 과정이다. 그러므로 상위구성의 계획에 따라 문제를 해결하게 된다. 지식획득구성은 궁극적으로 상위구성과 수행구성들이 하는 것을 어떻게 해야 하는지를 학습하는 것에 관련되어 있다. 즉 처음에 문제를 어떻게 해결할 것인가를 학습하는데 사용하는 과정이다. 그리고 지능이 효과적으로 가능하는데는 세 가지의 지식획득구성들이 중심적인 역할을 하는 것으로 알려져 있는데, 그것은 선택적 부호화(selective encoding) 선택적 조합(selective combination) 그리고 선택적 비교(selective comparison)가 그것들이다. 선택적 부호화는 학습할 과제에서 부딪치는 유관정보와 무관정보를 구별하는 과정으로, 많은 정보 속에서 어떤 정보가 자신에게 주어진 과제에 적절한 정보인지를 가려내는 일이다. 선택적 조합은 관련 없는 사실들을 연합시키는 방법을 아는 것으로 선택적으로 부호화된 정보를 통합된 형식으로 조합하는 일이다. 선택적 비교는 오래된 정보와 새로운 정보를 연합시키는 과정이다.

예를 들어 학기말 보고서를 쓰는 것에 관해 생각해 보기로 하자. 상위구성은 주제를 결정하고, 내용을 계획하며, 실제적 진술을 점검하며, 그리고 결과는 평가하는 것을 도와준다. 수행구성은 보고서의 실제적 진술작업을 도와준다. 그리고 보고서를 쓰기 위한 연구활동에는 지식획득구성을 사용한다. 이들 세 구성들은 결코 독립

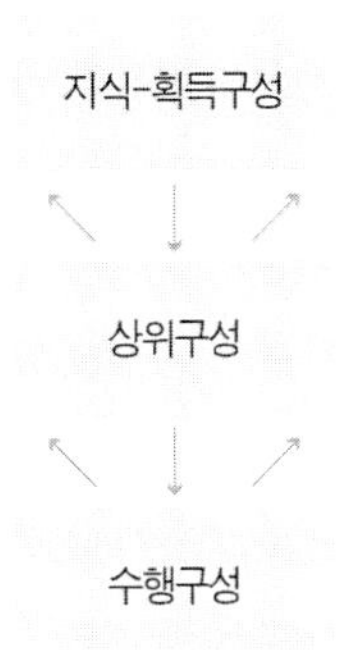

[그림 4-3] Sternberg(1985)의 지능의 구성간의 관계

적으로 기능할 수 없으며, 성공적인 문제해결은 항상 이들 세 구성들 간의 상호작용을 필요로 한다. [그림 4-3]은 이 구성들이 같이 작용하는 방법을 예시하고 있다.

종래의 학교 과제 해결과 관련되는 인지과정은 주로 이러한 분석적 능력에 의존하므로 이러한 능력이 뛰어난 아동은 기존의 지능검사나 성취도검사에서 높은 점수를 얻는다. Sternberg는 분석적 능력의 중요성을 지능의 구성이론(componential theory)으로 체계회하였다(송명자, 1995).

둘째, 경험적 측면은 지능의 구성이 인간의 경험과 밀접히 연결되어 있어서, 인지활동을 위한 지능을 이해하는데 고려해야 할 불가피한 부분이다. 이러한 우리의 경험을 새로운 과제를 처리하고 정보처리를 자동적으로 할 수 있는 능력을 증가시킨다. 즉 우리의 지능은 낡은 지적 양식이 부적절할 때는 새로운 개념체계에 의해 개인에게 주어진 과제의 신기함(novelty)을 처리해야 한다. 예를 들면 전기자동차에 관한 독서만으로는 그것을 수리할 수는 없다. 실제로 그것을 분해하여 다시 조립하는 새로운 경험을 해야 한다. 이러한 사태는 창조적 행동이 요구된다. 정보처리를 자동적으로 할 수 있는 능력도 지능의 경험적 측면인데, 일반적으로 연습에 의해 특정과제나 사태에 대한 반응이 점진적으로 자동화된다. 그리고 읽기의 숙련은 정보처리를 자동적으로 할 수 있는 예가 된다. 즉 낱자인 글자로서의 각각 요소에 대해 분석하고 숙고하는 것은 지적인 기능을 지연시킨다. 숙련된 읽기를 위해서는 우리가 복잡한 문제를 해결할 수 있게 하는 정보처리의 자동적 과정이 필요해진다. 새로운 과제의 신기함을 다루는 능력과 정보처리를 자동적으로 할 수 있는 능력은 서로 밀접히 관련되어 있다.

Sternberg의 지능이론에서 경험적 능력은 새로운 이론을 개발해내는 통찰력 있는 학자, 창의적인 과학자나 예술가 그리고 전문적 경영인 등 많은 분야에서 탁월한 능력을 보이는 사람들은 경험적 능력이 우수한 사람이라 할 수 있다.

셋째, 맥락적 측면은 외적 세계에 대처하여 적응할 수 있는 기능으로 현실상황에의 적응력을 강조한다. 즉 맥락적 지능의 중요한 핵심은 적응이다. 여기에서 사용하는 적응은 세 가지의 의미를 함축하는데, 환경에 더 잘 적합하기 위한 환경에의 적응, 직면하는 환경의 요구에 더 적합하기 위해 현재의 환경을 변화시키는 것을 의미하는 환경의 형성, 그리고 현재 환경의 평가와 새롭고 더 좋은 환경의 선택을 포함하는 새로운 환경의 선택을 의미한다. 즉 대부분의 지적 사고는 개인이 환경에 적응하기 위한 것이다. 환경의 형성은 흔히 적응에 실패했을 때 뒷받침하는 전략으로 쓰여지기도 하나, 순수한 지적 사고나 행동으로 나타날 수도 있다. 본질적으로 우리는 환경이 우리 자신을 변화시키도록 하기보다는 환경을 변화시키도록 노력하고 있다. 아마도 이것이 오늘의 문명을 이룩한 힘이라고 할 수 있다. 환경적 선택은 하나의 환경을 선호하고 다른 환경을 거부하는 것이며, 흔히 적응과 형성에 실패했을 때 쓰여지고 있다. 예컨대 결혼생활에의 적응과 형성에 모두 실패한 후 새로운 상대방이라는 환경을 선택하는 경우이다. 즉 맥락에서 작용하는 지적 사고의 기능은 환경의 적응, 형성, 그리고 선택이다.

Sternberg는 맥락적 능력은 전통적인 지능검사에서 얻어지는 지능지수나 학업성적과는 무관한 능력으로 보고 있다. 이 능력은 정규적인 학교교육을 통해서는 길러지는 능력이 아니고 일상의 경험에 의해 획득되고 발달하는 능력이다. 맥락적 능력은 최근에 실용적 지능의 개념으로 지능발달 분야에서 크게 각광받고 있다. Sternberg는 실제적 지능은 일상의 문제해결능력, 실제적인 적응능력 및 사회적 유능성을 포괄하는 것으로 보고 있다(Sternberg et al., 1981).

지능과 학업성취 간의 관계를 살펴보면 다음과 같다.

① 지능과 학업성취 간에는 높은 상관관계가 있다.

② 교과에 따라 상관관계가 차이 난다. 읽기, 수학 성적은 지능과 높은 상관관계를 나타내며, 음악, 체육, 미술 성적은 지능과 비교적 낮은 상관관계를 나

타냈다.

③ 학년이 올라갈수록 지능과 학업성취 간의 상관계수는 낮아지는 경향이 있다.

④ 지능은 학업성취에 일반적으로 50%(r =0.6~0.7) 정도 영향을 미친다.

2) 정서지능; EQ

"얼마 전 어떤 친구가 자신의 앞에서 지하철 환승역을 찾지 못하여 헤매고 있는 시각장애인을 지나치고 지하철을 뛰어 탔다. 하지만 이 친구는 좀 전에 보았던 시각장애인이 못내 마음에 걸렸는지 지하철을 타고 가는 동안 계속 미안한 마음이 들었다고 한다. 이 친구는 물론 직접적으로 아무런 해도 끼치지 않았고, 그 사람은 물론 아무런 영향도 안 받았겠지만, 이 친구 마음속에 일었던 미안함과 후회는 우리의 정서교육의 참모습이 아닌가 하는 짧은 생각을 해본다."

위의 에피소드처럼 우리 마음속에는 정서가 살아 숨쉬고 있다. 감정(feeling)은 쾌, 불쾌, 기쁨, 슬픔, 노여움, 공포 등을 가리키며, 감성(sensitivity)이란 그러한 감정과 느낌을 받아들이는 인간과 외부세계를 연결시켜 주는 원초적인 인식능력을 의미하고, 정서(emotion)란 어떤 일을 경험하거나 생각할 때에 일어나는 감정상태를 이르는 말이다. 한 사람의 능력은 두뇌 즉, 지적영역과 인간관계에 영향을 주는 정서영역으로 측정될 수 있다. IQ는 머리의 지수, EQ는 마음의 지수이다. IQ는 지식교육에, EQ는 인성교육에서 필요한 개념이다. IQ는 기억력, 사고력, 수리능력 등을, EQ는 인내력, 사회성, 정서표현력, 자신감, 자기극복력, 분쟁 조절력, 스트레스 대처능력 등을 측정한다. 일반지능 IQ와 대비되는 용어인 EQ(emotional quotient)가 감정을 이해, 표현, 조절하는 능력을 뜻하는 개념이기 때문에 감성지능이라고 일반적으로 표기하나 보다 정확한 용어는 정서지능일 것이다. 고울만은 집단 전체 구성원의 기술·능력이 포함된 집단 IQ는 집단 구성원의 정서지능이 결합된 형태로 나타난다고 주장한다. 즉, 한 집단의 정서지능이 높으면 전체집단 IQ 평균보다 높은 IQ를 나타내며 정서지능이 낮으면 전체집단 IQ 평균도 나타내지 못하는 것이다.

요즘의 시대는 인간관계의 지속성, 친밀감이나 사랑도 기간이 짧고 자주 변한다고 말하기도 한다. 서양에서는 결혼한 부부가 헤어지지 않고 평생 살아가는 것은

50%에 못 미친다고 한다. 인간관계와 남녀관계의 성패도 결국은 EQ 능력에 의해 좌우되는 것이다. 따라서 집단적 협력이 많아지는 현대사회에서는 정서지능이 높은 사람이 보다 쉽게 적응한다. 오늘날은 좌절에 굴하지 않고 일어서고 각종 스트레스에 무난히 대처해 나가는 사람만이 성공할 수 있는 것이다. 감성지능은 학업지능을 촉진한다. 분노·충동·불안·슬픔을 통제하지 못하면 지적 활동이 제대로 이루어지지 못할 것이다.

감성은 지성보다 빠르다.

'마음이 가는 대로 행동하면 일이 잘 풀린다'는 말은 정서의 중요성을 일깨운다. 「나는 길들여지지 않는다」에서 '인연이 혈연보다 강한 이유'라는 이야기가 있다. 한 기혼여성이 시댁 조카 돌잔치와 친정어머니의 생신잔치가 겹쳤을 때 돌잔치에 참석하였다. 며칠 후 그녀는 어머니의 부음 소식을 듣고 통곡하였다는 내용이다. 그 부인은 어느 잔치에 마음이 더 이끌렸을까?

지성과 감성은 상반되는 관계에 있는데, 감성이 강할수록 지배적인 형태를 띠는 것은 감성이고 지성은 약해진다. 감성과 지성은 서로 균형을 이루는 것이 바람직하다. 감성은 지성적 정신활동에 정보를 제공하고, 지성적 정신은 감성이 가져다주는 입력 내용을 검토하기도 하고 때로는 차단하기도 한다.

페스탈로치는 어린이의 강렬한 감정을 배려해야 할 것을 주장하였다. 특히, 그는 아동기의 문제는 심정에 있다고 보았다. 그는 어린이를 '희열'에 의해서 지배해야지 결코 권위로 하지 말 것을 주장하였다. 부자유한 교육은 그 생명이 충분히 살아갈 수 없게 만든다. 이러한 교육은 생명체의 다양한 감정을 거의 전적으로 무시한다. 그런데 이러한 감정들은 힘이 강하기 때문에 이것을 표현할 기회를 잃게 되면, 값싸고 추하고 증오에 찬 감정이 되고 만다. 단지 두뇌만이 발달하는 것이다. 만약 여러 가지 감정이 정말 자유스러울 수 있도록 허용된다면, 지성도 저절로 싹트게 될 것이다. 창조의 기쁨, 풍부한 감정, 신체의 강건함 등은 교육의 중요한 목표이다.

홀리스틱 교육을 주장하는 존 밀러는 사랑의 마음열기를 권장한다. 어떤 행사나 학습을 시작하기 전에 서로 손을 잡고 눈을 감고서 조용한 음악을 들으며 다음과 같은 말들을 읊으면서 사랑의 마음으로 앞으로의 활동이 진행되기를 기원하는 마음을 갖도록 돕는다.

"내가 건강하고, 행복하고, 평화로울 수 있기를 빕니다."
"이 학교에 있는 모든 것이 건강하고, 행복하고, 평화로울 수 있기를 바랍니다."
"이 나라에 있는 모든 것이 건강하고, 행복하고, 평화로울 수 있기를 원합니다."
"이 우주에 있는 모든 것이 건강하고, 행복하고, 평화로울 수 있기를 희망합니다"

조절된 정서는 문제해결을 촉진한다.

적절히 조절된 정서는 문제해결을 촉진한다. 기분 좋은 사람은 모든 일들이 잘될 것으로 예견하고 기분이 나쁜 사람은 비관적으로 문제를 보게 되기 때문이다. 낙관적으로 사물을 대하면 여러 가능성을 생각해서 정보를 창의적으로 분류 · 해결하게 된다.

인간다운 삶을 살아가기 위해서 오늘날 우선적으로 꼭 필요한 것은 무엇일까? 정서의 순화가 아닐까 생각한다. 영국에서 운전면허 시험에 합격하려면, 보행자가 손을 흔들 때 무표정해서는 안되고, 속도를 늦출 때는 손을 들어 뒤 차에 알려야 한다. 이웃에게 넉넉한 마음으로 먼저 미소 짓고 부드럽게 말을 건네는 일은 아이가 배워야 할 중요한 것이다. 마음이 먼저 움직여야 머리도 제대로 기능하는 것이다. 사랑 · 애정 · 협동 · 보람 등의 수많은 가치는 말로 들어서 아는 것이 아니라 느낌으로 받아들여 획득하는 것이다.

인간의 정서 또는 감성이 우리에게 주는 영향은 완전히 알려지지 않았다. IQ가 높은 사람이 실패하고 평범한 IQ를 가진 사람이 성공하는 원인을 감성에서 찾을 수 있다. 성공하는 타입의 직장인으로는 호기심이 왕성한 사람, 상사와 동료로부터 신뢰받는 사람, 위험한 일에 적극적으로 도전하는 사람, 회사 밖에도 폭넓은 인간관계를 갖고 있는 사람을 들 수 있다. 원만한 인간관계를 맺는 사람은 유연한 태도를 지닌 창의적 인간으로 볼 수 있다. 반면 실패하는 직장인은 일에 불만이 많은 사람, 직장내에 불편한 인간관계로 인해 적이 많은 사람이다. 이성은 머리를 움직이지만, 감성은 마음을 움직인다. 1950년대 미국의 카네기 재단에서 많은 연구비를 들여서 '어떤 사람이 직업적으로 성공하는가?'에 관한 연구를 수행한 결과는 EQ의 중요성을 뒷받침하고 있다. 지적 능력이 차지하는 비율은 20~30%밖에 되지 않는다. 인내심이 있다거나 원만하고 사교적이며 융통성이 있는 것과 관련 깊은 감성조절 능력, 대인관계능력이 성공을 좌우한 요인이다. 지성은 정서와 분리될 때 아무런 의미가 없는 것이다. 두뇌가 기능하기 전에 마음이 먼저 움직이기 때문에 EQ는 성공 가능성을 결정짓는 척도가 될 수 있다.

공자의 말을 빌려서 말하면, 정서가 안정된 사람은 말은 더디게 하되 실천은 민첩하고, 마음과 표정이 일치되는 군자이다. 또 이런 사람에게는 세 가지 변화가 있는데 멀리서 보면 엄숙하고, 가까이 다가가면 온화하고, 말로 들으면 엄격히 정돈되어 있다.

안정된 정서는 새로 유입된 인지요소로 인하여 기존의 인지구조가 동요되는 것을 방지해 주며, 풍부한 경험을 충분히 학습할 수 있는 바탕을 제공한다. 또 불안, 염려, 공포, 혐오감 등의 부정적 정서는 신경 체계로 하여금 지식과 경험을 제대로 전달할 수 없도록 만들기 때문에 일반지능, 즉 학업능력의 저하를 수반한다.

학생이 영어선생님을 좋아하면 영어과목의 성적이 올라간다. 친밀감은 학습효과를 높이기 때문이다. 싫은 사람은 자주 볼수록 더욱 보기 싫어지고, 좋은 사람은 자주 만날수록 호감을 더욱 느끼게 된다. 누군가를 싫어하는 감정이 있을 때는 그 사람의 좋은 점과 나쁜 점을 종이 위에 적어보면, 부정적 정서는 줄어들 뿐 아니라 반대되는 두 가지 감정을 동시에 가지고 편안하게 그 사람을 대할 수 있다.

정서는 행동을 일으키는 유인제 역할을 하므로 정서 발달은 곧 아동과 청소년의 전인적 발달을 가능하게 만드는 것이다. 아리스토텔레스(Aristoteles)의 말처럼 적절하고도, 적당한 때에, 올바른 목적과 방법으로 화를 내는 사람은 상당히 높은 정서 수준에 이른 경우이다. 정서지능(Emotional Intelligence)이란 자제력, 열정, 인내력, 자신에 대한 동기화 능력, 대인관계 능력, 낙관성, 만족지연능력 등으로 정의된다.

유아기 때 만족지연능력이 높을수록 청년기에 가서도 생활에 긍정적으로 잘 적응한다. 만족지연능력이란 쾌락을 연기시키는 능력이다. 1960년대 스탠포드대학교의 '매쉬멜로 과자실험'에서, 4세 된 유아들에게 과자를 나눠주고 10분 이상 먹지 않고 참으면 상으로 한 봉지를 더 준다고 했을 때, 10분 이상 견디는 유아는 EQ가 높다고 평가된 것이다. 미셸(Mischel, W.)은 어린이 관찰실에 비치된 탁자 위에 맛있는 과자 한 개를 준비해 놓고 5세 된 아동을 초대하여 마주 앉는다. "이 과자를 먹지 않고 내가 다시 돌아올 때까지 기다리면 한 개를 더 주겠다"라고 제안한다. 아동들은 참지 못하고 과자를 먹는 충동적 집단과 끝까지 기다리는 사려적 집단으로 나누어진다. 그 후 미국에서 EQ 연구가들이 20년에 걸쳐 관찰·조사한 바에 따르면, 유아기의 EQ가 높은 집단이 19세 때의 대학수능시험이라고 할 수 있는 SAT성적에서 대략 200점이 높았다고 전한다.

이처럼 EQ가 높은 아이들이 학업성적이나 인간관계에서 월등히 높은 점수를 거두었다. EQ가 IQ를 좌우한다는 결과이다. 정서는 인지행동을 지도하고 안내하는 힘이 있다. 또한 자신의 정서를 인식·조절하면서 사고와 느낌을 연결시키는 능력인 정서지능은 잠재력이나 더불어 살아가는 능력을 길러주는 것이다. 자신에게 일어나는 느낌을 인식하는 능력은 핵심적 EQ 능력의 요소이다. 감정을 관찰하는 능력이 풍부한 사람은 개인적으로 결정을 내릴 순간에 어떤 정서를 지녀야 할지를 파악하고 있다. 또 정서조절력이 뛰어난 사람은 우울·분노·흥분을 쉽게 떨쳐버리고 혼린에서 쉽게 벗어난다. 타인의 감정을 이해하는 정서지능은 인간관계를 유지·발전시키는 중요한 요인이다. 인간관계능력은 다른 사람의 감정을 보다 원만한 방향으로 유도하는 효율적인 능력이다.

감성 조절을 잘하면 습관적인 흡연을 줄이거나 중지할 수 있다. 얼굴 표정이나 음성을 관리하고 선행을 함으로써 EQ 능력을 증진할 수 있다. 혼란한 감정을 잘 통제하면 질병도 예방할 수 있다. 그리고 두뇌와 면역체계에 넓게 작용하는 화학전달물질이 있으며, 정서가 면역체계에 영향을 끼친다는 것이 입증되고 있다.

이와 같이 정서를 순화하기 위해서는 감각훈련뿐 아니라 자신의 다양한 감정을 자유로이 표현하며 부정적 감정을 드러내어 정화하는 심성훈련을 해야 한다. EQ를 개발하려면 사람들의 감정·표정을 읽는 연습을 하고 인물 사진, 그림, 동화, 연극 영화, 소설에 나오는 인물들의 정서태도와 방법을 분석하고 비판하는 훈련을 하는 것이 좋다. TV 드라마를 녹화해서 소리를 끄고 주인공의 감정상태를 말하게 하는 방법도 있다. 그리고 '감정을 추측하기'란 프로그램도 있다. '미경이가 식당에서 가방을 잃어버렸어'를 여러 감정 상태로 녹음한 후에 들려주고 알아맞히는 게임이다.

'행복하게, 슬픈 듯이, 미친 듯이, 걱정스럽게, 무뚝뚝하게, 경박하게, 비꼬듯이' 등의 다양한 감정을 담아서 이야기하는 것을 녹음한다. 자신의 감정을 표현하는 일은 사고의 민감성을 증대시켜서 지적 호기심을 촉진하며 어린이로 하여금 환경과 끊임없이 대화를 하도록 이끈다. 몽테뉴는 어린이를 해외로 보내는 것이 좋다고 생각하였다. 다양한 경험을 얻을 수 있으므로 청소년은 특히 외국 여행을 통하여 견문을 넓혀야 한다. 나아가서 정서 안정을 이루게 되면 주의집중도 가능해지고 창의성도 계발될 수 있다.

행복을 느끼는 사람은 창의성을 발휘한다.

자아실현에 관한 심리를 분석했던 매슬로우도 창의성은 건강과 평안감 내지는 겸손과 행복을 느끼는 사람에게서 계발될 수 있다고 이해하였다. 긍정적 감정이 마음속에 솟아나야 자신을 이해하게 되고 선한 행동도 나타나게 된다. 매슬로우는 훈계, 충고, 비판과 같은 지시적 방법을 사용하지 않는 것이 정서발달에 좋은 방법이라고 하였다.

정서교육은 신체 발달과 지성 발달 내지는 도덕 발달과 균형을 이루어 가면서 진행되어야 할 것이다. 정서교육은 자기를 표현하는 데 개방적이고 자신을 탐구하고 제대로 이해·평가하며 훌륭한 인간관계를 형성하도록 돕는 일이다.

정서교육의 예를 살펴보면, 'Best 3, Worst 3'는 학생들에게 학교에서 일어나는 일들 중에서 가장 좋아하는 것 3가지, 가장 싫어하는 것 3가지를 적은 후에 서로 이야기하도록 한다. 소풍이나 방학, 자신이 좋아하는 선생님과의 만남, 친구들과의 놀이, 흥미있는 행사 등이 있을 수 있고, 학교에 가기 싫은 것으로는 청소, 폭행, 숙제, 무서운 선생님, 싫어하는 과목을 배우는 날 등이 있을 수 있다.

'나의 인생나무'를 학생들에게 그리게 하고 과거의 경험을 통해서 고쳐야 할 태도와 미래 설계에 대해 이야기하게 만든다. 나무의 뿌리 부분은 삶의 철학·가치관, 몸통 부분은 성장과정, 가지와 열매 부분은 노력의 결과를 적어 넣는다.

어린이의 감정을 강하게 억압하지 않으면서 그것을 자연스럽게 표출하는 상태에서 점진적으로 조절해 가는 방법이 좋다. 상대방을 수용한다는 것은 부정적 · 긍정적인 것 모두를 전적으로 받아들이는 것을 말한다. 존재 그 자체를 수용하는 것이다. 이해심이 많고 너그럽게 수용해 주는 사람은 어린이들의 마음을 편안하게 만들고 자유롭게 표현할 수 있게 돕는다.

어린이들과 신실한 관계를 갖고 그들의 문제를 해결해 줄 수 있는 대화는 어떤 것인가? 어린이의 말을 들어주기 위해 가능한 침묵을 지키고 경청한다. 이야기를 수용해야 상대방의 마음을 열게 만들며 슬픔·분노도 해소시킨다. 어린이의 말을 되풀이해서 들려주거나 요약하고, 때로는 분명하게 의미를 밝혀 준다. 대화할 때는 언어 뒤에 숨겨져 있는 감정을 이해함으로써 어린이에게 도움을 줄 수 있다. “나, 학교 안 가”, “엄마와는 이제 상대하지 않아”, “사람들이 다 싫어졌어”와 같은 말들을 이성적으로 받아들일 수는 없기 때문이다. 말의 내용보다 표정, 태도, 억양, 목소리 등에 주의를 기울인다. ‘예, 아니오’가 나올 수 있는 말은 가급적 피한다. 말을 빨리 시켜서 신중함을 잃게 만들 수 있다. 해결방안을 찾을 수 있는 ‘어떻게, 어디서’를 사용해서 질문을 하는 것이 좋다.

3) Gardner의 다중 지능이론; MI

Gardner(1991)는 종래의 획일적인 지능관을 비난하고 인간의 지능에 관한 다중 지능이론(多重 知能理論, theory of multiple intelligence)을 제안했다. 이것은 인간의 지능은 서로 독립적이며 다른 여러 유형의 능력으로 구성된다는 것이며, 비록 이들이 별개로 분리되어 있기는 하지만 상호작용하고 있다는 것이다. Gardner가 제시하는 8영역의 지능은 다음과 같다.

언어지능은 말하기, 읽기, 작문, 듣기 등에서 사용되는 지능이다. 단어의 의미와 소리에 대한 만감성, 문장 구성법의 숙련 그리고 언어 사용방법에 대한 이해력 등이 포함된다. 시인, 정치(연설)가, 교사 등이 이러한 지능이 높다.

논리-수학지능은 논리적이고 추상적인 사고를 하는 지능이다. 대부분의 과학적 사고에 이러한 능력이 포함된다. 예컨대 수학문제를 푼다든지, 증명을 도출해 낸다든지, 어떤 문제를 인지할 수 있고 그 문제의 이유를 찾으려는 능력이 등이 포함된다. 수학자, 과학자 등이 이러한 지능이 높다.

공간지능은 물리적 환경을 다루는 데 사용된다. 예컨대 자동차를 운전하거나,

[그림 4-4] 다중지능 영역

항공기를 조종한다든지, 바다를 항해하는 것과 같은 데에 사용된다. 즉 시각적 세계를 정확하게 지각할 수 있고, 지각된 것을 변형시킬 수 있으며, 균형, 구성에 대한 민감성 그리고 유사한 양식을 감지하는 능력 등이 포함된다. 예술가, 항해사, 기술자, 건축가, 그리고 외과의사 등은 이러한 지능이 높다.

신체운동지능은 신체를 숙련되게 사용하는 능력이다. 기계체조라든지 무용같은 것에서 나타나는 재능으로 사물을 능숙하게 다루는 능력도 포함된다. 무용가, 외과의사, 운동선수, 공예인 그리고 배우 등이 이 지능이 높다.

음악지능은 노래하고, 악기를 연주하며, 작곡가 지휘를 하는 것과 같은 데에 관련되어 있다. 즉 개개의 음과 음절에 대한 민감성, 음과 음절들을 더 큰 음악적 이름이나 구조로 결합하는 방법에 대한 이해, 음악의 정서적 측면에 대한 이해 등이 포함된다. 음악가나 작곡가는 이 지능이 높다.

대인관계 지능은 다른 사람을 이해하고 그들을 대하는 것에 관한 이해의 능력이다. 즉 대인관계에서 사용되는 지능이다. 이것은 대인관계 속에서 다른 사람의 기분, 기질, 동기 그리고 의도를 파악하고 구분 짓는 능력이다. 그리고 다른 사람에 대한 지식에 따라 행동할 수 있는 잠재력이 포함된다. 이러한 능력은 특히 직장에서 중요하며, 정치, 판매, 정신치료, 그리고 가르치는 일을 하는 사람들에게 중요한 능력이라고 할 수 있다. 정치가, 종교인, 부모, 교사, 사업가 그리고 행정가는 이 지능이 높다.

자기성찰 지능은 자기 자신을 이해하는 능력이다. 즉 어떤 사물에 대해서 자신이 어떻게 느끼고 있는가를 아는 것, 자신의 감정의 폭을 이해하는 것, 자신이 왜 그렇게 행동해야 하는가에 대한 통찰, 그리고 자신의 욕구, 목표, 능력에 적합한 방식으로 행동하는 것 등이다. 소설가와 임상가는 이 지능이 높다.

자연탐구 지능은 동식물이나 주변에 있는 사물을 자세히 관찰하여 차이점이나 공통점을 찾고 분석하는 능력이 자연탐구 지능이다. 이 지능이 뛰어난 사람은 식물이나 동물을 좋아하고, 이를 잘 보존하기 위해 노력하며, 채집이나 자연관찰 등을 즐긴다. 또한 기후에 관심이 많거나, 날씨를 잘 예측하기도 하며, 자연과학에 대한 흥미와 더불어 환경보존에 대한 관심도 높아서 사회 주변에서 일어나는 각종 환경 문제에 관심을 보이기도 한다. 누가 가르쳐 주지 않아도 화분이나 열대어를 잘 키우는 사람이나 애완동물이 유독 잘 따르는 사람도 자연탐구 지능이 높은 것이다.

Gardner(1993)는 종래의 지능이론들은 언어적 지능과 논리-수학적 지능만을 지나치게 강조한 나머지, 학교나 가정에서 그 외의 지능이 우수한 아동들의 능력을 제대로 인정하거나 개발해주지 못했다고 지적한다. 실제로 많은 전문적 직업들, 예컨대 교육자, 의사, 정치가, 건축가, 사업가, 행정가, 예술인 그리고 종교인 등에게 요구되는 능력을 분석해 보면, 이들 직업에서의 성공이 언어적 지능과 논리-수학적 능력에만 의존하지 않는다는 것을 명확하게 깨달을 수 있다. 교육자에게는 개인 간 지능이, 외과의사나 건축가에게는 공간적 지능이, 작가에게는 개인 내 지능이, 운동가에게는 신체-운동적 지능이 필수적이다. Gardner는 사회의 각 전문분야에서 성공한 사람들의 지능을 분석하여 이들이 언어적 또는 논리-수학적 지능이 아니라 그 직업이 요구하는 특정지능을 우수하게 갖추고 있다는 경험적 자료들을 제시하고 있다. 그리고 그는 인지과학 및 신경과학의 이론, 뇌손상 환자들에 대한 임상적 자료, 천재아나 자폐아 등 특수집단의 지적능력에 관한 자료들에 근거하여 일곱 개의 지능을 모두 우수하게 갖추고 있는 전능한 사람은 없다고 주장한다.

한편 Gardner의 다중 지능이론은 여러 가지 비판을 받고 있다. 첫째는 Gardner가 다중 지능이론이라고 부른 것은 지능이 아니고 재능(talent)에 관한 것이라는 비판이다. 둘째는 다중 지능이론은 참된 의미의 '이론'이 아니라는 것이다. 지능에 내포된 것이 무엇이며, 그것은 어떤 범위의 내용인지 등에 대해 분명히 하지 않고 단순히 지능들을 나열했다는 지적이다. 셋째는 설정된 지능의 수가 무한대로 확장될 수 있다는 지적이다. 즉 일곱 개 이상의 지능이 나타나게 되므로 학문적인 경제성이 없다는 비판이다. 넷째는 전통적인 이론들과 비교하여 지능을 측정하는 데 있어서 비효과적이라는 것이다. 즉 일반적으로 지능검사들은 정신측정적 이론에 바탕을 두고 만들어져 왔는데, Gardner의 이론은 지능측정에 적용하기가 어렵다는 것이다. 이러한 비판들이 있기는 하지만, 그는 지능을 정신능력과 같은 단일한 특성으로 보지 않고 다양하게 생각하면서, 하나의 종합된 것으로 이해하게 했다는 의미는 크다고 하겠다. 즉 비록 정교한 지능의 이해는 아니지만 광범한 자료에 토대를 두고 나름대로 분석한 것이어서, 인간을 다양한 측면에서 이해해야 한다는 교육적 함의를 내포하고 있어서 크게 음미해 두어야 할 것으로 짐작된다.

작성해 본 후 생각해 보세요

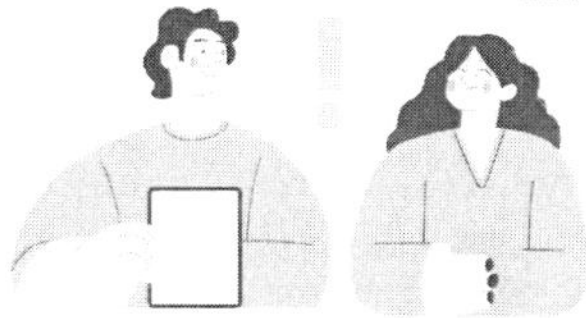

" 다중지능 체크리스트 "

◈ 다음의 각 문항을 읽고 1. 전혀 그렇지 않다. / 2. 별로 그렇지 않다. / 3. 보통이다. / 4. 대체로 그렇다 / 5. 매우 그렇다 중에서 당신의 일상생활과 가장 가깝다고 생각하는 번호를 〈채점표〉에 적으세요.

1. 취미 생활로 악기 연주나 음악 감상을 즐긴다.
2. 운동 경기를 보면 운동선수들의 장단점을 잘 집어낸다.
3. 어떤 일이든 실험하고 검증하는 것을 좋아한다.
4. 손으로 물건을 만들고 그림을 그리는 것을 좋아한다.
5. 다른 사람보다 어휘력이 풍부한 편이다.
6. 친구나 가족들의 고민거리를 들어 주거나 해결하는 것을 좋아한다.
7. 나 자신을 되돌아보고, 앞으로의 생활을 계획하는 것을 좋아한다.
8. 자동차에 관심이 많고, 각각의 공통점과 차이점을 알고 있다.
9. 악보를 보면 그 곡의 멜로디를 어느 정도 알 수 있다.
10. 평소에 몸을 움직이며 활동하는 것을 좋아한다.
11. 나는 수학이나 과학 과목을 좋아한다.
12. 어림짐작으로도 길이나 넓이를 비교적 잘 알아맞힌다.

13. 글이나 문서를 읽을 때 문법적으로 어색한 문장을 잘 찾아낸다.
14. 일상생활 또는 직장 내 성희롱이 왜 발생하고 어떻게 해결하면 좋을지 알고 있다.
15. 나의 건강 상태나 기분, 컨디션을 정확히 파악할 수 있다.
16. 옷이나 가방을 보면 어디 제품인지 바로 알아맞힐 수 있다.
17. 다른 사람의 연주나 노래를 들으면 어떤 점이 부족한지 알 수 있다.
18. 어떤 운동이라도 한두 번 해보면 잘 할 수 있다.
19. 다른 사람의 말속에서 비논리적인 점을 잘 찾아낸다.
20. 다른 사람의 그림을 보고 평가를 잘 할 수 있다.
21. 나의 어렸을 때 꿈은 작가나 아나운서였다.
22. 다른 사람들로부터 다정다감하다는 소리를 자주 듣는다.
23. 내 생각이나 감정을 상황에 맞게 잘 통제하고 조절한다.
24. 동물이나 식물에 관하여 많은 정보를 알고 있다.
25. 다른 사람과 노래할 때 화음을 잘 넣는다.
26. 운동을 잘한다는 말을 자주 듣는다.
27. 학교생활 또는 직장 생활에서 발생하는 문제를 해결하는 절차와 방법을 잘 알고 있다.
28. 내 방이나 사무실을 꾸밀 때, 어떤 재료를 사용해야 하고 어떻게 배치해야 할지 잘 알아낸다.
29. 글을 조리 있고 설득력 있게 쓴다는 말을 자주 듣는다.
30. 학교 친구, 선배, 선생님 또는 직장 동료, 상사의 기분을 잘 파악하고 적절하게 대처한다.
31. 평소에 내 능력이나 재능을 계발하기 위해 노력하고 있다.
32. 동물이나 식물을 좋아하고 잘 돌본다.
33. 악기를 연주할 때 곡의 음정, 리듬, 빠르기, 분위기를 정확하게 표현한다.
34. 뜨개질이나 조작, 조립과 같이 섬세한 손놀림이 필요한 활동을 잘할 수 있다.
35. 물건의 가격이나 은행 이자 등을 잘 계산한다.
36. 다른 사람으로부터 그림 그리기나 만들기를 잘한다고 칭찬받은적이 있다.
37. 책이나 신문의 사설을 읽을 때 그 내용을 잘 이해한다.

38. 가족이나 직장 동료, 상사 등 누구와도 잘 지내는 편이다.
39. 내 일정을 다이어리에 정리하는 등 규칙적인 생활을 위해 노력한다.
40. 나는 동식물과 관련된 직업에 관심을 갖고 있다.
41. 어떤 악기라도 연주법을 비교적 쉽게 배운다.
42. 개그맨이나 탤런트, 주변 사람들의 행동을 잘 흉내 낼 수 있다.
43. 어떤 것을 암기할 때 무작정 외우기보다는 논리적으로 이해하여 암기하곤 한다.
44. 새로운 지식을 습득할 때 그림이나 개념 지도를 그려 가며 외운다.
45. 나는 국어 시간이나 글쓰기 시간을 좋아한다(또는 좋아했다).
46. 내가 속한 집단에서 내가 해야 할 일을 잘 찾아서 수행한다.
47. 어떤 일에 실패했을 때 그 원인을 철저히 분석해서, 다음에는 그런 일이 생기지 않도록 노력한다.
48. 동식물이나 특정 사물이 갖는 특징을 분석하는 것을 좋아한다.
49. 빈칸을 주고 어떤 곡을 채워 보라고 하면 박자와 전체 곡의 분위기에 맞게 채울 수 있다.
50. 연기나 춤으로 내가 전하고자 하는 것을 잘 표현할 수 있다.
51. 어떤 문제가 생기면 성급하게 결론을 내리기보다는 여러 가지로 그 원인을 밝히려고 한다.
52. 고장 난 기계나 물건을 잘 고친다.
53. 다른 사람이 하는 말의 핵심을 잘 파악한다.
54. 다른 사람들 앞에서 프레젠테이션이나 연설을 잘한다.
55. 앞으로 어떻게 성공해야 할지에 대해 뚜렷한 신념을 가지고 있다.
56. 환경문제를 해결할 수 있는 방법들을 많이 알고 있다.

채점표

	A	B	C	D	E	F	G	H
	1	2	3	4	5	6	7	8
	9	10	11	12	13	14	15	16
	17	18	19	20	21	22	23	24
	25	26	27	28	29	30	31	32
	33	34	35	36	37	38	39	40
	41	42	43	44	45	46	47	48
	49	50	51	52	53	54	55	56
합계								

CHAPTER

05

학습과 자아실현

Question

이솝우화 토끼와 거북에서 왜 거북이가 이겼을까요?

평소에 어떤 방법으로 공부를 하나요?

메타인지란 무엇인가요?

CHAPTER 5

학습과 자아실현

1. 자아실현인의 특징

자기 자신에 대해 고민해 보고 각종 심리검사를 받아보면 내가 어떤 사람인지(성격), 무엇을 잘할 수 있는지(적성), 무엇을 하고 싶은지(흥미)에 대해 보다 객관적으로 알 수 있을 것이다. 하지만 그렇다고 해서 내 진로가 확정되는 것은 아니다. 또 여러 가지 검사에서 나타난 방향이 서로 달라 오히려 더 혼란스러워질 수도 있다. 자기 자신을 잘 안다는 것은 출발점이지 도착점이 아니다.

이제 우리가 고민해야 할 질문은 '어디로 달려갈 것인가?'이다. 이는 목표가 관련되는 것이다. 목표가 없어도 열심히 생활할 수 있다. 하지만 그들은 단지 다른 사람보다 앞서기 위해 노력하는 것일 뿐, 어디로 가야 하는지를 모르기는 비슷하다. 이솝우화의 토끼와 거북의 경주에서 거북이가 이겼다. 거북이는 왜 경주에서 이겼을까요? 빠르게 달리는 토끼가 진 이유는 무엇일까요? 토끼는 경주를 하다가 왜 잠을 잤을까요? 토끼는 왜 자만했을까요? 토끼가 경주에서 진 이유는 목표설정과 관계있다고 볼 수 있다. 거북이는 목표지점에 도달하는 것을 생각해서 꾸준히 달렸고, 토끼는 거북이라는 경쟁 상대만 보았다. 토끼는 경쟁자인 거북이의 경주 속도에 따라 자신의 계획과 행동을 수정한 것이다.

사전적 정의에 의하면, 자아실현(self-actualization, self-realization)은 개인이 지니고 있는 소질과 역량을 스스로 찾아내어 그것을 충분히 발휘하고 개발하여 자기가 목적한 이상(理想)을 실현하는 것이다. 또는 자아실현은 하나의 가능성으로 잠재되어 있던 자아의 본질이 실현되는 것이다.

자아실현관은 철학적 · 사회학적 · 심리학적 · 신학적 견지에서 제각기 다르다. 아리스토텔레스는 목적적 존재로서 인간이 자신의 잠재력과 가능성을 최대한 유감없이 발휘하는 것을 자아실현으로 보았고, 브라멜드(T. Brameld)는 문화의 전승과 창조에 참여함으로써 자아실현을 할 수 있다고 하였으며, 미국의 심리학자 매슬로(A.H. Maslow)는 그의 욕구단계 이론을 통해 모든 욕구가 충족된 후에 마지막으로 가지는 욕구가 자아실현의 욕구라 하였다. 그리고 영국의 철학자 그린(T.H. Green)은 신학적 관점에서 인간이 신의 성품과 같은 최고의 선(善)의 상태를 실현하는 것이 자아실현이라 주장하였다.

어떻든 각자가 자신이 바라는 이상적 가치를 발견하고, 그 가치를 삶의 과정에서 어떻게 올바른 방법으로 실현시켜야 하는가를 생각하면서 살아가는 것이 자아실현의 길이라 하겠다.

2. 자기주도적 학습

오늘날 우리들에게 부과되는 많은 역량 중에서 좋은 공부 습관(study habit)은 어떤 연령에서든 자산임이 분명하다. 학습은 복잡한 활동이다. 공부는 기술을 요한다. 과제는 길이, 곤란도 그리고 요구되는 지식의 깊이에 있어서 다양하다. 다음의 원리는 당신이 좋은 학생이 되게 하는 데 도움이 될 수 있다. 학습과 관련한 다음의 일반적인 기술들은 우리가 자기주도적 학습자가 될 수 있도록 도울 것임이 분명하다.

준비하기

준비하기의 목적은 신경세포와 경로를 활성화시켜서 다가오는 정보를 받아들일 준비를 갖추는 것일 것이다. 어떤 주제에 관해 당신이 소유하고 있는 모든 선행정보(prior information)를 인출(引出)하면 이것이 성취된다.

대충 훑어보기

대충 훑어보기(scanning)는 당신이 읽으려고 하는 것을 받아들이도록 당신의 정신을 준비시키는 수단이다. 대충 훑어보기에는 많은 상이한 방법들이 있다. 한 가지

방법은 핵심어들 또는 용어들을 고르면서 가능한 빨리 당신의 눈이 아래로 옮아가도록 하는 것이다. 이 방법은 공부할 자료가 하위제목이 없고 너무 어렵지 않을 때 특히 적용가능하다. 대충 훑어보는 다른 방법은 특히 자료에 주요 제목(headlines), 구획(division) 그리고 하위구획이 있을 때 단락의 첫 줄과 마지막 줄을 읽는 것이다.

대충 훑어보기를 시작하는 최선의 방법은 당신의 호기심과 흥미를 일으키는 어떤 것을 찾는 것이다. 당신은 계속 읽기만 하지 않도록 주의해야만 할 것이다－그렇지 않으면 당신은 수렁에 빠질 것이며 그리고 실제로 읽고 있는 것을 잊을 것이다. 만일 흥미 있음을 알게 되면 당신은 공부하기를 과제로 간주하지 않을 것이며 그리고 학습을 정서적·지적으로 인식할 것이다.

당신은 당신의 속도로 공부하고 있을 것이기 때문에, 당신이 사용하는 시간 양은 당신 자신이 내린 결정일 것이다. 때로는 공부하도록 준비하는 것은 단지 몇 분밖에 걸리지 않을지 모르며, 때로는 더 많이 걸릴지 모른다. 정보를 받아들이도록 정신을 준비하는 데 더 많은 시간이 걸리는 것에는 잘못된 것이 없다. 시간의 투자는 노력할 가치가 있다.

읽기

공부 자료 끝에 종종 제시되는 물음들을 간과하지 말라. 물음에 답하도록 하라. 물음들은 생각나게 하는 것, 복습의 기초 그리고 기억의 보조 수단으로 유용할 수 있다. 그밖에, 그런 물음들은 저자에 의해 매우 주의 깊게 선정되었으며 그리고 당신이 고려할 가치가 있기 때문에 제안된다. 당신은 읽기에 있어서 당신의 목적을 강하게 하기 위하여 어떤 수단들－시각적 보조 수단, 그림, 요약 또는 관련 자료－이든 사용해야 한다.

조직을 찾아내기

당신이 논문을 쓰기 위하여 읽고 공부하고 있든 또는 단답형 시험 혹은 퀴즈를 준비하기 위하여 읽고 공부하고 있든, 당신은 어느 정도 기억하기를 해야 할 것이다. 기억하기를 위해 준비한다는 것은 당신이 하위제목들의 관계를 주목하고, 연합을 만들어야 하며 그리고 필요한 많은 기억술 기법들을 사용해야 함을 의미한다. 당신이 빠른 속도로 공부하든 또는 느린 속도로 공부하든, 당신은 여전히 어느 정도 기억하기를 해야 한다—그것은 당신의 공부 노력들 중의 가장 가치 있는 측면이다.

기억하기

학습과 기억하기는 상호 관련된다. 핵심 아이디어들은 당신의 마음에 확고히 새겨짐을 확인하라. 핵심 아이디어들은 당신이 단답형 시험을 치게 되든 또는 과제 작성을 준비하고 있든 당신에게 더할 나위 없이 도움이 될 것이다.

복습하기

당신이 학습하였었던 것을 복습하려 할 때까지는, 당신이 얼마나 많이 이해하고 마음에 간직하고 있는지를 당신 자신이 가장 잘 감정하게 될 것이다. 암송하기, 기록하기 그리고 반복하기는 과목을 복습하는 데 중요한 요소들이다(당신은 시작하기 전에 제 2장의 관련 부분들을 다시 읽고자 할지 모른다.). 일반적으로, 당신의 지식이 넓을수록 당신은 복습하는 데보다 기록하는 데 더 많은 시간을 소비해야 한다. 교양과목들은 대개 기록하기를 요구하는 반면에, 전공과목과 과학 과목들은 암송을 더 많이 요구한다—양자는 기억력을 강하게 하고자 한다.

단답형 시험을 위해 복습하기

다른 학생들과 같이 공부하는 것은 서로에게 도움이 될 수 있다. 당신은 교대로 물을 수 있고 동시에 어떤 것을 학습할 수 있다. 특히 단답형 시험은 이 방법이 좋다. 질문을 할 당신 차례가 오면 당신은 답을 평가해야 하는 교사로서의 당신 자신에 대해 생각할 수 있다.

자신을 검사하기

지식은 당신의 읽기 및 공부의 깊이(depth)와 기억되었었던 것에 달려 있다. 그러므로 당신 자신을 계속 검사할 필요가 있다. 만일 당신이 읽었던 것에 관해 당신 자신에게 질문을 하면, 당신은 생각한 만큼 자료를 분명히 파악하지 못함을 종종 발견할 것이다. 일단 이것을 깨달으면, 당신은 그것을 교정할 무엇인가를 할 수 있

다: 진행할 적에 가급적이면 소리 내어 암송하라.

언제 공부해야 하는가

당신이 언제 공부해야 하는가는 당신에게 달려 있다. 이상적으로는, 당신은 한 학기 동안에 자주 공부해야 하며 빈번한 간격으로 복습해야 한다. 먼저 무엇을 공부해야 하는가는 역시 당신에게 달려 있다. 어떤 사람들은 가장 어려운 자료 또는 가장 덜 흥미 있는 자료를 먼저 공부하기를 좋아한다; 다른 사람들은 그런 것을 마지막으로 남겨두기를 오히려 좋아한다. 당신이 공부하는 순서는 공부에 바치는 집중력의 정도와 기억할 수 있는 정보의 양만큼 중요하지 않다. 그리고 당신이 방해받지 않고서 꼬박 몇 시간에 할 수 있다면, 시험 바로 직전에 집중적으로 하는 공부에는 어떤 잘못도 없다.

수업을 위해 준비하기

대부분의 강좌의 경우, 읽기 과제는 강의 및 수업 토의와 상관이 있다. 읽기 과제는 강의를 이행하는 좋은 방법이다. 왜냐하면 너무나 자주 학생은 준비 없이 수업에 임하고 그리고 말해지는 것을 거의 따라갈 수 없기 때문이다. 비록 당신은 미리 과제를 읽고 준비해야 할지라도, 과제를 완전히 학습할 필요는 없다. 당신은 이해력 있게 강의에 귀를 기울이고 열중할 수 있는 것으로 충분함을 확실히 알아야 한다.

이해는 당신이 이미 소유하고 있는 관련 지식의 양에 크게 달려 있다. 예컨대, 화학에 흥미가 없다면 당신은 그 교과에 관한 전문적 대화로부터 어떤 것도 얻지 못할 것이다. 그러나 당신이 친숙한 교과에 관한 강의는 당신의 지식을 증진시킬 수 있고 당신이 기억하는 데 도움이 될 수 있다.

요약

공부는 그 자체가 활동이다. 당신은 아무 생각 없이 첫 단어로써 시작하여 마지막 단어까지 꾸준히 공부한 다음 책을 덮음으로써 공부 과제에 접근할 수 없다. 공부는 보상을 받으려면 공격적, 적극적 행동을 필요로 한다. 비록 당신이 공부하는 것은 어느 정도 당신이 공부해야 하는 자료의 유형과 당신의 일반적 목표에 달려 있을지라도, 공부를 끝내기 전에 오늘 공부한 내용을 스스로 정리하고 요약해보아야 한다.

포부수준(level of aspiration)

포부수준은 학습자가 어떤 구체적인 학습과제에서 어느 정도 성취를 하겠는가 하는 기대수준으로서 실제 수행에서 달성 가능한 것인지를 함께 고려한 것이다. 즉, 포부수준은 성취상황에서 기대수준과 실제 성취수준과의 관계를 밝히는 것이다.

포부수준의 설정은 높이뛰기를 할 때 자신이 가로막대를 어느 정도 높이에 걸쳐 놓느냐 하는 것과 같다. 포부수준의 설정을 실제 과업수행의 난이도에 따라 다섯 수준으로 나눌 수 있는데 이중 '아주 어려운 수준'과 '아주 쉬운 수준'은 성공감이나 수치, 창피, 후회 등의 실패감을 맛보지 못하는 수준으로서 자아가 관여되지 않는 비현실적 수준이라고 한다. '어려운 수준'과 '중간 수준', '쉬운 수준'은 수행 후 성공하면 기쁨, 의기양양, 다행감 등의 성공감을 느끼며 실패했을 때에는 수치, 창피, 후회, 반성 등의 실패감을 느끼기 때문에 자아가 관여된 현실적인 수준이라고 한다. 이들은 모두 정상적인 수준이지만 일반적으로 '어려운 수준'에 포부수준을 설정하는 것이 더 바람직하다고 할 수 있다.

포부수준과 교육의 관계를 살펴보면 다음과 같다.

첫째, 자기 능력보다 어려우면서 현실성이 있는 포부수준을 설정하기 위해서는 학생들에게 성공의 경험을 많이 주어야 한다.

둘째, 성공의 경험은 주관적이기 때문에 학생의 연령이나 지적인 성숙도, 가정환경 등을 고려하여 적절히 도전감을 맛볼 수 있으면서도 스스로 해낼 수 있는 과제를 주고, 수행 후 적절히 강화를 주어 성공감을 맛보게 해야 한다.

셋째, 과제 수행 후에는 그 수준을 고수할 것이 아니라 적절히 조정하도록 하여야 한다. 성공했을 때에는 약간 높은 수준에 도전하도록 하고 이것이 성공하면 다시 약간 더 높게 포부수준을 설정하게 한다.

넷째, 실패했을 때에는 다시 도전해 볼 수 있는 것인지를 숙고해 본 후, 재도전 가능성이 있을 때는 다시 도전하고, 가능성이 없을 때에는 포부수준을 적절히 낮추어 조정하고, 수행 후 충분히 과제를 연습하여 완성한 후 다시 포부수준을 높이도록 한다.

3. 메타인지

메타인지(metacognition)는 상위인지 또는 초인지라고 하는 것으로, 자신의 인지적 활동에 대한 지식과 조절을 의미하는 것으로 내가 무엇을 알고 모르는지에 대해 아는 것에서부터 자신이 모르는 부분을 보완하기 위한 계획과 그 계획의 실행과정을 평가하는 것에 이르는 전반을 의미한다. 상위인지는 자신의 인지과정에 대해 관찰·발견·통제·판단하는 정신작용으로 '인식에 대한 인식', '생각에 대한 생각'을 의미하기도 한다. 메타인지능력을 증가하기 위한 다양한 방법을 살펴보고자 한다.

많은 과제들을 기억하기

사업 장면이든 또는 사회 장면이든 우리 중 어떤 사람들은 매일 많은 과제들 — 4~5개 — 을 회상할 필요가 있다. 이런 상황에서 모든 사소한 과제에 대해 기억을 창안하는 것은 시간을 소비하며 정신적으로 좌절을 일으킬지 모르지만, 당신은 당신의 정신이 적절한 시간에 바라는 과제로 재빨리 회복되게 하는 사건을 창안하는 기법을 이용할 수 있다. 단지 당신이 과제를 수행하기를 기대하는 바로 그 동일 순간에 정확한 환경에서 각 과제를 수행하는 당신 자신을 상상하라 — 그러나 "가외의 것들"을 생략하라. 바꾸어 말하면, 만일 당신이 같이 일하는 사람에게 보고서를 전하기를 원한다면, 단지 그것을 전하는 당신 자신을 상상하라. 당신이 기대하는 모든 환경을 상상하라. 당신은 환경이 약간 다를지라도 나중에 틀림없이 기억할 것이다.

기억할 때와 장소를 변별하기

다음 진술문 중 어느 것이 기억하기에 더 쉬울 것이라고 생각하는가: (a) 이 약을 매일 한 번씩 먹어라, 또는 (b) 이 약을 매 식사 후 먹어라. 식사는 생각나게 하는 것이기 때문에 정답은 b이다. 명확한 시간과 장소를 갖지 않는 것은 당신으로 하여금 망각하게 할 수 있다. 그러나 당신이 과제를 수행해야 할 때와 장소를 정확히 안다면 시간과 장소의 요인은 당신이 기억하는 데 도움이 될 것이다. 분명히,

과제가 명확한 시간과 장소를 명기하지 않으면, 우리는 명기해야 한다. 우리는 정확히 언제 그리고 정확히 어디에서 전화를 하거나 또는 편지를 부칠 것인지를 진술해야 한다. 변별하기의 단순한 행위는 당신의 망각 가능성을 뚜렷이 감소시킬 것이다.

당신이 물건을 둔 장소를 기억하기

당신이 물건을 두고 있을 때 혼잣말하는 것은 도움이 될 수 있다. 물건을 특정 장소에 두고 그 사실을 말로 나타내는 이유를 갖는 것은 역시 도움이 된다. 그러나 특별한 이유를 갖지 않다면 이유를 작성하는 것이 도움이 될 것이다. 예컨대, "나는 아기 사진을 아기 침대 가까이 있기 때문에 화장대에 놓고 있다"라고 소리를 내서 말하라.

당신 자신의 몸동작은 역시 당신이 기억하는 데 도움이 될 것이다. 당신이 어떤 것을 특정 장소에 둘 때 여분의 동작을 하거나 또는 물건을 가볍게 치라. 만일 어떤 것을 아래 서랍에 둔다면 서랍을 닫기 위해 가볍게 차라. 혼자 있다면 당신은 걱정할 것이 없다. 반면에 어떤 사람과 함께 있다면 당신은 손등으로 서랍을 닫거나 또는 당신은 편지를 세게 내던지는 대신에 가볍게 치면서 테이블에 둘 수 있다. 나중에, 어디에 둔 물건을 시각화하는 동안 당신은 역시 그 장소를 회상할 수 있을 것이다.

카드놀이를 하는 동안 카드를 기억하기

정상적 상황에서, 놀이하고 있던 카드를 기억하는 것은 보기만큼 어렵지 않다. 그것은 주로 집중력의 문제이다. 눈을 감고서 전혀 아무것도 생각하지 않는 것은 불가능하다. 그러나 눈을 뜨고서 살펴볼 특별한 것이 아무것도 없다면 당신의 정신은 백지가 될 수 있다. 당신의 정신을 활동적으로 유지하고 특별한 물건－놀이하는 동안 카드와 같은－과 관련시킨다면 당신은 훨씬 더 많이 기억할 것이다. 때로는 카드에 계속 완전히 집중하기가 쉽지 않을지 모른다. 예컨대, 포커(poker)에서 돈을 생각하면 정신이 혼란되기 쉽다. 그때는 서투른 짓을 하고 있다는 기묘한 느낌을 갖는 브리지(bridge; 카드놀이의 일종) 놀이하는 사람을 생각하라. 그런데 그 사람은 서투른 짓을 하고 있음을 어깨 너머로 바라보고 있는 구경꾼이 안다고 걱정한다. 그리고 그 사람은 게임이 언제 끝날지를 자기 파트너에게 말할 것에 관해 걱정한다. 놀이하는 동안 이런 부수적 생각을 인식하라 그리고 당신의 정신을 게임과 카드로 돌아오게 하는 습관을 길러라.

친구 및 관계를 기억하기

친구를 갖기 위해선 당신이 친구가 되어야 함은 자명한 이치이다. 마찬가지로, 만일 아이디어를 이해시키고 사람들에게 영향을 끼치고자 원한다면 당신은 사람들을 이해할 수 있어야 한다.

여기에 전형적인 장면이 있다: 당신은 어떤 사람, 친구에게 이야기하고 있다. 당신의 친구는 당신에게 말을 하는 동안 활기에 넘치고 정열적이 된다. 갑자기 당신은 귀를 기울이고 있지 않았음을 깨닫게 된다. 당신의 정신은 헤매고 있었다—그리고 당신의 친구는 그것을 알아차리고 기분이 상해 보인다. 헤어질 때 "좋다, 우리가 만날 다음번에는 나는 그가 말하고 있는 것에 확실히 관심을 보여줄 거야"라고 혼잣말을 할지 모른다. 사실, 당신이 친구의 얼굴을 똑바로 바라보고 눈을 깜작거리지 않고서 대화를 계속할 때 당신은 열의를 보인다. 그러나 당신은 그를 속이지 않았었다. 어떻게든지 해서 그는 당신이 "알았어"라고 말할 때 당신은 사실을 알지 않았음을 안다. 그리고 당신이 "아주 재미있다"고 말할 때 당신은 조금도 그것이 재미있음을 발견하지 못하였었다. 말할 필요도 없이 당신은 당신의 친구와의 관계를 튼튼히 하지 못하였었다.

주의력의 저하는 일상 대화에서 매우 흔하다. 때로는 저자는 대부분의 우정의 기초는 사람들이 서로의 허튼소리에 대해 갖는 아량이라고 생각한다. 그러나 대부분의 실제 우정은 각자가 상대방이 말하고 있는 것에 집중할 때 유지된다. 얼마의 노력 없이 이것을 행하기란 쉽지 않다. 우리는 다음 장에서 집중력에 대해 논의할 것이다. 기억력은 우정을 유지하는 데 필수 구성요소이다. 당신이 친구에게 "당신의 아들이 의과대학에서 잘하고 있습니까?"라고 말할 때 당신은 관심을 보이고 있다. 그러므로 당신의 친구에 관한 개인적 사실을 기억하였다가 그것을 당신의 관계에 사용하는 것이 매우 도움이 된다.

정신적으로 "항상 알고 있음"이 되는 프로그램

기본적으로, 백일몽은 습득된 습관이다. 우리들은 아주 젊었을 때 이 습관을 습득하였을지 모른다. 예컨대, 만일 어떤 장난감을 달라는 우리의 요구에 어떤 사람이 안된다고 말하였다면, 우리의 정신은 실제 세계를 떠나서 우리는 바라던 장난감을 가지고 노는 우리 자신을 상상하였을지 모른다. 우리는 그런 정신이 떠나서 백일몽을 꾸는 것은 우리에게 이완을 가져다줌을 곧 학습하였으며 그리고 더 나이를 먹음에 따라 우리에게 많은 즐거움을 주는 비현실적인 세계로 빠져드는 습관을 습득하였다. 불쾌하거나 또는 너무 어려운 과제 또는 장면을 접하게 될 때마다 우리의 정신은 이 비현실적인 세계로 도피할 수 있다.

어떤 바람직하지 않은 습관도 바람직한 습관으로 대체함으로써 깨뜨려질 수 있다. 당신은 부주의의 습관을 주의를 기울이는 습관으로 대체할 수 있다. 바꾸어 말하면, 당신은 단지 정신적으로 "항상 알고 있음(with it)"이 되는 습관을 습득할 것이다. 당신은 집중력의 행위가 기능이 될 때까지 가능할 때마다 집중할 것이며 그리고 어떤 기능이든 당신이 그 기능을 더 많이 사용할수록 당신은 더 좋게 될 것이다.

만일 당신이 테니스 초보자라면 당신은 빠르고도 정확하게 공을 즉시 치지 못한다. 서브하든 되받아치든 당신은 공을 쉽게 침으로써 시작해야 한다. 점진적으로, 속도가 증가함에 따라 당신이 아주 유능한 테니스 선수가 될 때까지 당신의 경기는 계속 향상된다.

만일 주의를 기울이는 데 익숙하지 않다면 당신은 갑자기 집중력의 습관을 습득할 수 없다. 당신은 단계적으로 그렇게 해야 한다. 당신의 주의를 쉬운 것－재미있는 그리고 당신에게 즐거움을 주는 것－에 집중시키는 것을 시작하라. 야외에 나갈 다음번에는 신선한 공기로 숨 쉬고 신선한 공기가 당신에게 줄 수 있는 모든 생기와 진수를 진정 느끼라. 당신이 식사하려고 앉을 때는 먹는 모든 음식에 완전한 주의를 주는지를 확인하라. 얼마나 맛있는지에 관해 생각하라. 당신은 언제나 테이블에서 목적 없는 대화를 해서는 안 되며 그리고 언제나 신문을 읽어서는 안 된다. 음식에 주의를 집중하면 음식을 더욱 즐기는 데 도움이 될 것이다. 체스(chess; 서양장기) 또는 스크래블(Scrabble; 비슷한 단어 만들기) 놀이는 카드놀이처럼 집중력의 좋은 연습이 된다. 음악을 듣는 것은 그것만으로 집중하는 활동이다.

집중력의 습관을 개발하려는 당신의 시도의 어떤 시점에서 당신은 대화의 기술을 포함시켜야 한다. 우리들이 이전에 주목하였듯이 대화하기는 보기처럼 쉽지 않다. 당신은 당신의 모든 주의－다른 사람이 말해야 하는 것에 귀를 기울이기－를 주고 있음을 확신해야 한다. 당신이 말하고 있을 때, 당신이 하는 모든 진술 또는 당신이 묻는 모든 물음은 논의되고 있는 주제와 관련되어야 하며 그리고 당신의 정신이 산만하였었음을 가리킬 무관한 어떤 것과 관련되어서는 안 된다.

그리고 쓰기(writing)의 매우 유용한 활동을 간과하지 말라. 쓰기에는 뇌의 운동 감각 영역과 시각 영역이 관여된다. 이것이 일어날 때, 당신 자신의 활동에 미치는 효과는 놀랍다. 매일 밤 자러 가기 전에 그날 집중력 연습이 성공한 것을 기록하라. “나는 노래 세 가지에” 또는 “식사의 절반에 집중하였다” 등과 같이 당신은 말할 수 있다. 긍정적으로 생각하도록 주의하라 그리고 부정적이 아닌 긍정적인 생각들을 쓰기에 표현하라. 이런 식으로 계속함에 따라 당신은 당신 자신이 매일 점차 정신적으로 “항상 알고 있음”이 됨을 알 것이다. 그리고 당신은 당신과 함께 머무를 그리고 당신에게 성공을 가져올 긍지감과 성취감을 경험할 것이다.

[출처: 유시주(역)(2000). 선생님. 푸른나무]

" 나는 걔가 해낼 줄 알았어! "

아이들을 가르치면서 평생을 보내는 동안 수많은 아이들이 나를 스쳐 갔다. 그런데 세월이 흐를수록 유독 다른 아이들보다 자주 생각나는 젊은이가 한 명 있었다. 그 청년의 이름은 마르코스이다.

내가 그 아이를 만난 건 주민들의 절대다수가 이민자들이고, 또 그들 대부분이 인근의 논밭에서 일하던 어떤 지역에서 5학년생들을 가르치고 있을 때였다. 나는 늘 그랬듯이 그해에도 고등학교를 졸업할 계획인 아이들이 얼마나 되는지를 물어보는 것으로 학기를 시작했다. 나는 이어서 대학에 진학할 계획을 가진 아이들이 있는지도 확인했다. 당황스럽게도 극소수의 아이들만이 첫 번째 질문에 손을 들었고, 두 번째 질문에 손을 든 사람은 당연히 그보다도 더 적었다. 나는 공부를 계속하라고 아이들을 격려하는 데 많은 시간을 쏟았다. 교육을 받는 데서 오는 이점을 토론하기도 했고, 고등학교 졸업을 목표로 삼을 수 있도록 이런저런 노력을 아끼지 않았다. 그 학교 아이들 대부분에게 있어서 교육은 손닿을 수 있는 곳 저 너머에 있는 어떤 것이었다. 그러나 마르코스는 달랐다.

마르코스는 사랑스러운 아이로, 늘 웃고 다니고, 위트가 있었으며, 또 생기가 넘쳤다. 과장이 아니라 그 아이를 보면 늘 행복한 기분이 들었다고 말할 수 있다. 그 아이는 자신이 정말로 지금 살고 있는 빈민가를 벗어날 수 있다고 생각하는지, 정말로 학교를 마치고 저 너머 더 나은 곳으로 나아갈 수 있다고 생각하는지를 내게 묻곤 했다. 그럴 때면 나는 늘 정말로 그렇게 믿는다고 적극적으로 격려하면서, 너는 꼭 그렇게 하고 말 것임을 믿어 의심치 않는다고 말해주곤 했다. 나는 마르코스가 고등학교를 졸업할 수 있을 뿐만 아니라 그 이후 무슨 일을 하게 되든 그 분야에서 성공할 것이라고 믿었다.

우리가 함께했던 시간이 끝나면서 마르코스와 나는 헤어졌다. 1년이라는 시간 동안 우리는 아주 친하게 지냈고, 마치 한 가족처럼 되었다. 나는 내가 맡았던 아이들을 한 사람, 한 사람 모두 사랑했고, 마르코스도 예외가 아니었다. 나는 마르코스에게 앞으로도 계속 서로 연락하며 지내자고 부탁했다. 내가 할 수 있는 한 그 아이를 도와주고 싶었고, 또 성공했다는 소식도 듣고 싶고, 기쁨도 함께 나누고 싶었다.

오래지 않아 나는 다른 학군에 있는 학교로 전근을 가게 되었다. 어느 날, 막 수업을 끝내고 있는데 웬 청년 한 명이 교실로 걸어 들어왔다. 교실로 들어오는 청년을 지켜보면서 처음에는 누군가 했다. 그런데 그 청년이 웃음을 짓자마자 나는 단번에 그가 누군지를 알아보았다. 마르코스였다. 마르코스는 내게 첫 월급을 흔들어 보였다.

"선생님을 얼마나 찾아다녔다고요. 선생님께 제 첫 월급을 보여드리고, 제가 진짜 해냈다는 걸 알리고 싶었거든요. 저는 잘나가고 있습니다!"

나는 마르코스의 눈에서 자신감을 읽을 수 있었다. 그 아이가 자란 동네를 생각하면, 정말 개천에서 용이 난 셈이었다. 마르코스는 일자리를 얻어 바야흐로 정기적인 소득을 올리게 된 것이었다. 나는 너무나 반가워서 마르코스를 반 아이들에게 소개했고, 아이들은 모두 축하의 말을 아끼지 않았다.

수업을 끝낸 뒤 마르코스와 나는 지난 5년간 쌓인 이야기를 한참 동안 나누었다. 나와 마르코스가 알고 있는 다른 아이들에 대한 근황도 전해 들었다. 사정이 좋지 않은 아이들에 대한 이야기를 들으면 슬펐고, 마르코스처럼 잘해나가고 있는 아이들 이야기를 들으면 기뻤다. 헤어질 때 마르코스는 나에게 더 성공할 것을 약속했고, 나는 예전에 했던 것처럼 자신감을 북돋워 주었다.

2년이 흐른 뒤, 이번에도 나는 하루가 저물 무렵 마르코스로부터 소식을 받았다. 이번에는 학교의 내 편지함에 편지가 한 장 놓여 있었다. 편지 봉투 속에는 마르코스가 보낸 고등학교 졸업 알림장이 들어 있었다. 그와 함께 책상 위로 마르코스의 사진이 떨어졌는데, 사진을 집어 보니 넥타이를 맨 푸른색 정장 차림에 아름다운 미소를 머금고 있는 잘생긴 청년이 거기 있었다. 다름 아닌 마르코스였다. 마르코스가 그간 성취해 낸 바와 자신의 졸업식에 내가 참석해 주었으면 한다는 부탁을 읽어 내리는 동안 내 눈에서는 속절없이 눈물이 흘러내렸다. 남편 스탠은 내가 느끼는 자랑스러움과 기쁨에 공감하면서 마르코스에게 연락해 그 마음을 전해주라고 했다.

마르코스에게 연락하는 일은 생각처럼 쉽지 않았다. 편지에 동봉되어 있던, 졸업생에게 보내는 알림장에는 수신인의 주소가 적혀 있지 않았다. 이튿날 밤, 작은 아이들은 침대에 재워 놓고 큰 애들은 이웃집에 부탁해 놓은 뒤 나와 스탠은 예전에 몇 년 동안 근무했던 마르코스네 동네를 찾아갔다. 우리는 마침내 작고 비좁은 마르코스의 집을 찾아낼 수 있었는데, 집안에서는 시끌벅적한 소리가 흘러나오고 있었다. 소리로 보아 그 작은 집에는 스무 명이 넘는 사람들이 북적대고 있는 것 같았다. 대부분 아이들의 목소리였다. 현관문을 노크하면서 우리는 구멍이 뻥 뚫려 있는, 예전에 손잡이가 있었던 자리를 통해 집안을 들여다보았는데 정말로 스무 명이나 됨직한 아이들이 북적대고 있었다. 노크 소리를 듣고 청년이 한명 나왔다. 스탠은 스페인어를 꽤 하는 편이어서 마르코스를 만나러 왔노라고 말했다. 그러나 청년은 마르코스는 이제 이곳에 살지 않으며, 이사 간 집도 모른다고 말했다.

우리는 낙담한 채 차를 타고 되돌아왔다. 다음 날 나는 학교에 가서 마르코스가 사는 곳을 알 만한 사람들을 수소문했다. 그리하여 그날 저녁 주소 하나를 손에 넣었다. 그 주소지로 차를 몰면서 나는 마르코스가 좀 더 나은 동네에서 살고 있다는 것을 확인하고는 너무나 기뻤다. 현관 앞에까지 걸어간 나는 노크를 했다. 이번에는 어떤 부인이 나왔다. 나는 그 부인이 마르코스의 어머니임을 한눈에 알아보았다. 마르코스와 똑같은 따뜻한 미소를 띠고 있었던 것이다. 나는 서투른 스페인어를 동원해 마르코스를 만나러 왔노라고, 옛날에 마르코스를 가르쳤으며, 졸업을 맞아 마르코스를 축하하고 선물을 주고 싶어 그를 찾고 있노라고 설명했다. 그녀는 마르코스가 가족들의 삶을 얼마나 변화시켰는지 이야기보따리를 풀어 놓았다. 마르코스는 학교가 파한 뒤 일을 하고 있으며, 지금은 휴가 중이라고 했다. 마르코스는 일을 아주 열심히 해서 어머니와 함께 빈민가를 벗어날 수 있는 돈을 모았고, 그래서 최근에 그 집으로 이사하게 되었다고 했다. 그녀는 아들을 아주 자랑스러워했다.

"우리 마르코스는 아주 착한 아이예요."

그렇다. 마르코스는 나에게도 참 착한 아이였다. 장차 훌륭한 사람이 되기 위해 자기 길을 개척하고 있는 착한 아이.

마르코스가 그날 집에 없는 바람에 나는 그를 보지 못하고 돌아왔다. 졸업식에는 참석할 수가 없었기 때문에 나는 그의 어머니에게 축하의 말과 선물을 대신 전했다. 차 있는 곳으로 걸어가면서, 그리고 먼 길을 운전해 집으로 돌아오는 내내 나는 한 어린이가 얼마나 많은 것을 이룩할 수 있는지를 목도할 수 있게 된 데 진심으로 감사했다.

나는 지금도 마르코스의 사진을 냉장고에 붙여 두고 있다. 내가 왜 교사의 길을 선택했는지를 되새기기 위해서이다. 마르코스에게서 마지막으로 소식을 들은 후 4년이 흘렀다. 그러나 나는 마르코스가 다음번에 보내올 또 다른 성취의 소식을 고대하고 있다. 찰스 디킨스는 아이들에 대해 이런 말을 한 적이 있다.

"가장 최근까지 하느님과 함께 살았던 사람들 속에 있다는 것은 특권이요 영예이다." 그의 말이 맞다.

CHAPTER

06

평가에 대한 이해

Question

과정중심 평가를 경험해 본 적 있나요?

상대평가와 절대평가는 어떻게 평가하는 것인가요?

CHAPTER 6

평가에 대한 이해

1. 평가의 의미

일반적으로 교육평가는 교수·학습경험을 매개로 교수·학습활동을 전개한 후 설정된 교육목표가 실제로 어느 정도 달성되었는지를 확인하는 것을 의미한다. 교육평가는 넓은 개념의 인간행동 특성 전부를 측정해야 하기 때문에 인지적 영역뿐만 아니라 정의적 영역, 신체적 영역을 포함한 전체 행동의 변화를 확인해야 한다.

그러나 구체적으로 교육평가는 교육목표의 달성 정도만을 확인하는 데 그치지 않고 교육의 과정 전반에 걸쳐서 이루어지게 된다. 교육의 과정은 일반적으로 교육목표의 설정, 교수학습경험의 선정 및 조직, 교수학습활동의 전개, 결과의 평가 등 5단계로 나누고 있다. 교육평가는 교육목표를 설정하였으면 이 목표달성을 위하여 학생들에게 어떤 경험을 주어야 할 것인지를 생각하여 교수·학습경험을 선정하고 조직한 다음에 실제로 교수·학습활동을 전개하고 그 활동의 결과가 과연 어느 정도 달성되었는지를 확인하는 과정이다. 이렇게 볼 때 교육평가는 교육의 과정 가운데 제일 끝단계에 속한다. 그러나 교육평가는 교육의 과정 가운데 제일 끝단계에 속한다. 그러나 교육평가는 일련의 교육이 이루어진 다음에 그 성과를 평가할 뿐만 아니라 교육의 과정 자체에 대한 평가도 또한 중요시함을 잊어서는 안된다. 즉, 설정된 교육목표의 타당성, 선정하여 조직된 교수학습경험의 적합성, 교수학습활동의 효율성, 결과에 대한 평가 자체의 타당성, 신뢰성, 객관성을 평가하여야 한다.

- 검사: 측정도구를 가리키는 '검사(test)' 또는 '검사하기(testing)'를 가리키는 동명사
- 측정(measurement): 학생들의 특성을 수량화하는 과정 또는 학습자의 신체적, 지적, 심리적인 상태를 일정한 규칙에 의하여 만들어진 자를 이용하여 숫자를

부여하는 것
- 평가(evaluation): 수집된 정보나 자료를 사용해서 가치판단 혹은 의사결정을 하는 과정
- 총평(assessment): 다양한 측정결과를 통하여 한 개인의 전체적인 모습을 조명하는 전인적 평가

교육평가의 기능은 다음과 같다.
① 학습동기 유발 및 강화
② 학부모, 상급학교, 취업기관의 필요를 충족시킴
③ 교수·학습과정 개선에 도움 줌
④ 선발 기능
⑤ 생활지도를 위한 기본자료 제공
⑥ 교육연구에 필요한 자료 제공
⑦ 교육정치(教育定置) 기능

교육평가의 문제점은 다음과 같다.
① 측정대상의 불명확성
② 측정도구의 불완전성
③ 측정의 간접성
④ 수량화하는 점
⑤ 어떤 상황에서 측정·평가하느냐에 따라 결과가 달라질 수 있음

2. 평가의 패러다임 변화: 과정중심 평가

과정 중심 평가, 왜 중요할까? 2015 개정 교육과정에서 요구하는 지식과 역량의 복합적인 신장을 위한 교육을 위해서는 장기적이고 지속적인 교수·학습과 평가

전략이 요구된다. 즉, 학생들의 역량을 지속적으로 신장시킬 수 있는 교수·학습 방안과 연계하여 수업의 과정에서 역량 신장 여부를 적시에 점검하고 피드백을 제공할 수 있는 평가 방안을 마련해야 한다. 이러한 맥락에서 도입된 '과정 중심 평가'는 학교단위 학생평가의 변화를 주도하고 있는 대표적인 학생평가 정책으로 자리잡고 있다.

과정 중심 평가는 특정 평가 방법이라기보다는 학생평가 패러다임을 전환하기 위해 강조되고 있다. 학습 결과의 평가(Assessment **of** learning)를 통해 학생의 성취에 대한 판단의 근거 자료를 수집하는 것에서 학습을 위한 평가(Assessment **for** learning), 학습으로서의 평가(Assessment **as** learning)를 통해 학생의 성장과 교사의 수업 방법 개선에 도움이 되는 자료를 수집한다. 이를 통해 학습의 과정과 결과에서 지속적으로 학습 성과를 파악하여 학생의 성장을 적시에 지속적으로 지원하는 평가 본연의 기능을 회복하고자 하는 것이다.

과정 중심 평가의 의미는 무엇일까? 과정 중심 평가란 과정 중심 평가는 교육과정의 성취기준을 기반으로 수업과 평가를 연계한 평가 계획에 따라 교수·학습 과정에서 보이는 학생의 특성과 변화에 대한 자료를 다각도로 수집하여, 학생의 성장과 발달을 지원하기 위한 적절한 피드백을 제공하는 평가라 할 수 있다.

: 과정 중심 평가를 실현하기 위해서는 교수·학습이 끝난 후에 평가를 실시하는 것이 아니라 [그림 6-1]과 같이 교수·학습 과정에서 지속적으로 평가가 이루어질 수 있도록 교수·학습과 평가가 유기적으로 연계되어야 합니다.

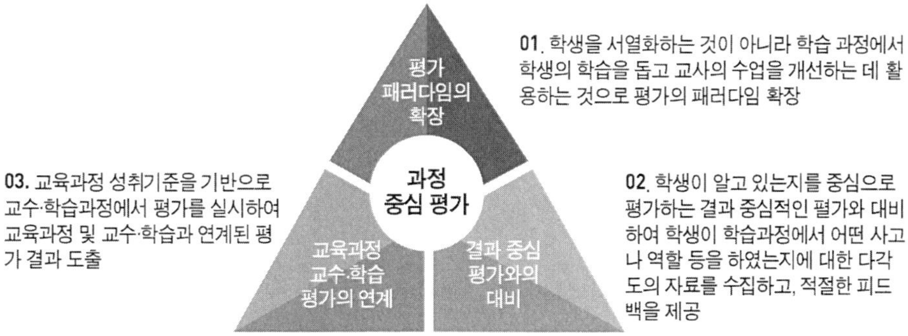

[그림 6-1] 과정 중심 평가의 의미

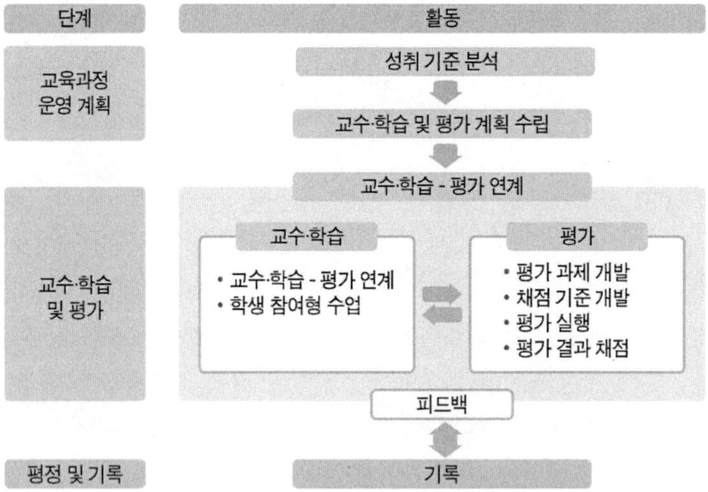

[그림 6-2] 과정 중심 평가를 위한 수업-평가 연계 운영

과정 중심 평가의 9가지 특징은 무엇일까? [그림 6-3]을 살펴보세요.

수업과 연계한 과정 중심 평가 어떻게 운영해야 할까? 과정 중심 평가는 새로운 평가 방법의 도입이 아닌, 기존에 실시되어 온 결과 중심의 학생평가 방식을 개선하기 위한 취지에서 도입된 정책적 용어이다. 따라서 단위학교에서 운영하던 학생평가 방식을 완전히 새롭게 변화시키기보다는, 과정 중심 평가 도입에 따라 변화하는 학생평가의 패러다임을 인식하고 기존 방식을 점검하여 보완점을 파악하고 개선하는 것이 필요하다.

- 과정 중심 평가를 운영하기 위해서는 과정 중심 평가 계획 수립(Planning)-과정 중심 평가도구 개발(Development)-과정 중심 평가 시행(Implementation)-과정 중심 평가 결과 활용(Using)의 4가지 측면이 균형 있게 고려되어야 한다[그림 6-4].
- 과정 중심 평가의 4가지 측면은 순차적으로 운영되며, 평가 결과는 이후의 과정 중심 평가 계획 수립에 피드백되는 순환적인 구조를 가진다.
- 학습의 과정에서 수시로 평가를 시행하고, 교수·학습에 피드백을 주는 과정 중심 평가의 특성에 따라 평가과정에서 과정 중심 평가의 4가지 측면이 유기적으로 연계되어 수시로 상호 영향을 미칠 수 있다.

[그림 6-3] 과정 중심 평가의 특징

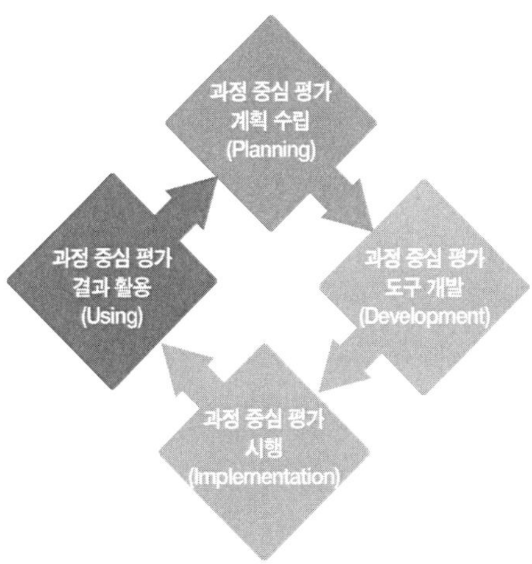

[그림 6-4] 과정 중심 평가의 운영 방안

3. 평가의 유형

1) 진단평가 · 형성평가 · 총괄평가

진단평가(diagnostic evaluation)는 학생이 한 학습단원이나 교과를 학습하기 전에 앞으로 학습할 단원을 성공적으로 학습하기 위해 충분한 준비가 되었는가를 평가하는 진단적 활동이다. 학생의 성취를 향상시키기 위해 학생들이 가진 능력이나 흥미, 특수기능 등의 장점과 단점을 분석적으로 평가하여 정확한 진단을 내리고 이에 입각해서 적절한 지도를 하기 위한 평가이다.

형성평가(formative evaluation)는 학생들이 학습이 진행되고 있는 동안 학습의 어려움을 발견하여 바르게 하고, 학습 행동을 강화하여 교사에게 꼭 알맞는 학습지도

〈표 6-1〉 진단평가, 형성평가, 총괄평가

구분	진단평가	형성평가	총괄평가
기능	• 선수학습의 확인 • 학습결손에 대한 사전 처방 수립 • 학습자의 흥미, 관심 등의 확인	• 학습행위 강화 • 학습진도 조정 • 학습곤란의 처치 • 교수방법의 개선	• 성적의 반영 • 집단 간 학업성취 비교 • 교육과정의 개선
실시시기	• 학기 초, 학년 초 • 과목의 수업이 진행되는 초기	• 수업진행 중에 수시로 실시	• 단원, 학기, 학년의 종료 직전에 실시
사용할 수 있는 평가도구	• 교사 및 학교의 자작 검사지 • 표준화 학력검사 • 표준화 진단검사 • 관찰 및 면담	• 쪽지시험 • 칠판에 문제풀기 • 교사의 문제 제시	• 제시된 단원의 수업목표를 중심으로 총괄적으로 제작되어진 문항 • 표준화 학력검사
채점방식	• 쪽지시험 • 칠판에 문제 풀기 • 교사의 문제제시 • 목표 및 규준지향적	• 목표지향적	• 목표 및 규준지향적

방법을 선택하기 위한 정보를 제공할 수 있는 평가이다.

총괄평가(summative evaluation)는 하나의 학습과제 혹은 교과가 끝난 다음에 전체적으로 교육목표의 달성도를 평가하는 것이다.

2) 상대평가와 절대평가

상대평가 혹은 규준참조평가(norm-referenced evaluation)는 개인이 현재 속한 집단에서의 위치를 다른 사람과 비교해서 상대적으로 판단하는 평가하는 방법이다. 절대평가 혹은 준거참조평가(criterion-referenced evaluation)는 평가의 기준을 달성하려고 하는 수업목표 그 자체에 두는 평가하는 방법이다.

〈표 6-2〉 상대평가와 절대평가

	상대평가	절대평가
특징	• 규준지향 평가: 상대적 기준 • 학생들 상호 간의 서열을 결정하는 평가	• 목표지향 평가: 절대적 기준 • 수업목표에의 도달정도 평가
장점	• 개인차 변별 용이 • 통계적 처리가 쉬움 • 외적 동기 유발이 가능 • 경쟁 심리를 이용할 수 있음	• 지적 성취의 평등성을 강조 • 협동학습이 가능 • 진정한 학습 효과를 측정할 수 있음 • 정신위생에 좋음 • 직접적 정보제공이 가능 • 내적동기를 유발시킴
문제점	• 경쟁심 조장 • 정신위생에 나쁨 • 협동학습이 어려움	• 기준설정이 모호함 • 개인차의 변별이 어려움 • 통계적 처리가 어려움 • 외적 동기를 유발시키지 못함
적용	비교, 변별, 선발과 같은 결정이 요구되는 경우	자격을 부여하거나 학습의 진도를 확인하는 경우

3) 인지적 평가와 정의적 평가

인지적 영역 평가는 지식의 재생, 지적 능력과 개발 등을 포함한다. 인지적 행동에 필요한 개념이나 능력의 단순성, 복합성의 차원에 따라 지식, 이해(이해력), 적용(적용력), 분석(분석력), 종합, 평가의 여섯 가지 인지적 영역으로 분류하여 평가한다. 구체적 평가 방법은 선택형(객관형) 문제와 서답형(주관형) 문제로 나눌 수 있다. 선택형은 진위형, 선다형, 완성형, 배합형이 포함되고, 서답형은 단답형, 완결형, 단구형, 논문형이 포함된다(표 6-3).

정의적 영역 평가는 감정, 태도, 가치의 변화와 감상력, 적응력의 개발 등과 관계가 있다. 가치를 체득하는 형태가 내면화의 원칙에 따라 가치를 감지하는 하위수준으로부터 가치를 내면화하는 최상위 수준 즉 감수, 반응, 만족, 가치화, 조직화, 인격화로 분류하여 평가한다.

〈표 6-3〉 인지적 영역의 평가

구분		정의	장점	단점
논문형		주어진 주제에 관한 지시나 질문에 따라 응답자가 문장형태로 답안 작성함에 있어 어느 정도 자유가 허용되는 문항형식	• 복잡한 고등정신기능을 측정하는데 유용함 • 반응의 자유도가 높음 • 인성진단 자료를 얻는데 유용함 • 학습태도를 개선해 주고 바람직한 학습방향을 제시해줌 • 문항제작에 시간, 노력 절약됨	• 채점의 신뢰도, 객관도 부족할 수 있음 • 문항의 표본이 제한됨 • 채점하는데 시간, 노력 많이 듬
객관형	진위형	어떤 문장의 진술이 맞는지 틀리는지를 판단하게 하는 형식	• 문항을 많이 낼 수 있으므로 광범위한 능력을 잴 수 있음 • 사실의 이해나 과학적인 판단력 측정에 적당함 • 문항작성이 쉬움	• 정답에 대한 우연적 적중률이 가장 높음 • 문항구조 간단하므로 문항의 초점이 불명확하게 되기 쉬움 • 고등정신기능 측정하기 어려움
	선다형	한 문항에 답지를 둘 이상 마련하여 이것 중에서 정답을 선택하게 하는 형식	• 문항작성의 기술에 따라 고등정신기능(자료해석력, 판단력, 추리력)측정 가능 • 진위형보다 우연적 적중률 낮음 • 채점이 객관적이고 쉬워서 결과처리 신속, 정확하게 할 수 있음 • 문항 분량이 많아서 포괄도 높음	• 동질적인 선택지의 선정에 시간 많이 걸림 • 표현력, 작문력 측정할 수 없음

구분	정의	장점	단점
완성형	문장의 일부를 비워놓고 괄호 속에 낱말이나 어구를 기입하게 해서 그 문장을 완성시키는 형식	• 추측에 의한 답이 적어짐 • 비교적 고도의 이해력, 판단력도 측정할 수 있음	• 단편적인 지식, 기억력 위주의 측정에 그치기 쉬움 • 추리력, 종합력, 표현력은 평가할 수 없음
단답형	질문에 대해서 간단한 대답을 하게 하는 형식	• 추측만으로 정답 맞히기 어려움 • 초점을 묻게 되므로 답을 명확히 쓸 수 있음 • 문항작성에 전문적인 기술 필요 없으며, 짧은 시간에 많은 문항을 낼 수 있음	• 암기 위주 학습을 유도할 우려 있음 • 정답이 여러 개 나올 가능성이 있으므로 객관적인 채점이 곤란할 때가 있음 • 이해력, 판단력, 추리력, 응용력 측정하기 힘듬
배합형	선택형의 복합형식으로 전제와 답지를 많이 만들어 양쪽의 계열에서 서로 관계가 있는 것끼리 선을 그어 묶어 놓게 하는 방법	• 문항제작기술에 따라 고등정신기능 측정 가능 • 짧은 시간에 중요한 인물과 사건 및 시대를 동시에 관련지어 생각하는 능력을 측정할 수 있음	• 피상적 연상이나 기억위주의 검사가 되기 쉬움 • 어떤 암시를 주지 않기 위한 동질적인 각 항목의 배열이 힘듬.

4) 표준화 심리검사와 그 활용

우리는 자와 저울을 표준화된 측정도구라고 말한다. 표준화 심리검사의 특징은 다음과 같다. 첫째 측정하고자 하는 어떤 심리적 특성이 구체적으로 무엇인가 하는 것이 조작적으로 정의되어 있다. 둘째 심리검사는 언제, 어디서나, 또 누가 사용하더라도 대상을 객관적으로 측정할 수 있도록 표준화되어 있다. 셋째 측정하고자 하는 인간행동 특성을 변하지 않는 어떤 안정적이며 항상성 있는 특성으로 간주하고 있다. 마지막으로 측정결과에 따라 대상을 개인과 집단으로 분류하고 판단하는 특징을 가지고 있다.

표준화 심리검사는 분류하는 준거가 무엇이냐에 따라서 여러 가지로 나누어진다. 그 검사가 무엇을 측정하고자 하는가 하는 검사내용에 따라서 지능검사, 적성검사, 성격검사 등으로 나누어진다. 검사를 실시하는 방법에 따라서는 개인검사와 집단검사로 나누어진다.

① 표준화 지능검사

지능검사는 인간의 지적 능력, 즉 지능을 측정하기 위한 심리검사로서 지능을 어떻게 정의하느냐에 따라서 지능검사의 성격이 달라진다. 최초의 지능검사는 1940년에 프랑스의 비네와 시몬이 만들었으며, 이들은 그 당시 프랑스 정부의 직업보도국에서 정신장애자들의 직업교육을 위하여 우선 대상 선정의 목적으로 지능검사의 제작을 요청받았던 것이다.

② 표준화 적성검사

지능과 적성이라는 용어는 자주 혼용되어 사용되는 경우가 많다. '적성'이란 어느 특정한 부영역에 필요한 능력이 어느 정도이며, 그러한 능력의 발전 가능성이 미래에 어떠할 것이냐에 관한 것을 말한다. 그리고 '적성'이 지능과 다른 점은 특정한 영역의 능력과 함께 그 일에 관한 흥미, 태도, 가치관, 정서적 적응 등까지도 포함하고 있다는 점이다.

③ 표준화 성격검사

인성이니 개성이니 하는 말은 약간의 개념적 차이는 있으나 이는 모두 사람의 성격을 말하는 개념이다. 성격검사에는 일반성격검사, 적응검사, 태도검사, 흥미검사, 행동진단검사, 자아개념검사, 성격진단검사 등의 검사가 있다.

5) 표준화 검사의 양호도

우리가 어떤 목적을 위하여 표준화 검사를 사용하고자 할 때는 어떤 검사가 좋은 검사인가를 잘 선택하여 사용해야 한다. 검사의 양호도는 신뢰도, 타당도, 객관도, 실용도로서 판단할 수 있다.

신뢰도(reliability)란 검사의 신뢰도란 특정의 검사가 '얼마나 오차 없이', '얼마나 일관성 있게 정확한' 검사인가를 나타내는 지수를 말한다. 신뢰도 검증방법은 재검사 신뢰도, 동형검사 신뢰도, 반분신뢰도, 문항내적 일관성 신뢰도이다.

타당도(validity)란 검사가 측정하고자 하는 내용을 정말로 충실하게 측정하고 있는가 하는 것을 나타내는 지표를 말한다. 타당도에는 내용타당도(content validity), 공인타당도(concurrent validity), 구인타당도(construct), 예언타당도(predictive)가 있다.

내용타당도는 논리적 타당도 혹은 교과 타당도라고 하는데, 평가도구가 평가하려는 내용을 충실히 측정하고 있는 정도를 나타낸다. 내용분석 및 논리적 사고에 의하여 판단되기 때문에 수량적으로 표시되지 않으며 전문가에 의해 검토된 경우를 안면 타당도(face validity)라고도 한다.

공인타당도는 해당 검사결과와 다른 준거점수 간의 상관관계를 통해서 현 검사의 타당도 수준을 나타내는 것이다. 예를 들어 적성검사에서 체육 영역에 흥미가 높게 나타난 학생이 현재 체육 과목에 어느 정도 열의와 학업성취를 보이느냐를 나타내는 것이다.

구인타당도는 인간의 특정한 행동을 반영하는 가상적 속성(분석력, 종합력, 지도성 등)의 개념구성에 이론적 가설을 세우고 이를 경험적, 논리적으로 검증하는 경우이다. 예를 들어 교우관계 조사에서 '점수가 높은 사람은 친구가 많을 것이다'라는 추리를 규명하는 경우가 이에 해당한다.

예언타당도는 한 검사가 미래의 행동특성을 얼마나 정확하게 예언하고 있는지를 알아보는 것으로서, 대학입학 수학능력시험의 성적이 높은 학생이 대학입학 후에도 우수한 성적을 보인다면 대학입학 수학능력시험은 예언타당도가 높은 평가도구라고 볼 수 있다.

객관도(objectivity)는 검사의 객관도란 검사를 누가, 어디에서, 언제든지 실시해도 검사의 결과가 동일하게 나올 수 있는가 하는 정도를 말한다. 객관도는 선택형 측정도구는 해당되지 않으며, 서술형, 특히 논술형, 면접, 구술고사, 수행평가 등의 측정도구에 해당되는 것이다. 객관도는 채점자에 의해서 좌우되는 신뢰도의 일종으로 검사자의 신뢰도라고도 한다. 채점자가 채점 시에 동일 답안지를 여러 번 채점할 때 각 점수가 다르게 나온다든가, 여러 채점자의 동일 답안지에 대한 채점 결과가 각각 다르게 나올 때는 그 채점은 객관성이 없는 것이다. 그러므로 채점자의 채점이 신뢰롭고 일관성이 있을 때는 객관도가 있다고 판단할 수 있다. 다수인의 공동평가는 객관도를 증가할 수 있는 한 가지 방법일 수 있다.

실용도(utility)는 표준화 검사가 아무리 타당도가 높고 신뢰도가 높은 검사라 하더라도 그 검사를 사용하는 방법이 난해하고 일반에게 널리 사용할 수 없는 것이라고 한다면, 그 검사의 실용적 가치는 대단히 낮을 것이다. 실용도를 증가하기 위해서는 검사를 누구나 쉽게 실시하고 활용할 수 있어야 하며, 채점이 용이해야 한다. 평가 결과는 쉽게 해석할 수 있어야 하며, 검사실시에 있어서 시간, 노력, 비용이 가능하면 적게 드는 것이어야 한다.

따라서 표준화 검사를 사용하고자 할 때에는 반드시 그 검사를 사용하는 목적이 뚜렷해야 한다. 표준화 검사를 구입하고자 할 때에 먼저 고려할 사항은 그 검사를 제작한 사람이 그 분야에 상당기간 교육과 연구 경력을 갖춘 검사제작의 전문인가 하는 것을 먼저 검토해야 한다. 표준화 검사를 실시할 때에는 먼저 그 검사의 실시요강을 면밀하게 검토하여 실시 방법에 관해서 충분한 지식을 습득한 이후에 철저하게 검사요강에 따라 검사를 실시해야 한다. 가장 중요한 것은 개인의 검사결과에 대한 비밀이 철저하게 보장되어 인격이 침해되는 사례가 없어야 한다.

CHAPTER

07

다문화와 교육

Question

다문화는 어떻게 정의할 수 있을까요?

다문화교육의 영역과 범주는 어떻게 나누어질까요?

다문화 교육은 어떤 방향으로 나아가야 할까요?

다문화 교육은 누구를 대상으로 하는 교육인가요?

CHAPTER 7

다문화와 교육

1. 다문화 교육의 개념

다문화교육은 다문화 연구 분야의 많은 학자들에 의해 정의되고 있다. 주요 학자들의 개념 정의는 다문화교육을 이해하는 데 큰 도움을 줄 수 있다.

다문화교육의 가장 대표적인 학자이자 선구자인 뱅크스(Banks, 1993)는 "다문화교육은 교육철학이자 교육개혁 운동으로 교육기관의 구조를 바꾸어 학생들에게 평등한 교육기회를 제공하는 것이 가장 중요한 목표이다"라고 하였다.

니에토(Nieto, 1992)는 "다문화 교육은 모든 학생을 위한 기본 교육과 종합적인 학교 개혁과정이다"라고 정의하였다. 그랜트(Grant, 1993)는 "다문화교육은 철학 개념이고 교육과정으로서, 모든 학생이 미국의 조직과 기관에서 구조적으로 평등하게 일하도록 준비시키는 과정이다"라고 정의하였다.

존슨과 존슨(Johnson & Johnson, 2002)은 "다문화교육은 모든 학생이 인지적·사회적·인격적 측면에서 본인의 잠재력을 최대한 발휘할 수 있도록 동등한 학습 기회를 제공하는 것이다"라고 정의하였다.

슐레만(Suleiman, 2004)은 "다문화교육은 학생들의 학문적·사회적·언어적 욕구와 연결할 수 있는 다양한 학습 환경을 조성하는 것이다"라고 정의하였다.

골닉과 친(Gollnic & Chinn, 2009)은 "다문화교육은 교육에 평등성과 다양성을 포함시킨 개념이다"라고 정의하였다.

국내 학자들의 정의를 살펴보면 다음과 같다.

장인실(2006)은 "다문화교육은 인종뿐만 아니라 다양한 문화 집단에 속해 있는 서로 다른 사람들의 상호이해와 평등 관계를 중시하고 민족·사회적 지위, 성별, 종교, 이념 등과 같이 서로 다른 집단의 문화를 동등하게 가치 있는 것으로 인식하여 학생들이 자신이 속해 있지 않은 다른 문화에 대한 편견을 줄이고 다양한 문화를 올바로 이해하도록 하기 위한 지식, 태도, 가치교육을 제공하는 것이다"라고 정의하였다.

박남수(2007)는 "다문화교육은 민족이나 인종, 성, 사회적 지위 등에서 비롯되는 각 집단들의 고유한 문화적 특성이 다양하게 존재하고 있음을 인정하고, 주류와 소수 집단의 문화를 동등하게 가치 있게 여기고 존중하는 태도를 길러 서로가 공동체의 중요한 일원임을 가르쳐 주는 교육이다"라고 정의하였다.

오은순 외(2007)는 "다문화교육은 문화적 다양성의 존중과 이해를 위한 일련의 교육적 과정을 통해 문화적 차이에서 오는 사회적 차별을 해결하여 민주주의 가치를 실현하기 위한 교육 전략이다"라고 정의하였다.

박천웅(2010)은 "다문화교육은 다수와 소수자가 새로운 관계 방식을 통하여 더불어 행복한 세상을 만들어 가는 실천적 창조교육이다"라고 정의하였다.

권순희 외(2010)는 "다문화교육은 국가, 인종, 성, 장애, 계층, 문화, 인권 등 사회의 다양한 영역과 관련된 문제들을 총체적으로 아우르는 포괄적인 개념이다"라고 정의하였다.

다문화교육은 상당히 많은 수의 유사 용어로 사용되고 있다. 다문화교육이라는 개념을 확인하는 데, 유사 용어와의 비교 작업은 큰 도움을 줄 수 있다.

최충옥 외(2010)는 다문화교육 관련 용어로서 '집단 간 이해교육', '국제이해교육', '세계시민교육', '다민족교육' 등을 제시하였다.

'**집단 간 이해교육**(intergroup education)'은 미국에서 1960년대 다문화교육 개념이 등장하기 이전에 다양하게 접근한 교육이다. 이는 주로 소수계 학자들과 교육자들을 중심으로 집단 간 관계개선 프로그램을 통해 인종적·민족적 편견과 오해를 줄이기 위해 노력한 교육 형태이다.

'**세계시민교육**(global citizenship education)'은 국가 외부에 존재하는 국제 간 행위주체에 대한 이해증진과 의사소통이라는 국제이해교육의 목표를 넘어서 보다 포괄적인 이념을 추구한다. 즉, 세계교육은 국제이해교육에서 추구하던 국가 간 이해뿐만 아니라 국제사회에 존재하는 정치적 · 경제적 · 문화적 불평등(inequality), 세력 불균형, 인권 침해 등을 인식하고 이를 해결하고자 하는 데 초점을 두고 있다.

'**다민족교육**(multiethnic education)'이라는 용어는 다문화교육이라는 개념이 본격적으로 사용되기 이전에 한시적으로 사용된 용어이다. 미국에서 아시아계 미국인, 미국 원주민, 그리고 남미계 미국인과 같은 다양한 문화 집단 출신의 학생들이 평등한 교육 기회를 경험하도록 교육제도를 재구성하기 위해 계획된 교육개혁운동이었다.

다문화교육과 유사하게 사용되는 용어 중 가장 빈번하게 등장하는 용어는 '국제이해교육'과 '반편견교육'이라고 할 수 있다.

2. 다문화 교육의 범위와 유형

다문화교육의 범위와 유형은 학자들마다 다양하게 정의하고 있다.

Gibson(1976)은 처음으로 다문화교육의 접근법을 조직하기 위한 기본 틀을 제시하였는데, ① 문화 간 이해를 위한 다문화교육, ② 문화적으로 응답하는 교육, ③ 이중 문화 교육, ④ 교육의 문화적 다원주의, ⑤ 인간 경험으로서의 다문화교육으로 분류 제시하였다.

Sleeter와 Grant(1987)는 다문화교육의 일반화된 다섯 가지 기법을 분석하여, ① 문화적으로 다른 것 가르치기, ② 인간관계, ③ 단일 집단 연구, ④ 다문화교육, ⑤ 다문화와 사회재건을 위한 교육으로 분류·제시하였다.

Banks(2001)는 다문화교육의 범위와 유형을 관련 저서를 분석하여 ① 내용통합, ② 지식구성 과정, ③ 편견 감소, ④ 평등교육, ⑤ 학교문화와 조직으로 분류 제시하였다.

첫째, 내용통합(content integration)이다. 내용통합이란 교사들이 자신의 교과에 나오는 주요 내용을 가르치기 위해서 다양한 문화 및 집단에서 자료와 정보를 가져와 활용하는 정도를 말한다.

둘째, 지식구성 과정(knowledge construction process)이다. 지식구성 과정이란 학자들이 지식을 창조하는 절차를 의미하는데, 특정 학문 영역의 암묵적인 문화적 가정, 준거 틀, 관점, 편견 등이 해당 학문 영역에서 지식이 형성되는 과정에 어떠한 영향을 미치는지에 대한 내용을 의미한다.

셋째, 편견 감소(prejudge reduction)이다. 편견 감소란 학생들이 보다 긍정적인 인종적·민족적 태도를 습득할 수 있도록 하는 데 활용될 수 있는 전략을 의미한다. 1960년대부터 미국의 사회과정자들은 학생들의 인종적 태도가 어떻게 형성되며, 교사들은 학생들이 타 인종 집단에 대해 보다 긍정적이고 관용적인 감정을 지닐 수 있도록 하는 교육적 장치를 어떻게 설계할 것인가에 대해서 연구해 왔다.

넷째, 평등교육(equity pedagogy)이다. 공평한 교수법이란 교사가 다양한 인종, 사회계층 집단 학생들의 학업 성취도를 향상시키기 위하여 사용하는 기법과 교수법을 통칭한 것이다. 다섯째, 학교문화와 조직(empowering school culture)이다. 학교문화와 조직이란 다양한 인종, 민족, 언어, 사회계층 집단 학생들이 교육적 평등을 경험하도록 학교의 문화와 구조를 재구성하는 과정이라고 할 수 있다.

Bennett(2001)는 다문화교육 저서들에 근거하여 다문화교육의 범주를 ① 평등교육, ② 교육과정 개혁, ③ 다문화적 능력, ④ 사회정의를 향한 교육 등 네 가지로 구분하고 있다. 그의 다문화교육의 범위와 유형은 다문화교육이 무엇인가 하는 문제와 무엇을 다루어야 하는가에 대한 관점을 제시해주는 중요한 지침이 되고 있다.

평등교육(equity pedagogy)은 다문화교육의 가장 핵심적이고 중요한 철학적 개념이다. 평등교육은 인종적, 경제적, 사회적으로 불리한 소수 집단의 모든 학생들이 공평한 교육적 기회를 성취할 수 있도록 하는 것을 목적으로 한다. 궁극적으로 국가 차원에서 모든 아동과 청소년에게 공평한 교육기회 제공이 필요하다는 교육적 과제의 필요성을 다각도로 입증하는 노력인 셈이다.

우리나라 헌법 제31조 제1항에는 "모든 국민은 능력에 따라 균등하게 교육받을 권리를 가진다"라고 명기되어 있다. 그리고 교육기본법 제4조에는 "성별, 종교, 신념, 사회적 신분, 경제적 신분, 신체적 조건 등을 이유로 교육에 있어서 차별을 받지 않는다"라고 나와 있다. 우리나라의 경우, 법적 측면에서 평등교육은 보장하고 있으나, 실제적인 평등교육이 이루어지고 있는가에 대해서는 고려해 보아야 할 것이다.

교육과정 개혁(curriculum reform)은 평등교육을 실천하기 위한 핵심 영역으로, 전통적인 교육과정에 대한 재인식 혹은 변혁의 의미를 담고 있다. 기존의 전통적인 관점에 의해 무시당하거나 억압받아 온 지식의 특정 영역이나 관점을 재조명하는 것으로, 지식의 고정성을 부인한다. 교육과정 개혁은 지식에 대한 다차원적인 관점의 탐구를 통한 발견과정을 통해 갖고 있는 지식의 생성력, 즉 변형력이 있는 지식을 창출하거나 수용하는 것을 말한다.

다문화적 능력(muliticultural competency)은 다문화사회에서 요구되는 개인의 역량 또는 개인의 발달이나 본질을 의미한다. 예를 들면, 의도적인 의사소통(언어·신호·몸짓)을 해석하는 능력, 무의식적 단서(신체언어), 가정 문화, 다른 문화 유형의 관습 등을 이해하는 능력이다. 이러한 다문화적 역량은 학교와 교시의 분위기, 교수 전략, 학습의 간접적인 영향력과 연합된 개인의 인지적·사회심리학적 변수에 의해 영향을 받는 경향성을 가지고 있다. 또한 다문화적 능력은 열린 마음, 인종과 문화적 편견 타파, 세계적 관점에 대한 지식, 다양한 문화 집단과 관련된 지식, 민족 집단 간의 다양성의 인정 등이 포함된다.

사회정의(social equity)는 앞의 세 범위 및 유형과는 달리 사회, 특히 사회 기관에서의 공평한 접근, 참여, 성취 측면을 강조한다. 사회정의를 향한 교육은 Banks와 Sleeter & Grant의 연구에서 학교문화와 사회구조의 권한 부여, 다문화와 사회재건을 위한 교육으로 명명한 것과 유사한 개념으로 다문화교육에 있어서 실제적인 행동 측면을 강조한 영역이다. Sleeter는 사회정의를 향한 교육을 다문화교육의 권한 부여(empowerment)라 이름 짓고, 이를 위하여 학생들은 집단적으로뿐만 아니라 개인적으로 그들 자신을 어떻게 대변하는지 배우고 사회정의를 위하여 협동적으로 함께할 수 있는 통찰력과 기술을 배워야 한다고 주장하였다.

3. 다문화 교육의 목표

Banks는 다문화교육을 소수 민족만을 위한 교육이 아닌 교육개혁운동으로 보았다. 즉, 그는 다문화교육을 문화적·민족적 정체성과 다양성이 증대되는 세계를 살아가기 위해 필요한 지식, 기능, 가치와 태도를 함양하도록 하는 총체적인 교육개혁 운동으로 보았다. Banks의 주장을 참고로 다문화교육의 목표를 제시하면 다음과 같다.

첫째, 다문화교육은 각 개인에게 다른 문화의 관점에서 자신을 바라보게 함으로써 자신에 대한 이해를 더욱 깊게 하는 것을 목표로 한다. 즉, 다문화교육은 개인에게 역사와 문화에 관한 다양한 시각이 존재하고 있음을 자각하게 하는 것으로, 개인들은 다문화교육을 통해 자신이 속한 집단의 문화와 주류 사회의 문화, 다른 문화를 이해하고 그 속에서 효과적으로 기능하고 살아가는 방법을 함양하는 것이다.

둘째, 다문화교육의 목표는 다른 문화와의 관계, 이해, 존중을 전제로 학생들에게 문화적·종족적·언어적 대안을 제시한다.

셋째, 다문화교육은 특정 민족, 인종 집단의 구성원들이 신체적·문화적 특징 때문에 경험하는 고통과 차별을 줄이는 것을 목표로 한다.

넷째, 다문화교육은 다양한 집단의 구성원들이 자신의 공동체에서 제 구실을 하는 데 필요한 것, 요컨대 전 지구적인 테크놀로지 세계에서 상호 소통하며 살아가는 데 필요한 읽고 쓰기의 기능과 수리적 능력을 습득하도록 한다.

다섯째, 다문화교육은 다양한 인종, 문화, 언어, 종교집단의 학생들이 자신이 속한 문화공동체, 국가 시민 공동체, 지역문화, 전 지구 공동체에서의 역할 수행에 필요한 지식과 기능, 가치와 태도를 습득하는 것을 목표로 한다.

최근 우리나라에서도 다문화교육에 대한 다각적인 연구가 진행되면서 다문화교육을 위한 교수−학습 내용이나 교수방법, 실제적인 다문화 프로그램을 개발하는 연구들이 활동하게 진행되고 그 결과들이 보급되고 있다.

오은순(2009)은 다문화교육의 교수−학습 내용이나 프로그램의 분석을 통해 다문화교육의 일반적인 목표를 아래 <표 7−1>과 같이 제시하였다.

〈표 7-1〉 다문화 교육의 일반적인 목표

영 역	지 식	기 능	가치 및 태도
정체성	• 문화적 맥락에서 활동하는 문화적 존재로서의 자신과 타인 이해하기		• 자문화에 대한 정체성 • 문화적 정체성 확립 • 자문화에 대한 자부심과 긍정적 태도 고양
다양성	• 타문화에 대한 이해 • 다문화사회 이해 • 다문화적 사회현실을 이해하기 위한 지식 제공 • 문화적인 다양성 • 문화적 상대성과 다양성	• 문화적 차이 인정 • 다양한 사회 속에서 살아가는 방법 • 인종, 민족, 성, 문화, 능력집단 간의 효과적인 사회적 행위와 상호작용 기술 • 비판적 사고력 함양	• 타인에 대한 관용 • 타문화에 대한 호기심, 흥미, 관심 • 다양한 문화의 가치 인식 및 수용 • 타문화 존중과 관용의 정신 함양 • 타문화에 대한 편견 불식
평등/ 정의	• 인권, 평화, 화합, 평등, 정의의 필요성 인식 • 다양한 맥락 속에서 불평등을 인식하는 방법 • 차별, 왜곡, 편견, 고정관념 이해하기	• 문화 간 갈등과 충돌 해결방안 모색 • 불평등, 불의, 인종주의 편견을 인지하는 능력의 계발 • 일상생활 속의 편견적, 차별적인 메커니즘에 대한 의문을 제기하고 바꿀 수 있는 능력 • 한 사회 내의 타문화에 대한 편견과 차별 해소 • 존중, 대등한 관계 형성 • 문화적 편견 해소 • 평등 사회 도모	• 배려윤리 • 타인의 권리 존중 • 일상생활 속의 편견적, 차별적인 메커니즘에 대한 의무를 제기하고 바꿀 수 있는 관심 고양 • 평등과 정의의 가치에 대한 재확인 • 타문화 이해와 정의, 평등의 이념 교육
시민성	• 민주주의 원리 터득 • 집단의식이 가치, 태도, 행동결정에 도움을 주는 방식 이해하기	• 국제화 시대에 대비 • 시민성 • 함께 살기 위한 새로운 능력과 상대주의적 태도의 발전 • 사회정의를 위해 일할 의무와 권리를 가진 책임감 있는 시민으로서의 행동 • 사고력, 문제해결력 • 학문적 기능 발달	• 국제사회에 기여하고 함께 살아가는 마음 함양 • 타인과 타인의 문화에 대한 존중, 더불어 살아가는 열린 태도 • 함께 살기 위한 새로운 능력과 상대주의적 태도의 발전 • 평화적으로 협력하는 태도 • 공동체 의식의 연대감
문화 창조성		• 새로운 문화를 재창조할 수 있는 창의력 • 미래사회를 위한 새 문화 창조 • 희망적인 미래 창조	

읽고 생각해 보세요

[출처: 손소연, 이륜(2013). 살아있는 다문화 이야기. 테크빌교육(즐거운학교).]

"조선족이라고 하지 마세요"

매년 3월이면 우리는 다문화가정 현황조사를 하게 된다. 항목에 중국에서 온 다문화가정을 조사할 때 한족인가 조선족인가를 분류하는 항목이 있다. 특별학급인 나도 아이들 전체에게 손을 들라며 하는 국적 조사는 절대로 하지 않는다. 일반학급에서도 다문화인 것 같아서 데려다 놓고 상담을 하다 보면 묘한 현상을 발견하곤 한다. 한국에 와서 거주했던 기간이 긴 조선족 아이는 자기가 조선족이라고 말하지 않는다. 나중에 생활기록부의 외국인등록번호를 보고서야 아이가 제대로 이야기하지 않았음을 알게 된다. 그러면 선생님은 조사현황만 보고하지 말고, 그 아이가 왜 자신을 조선족으로 밝히지 않았는지 그 아이의 정체성이 건강하게 발달하고 있는지를 확인해야 한다. 왜 그 아이들은 자신이 조선족이라고 말하지 않는 걸까? 서울이나 안산에 있는 식당을 가보자. 북한 말도 아니고 경상도 사투리도 아닌데 심한 억양을 사용하시는 조선족 아주머니들이 식사를 주문받고, 배달을 한다. 마사지 숍에 가보자. 조선족 아주머니들이 마사지사로 일한다. 이미 아이들이 알고 있다. 조선족 아주머니들은 식당에서 음식 나르고, 조선족 아버지들은 건설 현장에서 벽돌 나르고 있다는 것을. 우리가 전문직이라는 사람들 중에 조선족의 자리는 없다. 프랑스에서 마담은 결혼한 여자지만 한국에서의 마담은 술집이나 다방의 여자 주인들이다. 중국에서의 조선족은 중국이 통치하기 위한 56개 소수민족 중 하나로 조선족을 지칭하고, 통치목적으로 조선족 자치구를 운영하는 것이다. 우리는 '중국에 거주하는 우리 겨레'라는 좋은 의미로 조선족이라 지칭하는 것이 아니고, 다방 마담처럼 의미를 격하해서 조선족이라고 부르지는 않는가? 아이들은 느낌으로 아는 것이다. 낮은 계층의 대명사로 조선족으로 불리고 있음을 말이다. 우리는 일본에 거주하는 동포를 재일교포라고 하고, 미국에 거주하는 동포는 재미교포라고 한다. 그러면 중국에 거주하는 한국교포는 재중교포, 재중동포, 또는 중국교포, 중국동포라고 부르는 것이 맞다. 그런데 우리는 유독 재중동포만 조선족이라고 부른다. 여러분이 한족인가? 한족도 아니면서 왜 우리나라 사람을 조선족, 조선족이라고 한족의 입장에서 부르는가? 한국에 와 있는 조선족 학생들에게 '재중교포'라 불러주고, 해외교포로 대접해주자. 한국사회의 낮은 계층으로 학교 한구석에서 열등감으로 시들게 하지 말고, 조국(祖國)에서 가슴 펴고 능력을 발휘하도록 따뜻한 마음으로 응원해주길 바란다.

CHAPTER

08

인성과 교육

Question

인성은 태어날 때 정해져 있을까요?

인성은 어떻게 규정할 수 있을까요?

인성은 학습할 수 있는 영역인가요?

인성교육을 위한 프로그램으로 무엇이 있을까요?

CHAPTER 8
인성과 교육

1. 인성교육의 의미와 인성덕목

1) 인성교육의 의미

인성교육에서 인성이란 '길러지는 것'으로 보는 경향이 있다. 그 이유는 인성교육이란 인성을 함양하기 위한 교육적 행위이기 때문이다. 따라서 인성교육은 친사회적인 덕목을 갖추도록 하는 교육으로 규정할 수 있다.

2015년에 제정된 '인성교육진흥법' 제2조(정의)에서는 인성교육 관련 용어들을 다음과 같이 제시하고 있다. "인성교육"이란 자신의 내면을 바르고 건전하게 가꾸고 타인 · 공동체 · 자연과 더불어 살아가는데 필요한 인간다운 성품과 역량을 기르는 것을 목적으로 하는 교육을 의미하며, 이를 위한 핵심가치 · 덕목이란 예(禮), 효(孝), 정직, 책임, 존중, 배려, 소통, 협동 등의 마음가짐이나 사람됨과 관련되는 것으로써 8가지의 핵심적인 가치 또는 덕목을 설정하였다. 그리고 "핵심역량"이란 핵심가치·덕목을 적극적으로 능동적으로 실천 또는 실행하는데 필요한 지식과 공감·소통하는 의사소통 능력이나 갈등해결 능력이 통합된 능력이라고 한다.

인성교육은 인성을 보는 관점에 따라 다르게 전개되고 있다. 인성에 대하여 사전에서는 사람의 성품 또는 각 개인이 가지는 사고와 태도 및 행동특성으로 정의하고 있다. 그래서 '인성'이라는 개념은 인품, 인격, 개성, 성격, 인간성, 사람됨, 인간의 본성, 심상, 도덕성 등 매우 추상적인 의미로 다양하게 사용되어 왔다. 다소의 차이는 있으나 교육학 분야에서는 인성으로, 정신분석학 분야에서는 인격으로, 심리학 분야에서는 성격으로 통용되고 있다.

인성이라는 단어의 뜻을 살펴보면 'personality(인성)' 또는 'character(성격)'로 번

역되는데, 두 용어가 혼용되고 있지만 'personality'는 우리말에 있어서 '인성'과 '성격'을 모두 포괄하는 개념이라고 할 수 있다. 이를 좀 더 자세히 살펴보면, 인성의 개면에는 개성, 기질, 성격 등 개인의 심리적 특성이 강조된 개념이 있는가 하면, 인간성, 사람됨, 도덕성 등 개인이 내면화해야 할 사회나 시대의 신념, 문화, 가치를 보다 강조하는 개념이 있다. 즉 인성의 개념에는 개인적 요소와 사회적 요소가 모두 포함되어 있다.

2) 인성덕목

인성교육을 위한 핵심가치·덕목에 대해서 학자들과 기관에서는 다양한 의견을 제시하고 있다. 강선보 등(2008)은 21세기 인성교육의 방향과 내용으로 관계성(상호관계적 삶을 추구하는 공생인), 도덕성(도덕적 통합성을 추구하는 인격인), 전인성(인간의 모든 측면이 조화롭게 발달한 전인), 영성(초월적인 것을 체험하는 영성인), 생명성(생명을 살리는 생명인), 창의성(삶과 상황을 재창조하는 창의인), 민주시민성(공동체에 참여하는 민주시민)을 제시하였다[26]. 천세영(2012)은 인성교육 비전수립을 위한 정책 연구에서 인성교육의 핵심가치를 도덕성, 사회성, 감성의 세 가지 차원으로 구분하여 각각의 차원은 알고, 느끼고, 실천할 수 있는 그리고 객관적으로 평가가 가능한 두 가지 핵심역량으로 구성하였다. 그리고 현주 등(2013)의 연구에서는 인성의 내용을 수행적 인성, 도덕적 인성, 사회적 인성으로 구분하여 인성 역량들이 인지적·정서적·행동적 차원에서 균형적으로 개발될 수 있도록 제안하였다. 손승남(2014)은 대학에서의 인성교육을 실천적인 관점에서 논하는 연구에서 대학 인성교육 내용으로 몸 교육(건강한 몸의 보존과 육성 그리고 성교육), 마음 교육(건전한 정서와 도덕성 함양), 지혜 교육(지성과 창조력의 육성), 민주시민교육(기초질서교육 및 합리적 의사결정 능력 배양), 세계시민교육(국제이해교육과 상호문화교육)을 제시하였다.

Lickona와 Davidson(2005)에 의하면 인성교육은 도덕적 지식, 도덕적 감성, 도덕적 행동으로 구성되어 있으며 서로 독립된 영역으로 기능하지 않고 서로 영향을 주고받는다. 특히 도덕적 행동은 도덕적 지식과 도덕적 감정의 영향을 많이 받는다. 다시 말하자면, 우리가 어떻게 행동하는가는 어떻게 생각하고 느끼느냐에 달려 있다고 본다.

이외에도 인성덕목에 대한 여러 의견을 요약하여 제시하면 다음 <표 8-1>과 같다.

〈표 8-1〉 인성덕목에 대한 선행연구들

구분 / 출처(연구)	인성교육을 위한 덕목
교육기본법 제2조	홍익인간으로서의 '배려와 나눔'
교육부(2013) : 인성교육 강화 기본계획(안)	정직, 책임, 존중, 배려 공감, 소통, 협동
「인성교육진흥법」 제2조	예(禮), 효(孝), 정직, 책임, 존중, 배려, 소통, 협동
도덕과 교육과정	생명존중, 성실, 정직, 자주, 절제, 경애 효도, 예절, 협동 준법, 책임, 타인배려, 정의, 공동체 의식, 민족애 인류애
교육과학기술부 한국과힉칭의재딘(2010)	인간관계 덕목: 정직, 약속, 용서, 배려, 책임, 소유
교육부 인성검사(2014)	정직, 절제, 자율, 책임 및 성실, 배려 및 소통, 예의, 정의, 시민성, 인류애, 지식 및 지혜
이명준 외(2011)	존중, 배려, 책임, 신뢰성(정직), 정의, 공정성, 시민성
김재춘 외(2012)	개인 내적인 부분: 긍정적인, 도덕적인, 윤리적인 성품과 정서적인 성품, 민주시민의식, 자기존중, 정직, 성윤리, 정의, 평등의식, 절제, 직업윤리, 인격도야, 자주적 생활, 문화적 소양, 다원적 가치 인정, 관심과 배려, 리더십, 준법, 팀워크 개인 외적인 부분 : 사회적인 성품, 타인존중, 공공질서의식, 경로효친, 생명존중, 사회연대의식, 애국애족, 배려와 나눔의 실천, 전지구적 문제에 대한 해결 노력
천세영 외(2012)	정직, 책임, 공감, 소통, 긍정, 자율,
현주 외(2013)	성실(근면), 정직, 책임, 용기, 정의, 소통, 인내(끈기), 공감, 자율, 협동, 긍정(낙관성), 배려, 절제(자기조절), 민주시민의식, 예의
엄상현 외(2014)	지혜, 용기, 성실, 절제, 효도 예절, 존중

2. 인성교육의 목표

교육은 인간을 대상으로 하는 '인간의 가치 있는 활동'이라고 할 수 있으며, 이러한 교육의 정의 속에는 가치개념과 인간을 전제로 한다는 사실이 포함되어 있다. 그러므로 인성교육의 목적은 교육 자체의 목적을 포괄적으로 설명해 준다. 또한 인성교육은 교육의 목적이 인간다운 인간의 육성에 있기 때문에, 인간다운 인간이 되기 위해서는 지식과 기술뿐만 아니라 그 지식과 기술을 올바로 사용할 수 있는 인격과 품격을 갖추어야 한다.

인성교육은 궁극적으로 인지적, 정의적, 그리고 행위적 요소로 구성된다. 그리하여 머리의 습관(도덕적 규범이나 원리의 파악)과 가슴의 습관(도덕적 감정과 실천의지의 형성), 그리고 몸의 습관(도덕적 행동의 실천)이 상호 유기적으로 조화를 이루는 방향으로 설정되어야 한다(심성보, 1999). 이러한 인성교육의 요소들의 총합에 의해 진정한 의미의 전인적 인격이 완성되었다고 할 수 있는 것이다.

강진령 등(1998)은 인간의 가치를 신장시키고 인간다운 인간을 육성하기 위한 인성교육의 구체적인 목표를 다음과 같이 제시하고 있다.

첫째, 인성교육을 통해 학생 자신에 대한 올바른 이해를 도모하는 것이다. 다양한 특성을 지닌 학생 자신으로 하여금 자기 자신을 바르고 정확하게 이해하도록 하는 일이다. 자기 자신을 올바르게 이해하는 사람은 자신에게 가장 합리적이고 현실적인 행동을 선택하고 실행할 수 있기 때문이다.

둘째, 인성교육을 통해 학생 자신을 존중하고 수용하는 자세를 기를 수 있도록 하는 것이다. 이는 지나친 자기애(自己愛)나 이기적인 품성, 혹은 자기 자신을 무가치한 사람으로 여기거나 자신의 감정을 숨기고 왜곡하는 것과는 다른 것으로서, 자신의 가치와 장점을 인식하면서 동시에 자신의 부족함도 인식함으로써 자신을 있는 그대로 받아들이도록 하는 것이다.

셋째, 인성교육을 통해 자기통제 및 조절 능력을 함양하는 것이다. 자기 자신의 일시적인 감정이나 충동을 통제하고 조절할 수 있는 능력은 바람직한 인성을 지닌 사람들의 또 하나의 공통적인 특성이다. 바람직한 인성의 소유자는 자신의 본능적 충동이나 감정 때문에 좌절하기보다는 이를 승화시켜 표현한다. 따라서 감정과 본능을 창조적으로 사용할 줄 아는 사람이야말로 건전한 인성의 소유자라 할 수 있다.

넷째, 인성교육을 통해 올바른 현실 감각을 배양하는 것이다. 이상이나 기대를 지나치게 앞세운 나머지 현실을 무시하고 행동하는 것은 타인과의 원만한 인간관계를 방해하고 지나친 이상주의와 현실 사이의 딜레마다 빠지게 할 위험이 있다. 자신의 환경, 사회적 맥락, 그리고 주어진 과제의 특징 등을 정확히 이해하는 현실에 기초한 사고는 건전한 인성의 필수적인 요소인 것이다.

다섯째, 인성교육을 통해 타인에 대한 공감적 이해와 타인 존중의 자세를 함양하는 것이다. 공감(共感)이라는 말은 말 그대로 타인의 감정을 공유하는 것으로써, 상대방의 입장을 이해하면서도 결코 자기 자신을 잃지 않는 것을 말한다. 솔직한 자기표현과 타인에 대한 공감적 자세는 보다 깊고 원숙한 인간관계를 형성하는 토대가 된다.

3. 인성교육 프로그램 사례

1) 국내 사례

〈표 8-2〉 교육부 개발 인성교육 프로그램

연도	자료명	학교급	분량	내용
2015	두근두근 설레는 인성교실 여행	초등학교	10차시	• 사회적 기술을 활용한 학급 운영 • 학급 경영에 필요한 핵심역량을 선정하여 각 차시 제목을 학생들에게 익숙한 속담으로 제시
	마음아람 프로젝트	중학교	16차시	• '인물(exemplars)'을 활용한 인성함양 지도 자료 • 단원별 인물 동영상 1편씩 제작하여 인물 동영상 시청 및 개별 · 모둠단위 자기주도적 활동을 통해 인성역량을 내면화하도록 구성

연도	자료명	학교급	분량	내용
2016	자아성찰과 인성 함양을 위한 인문 고전 읽기자료	중학교	30개 주제	• 인문고전(30권)을 통한 자아성찰과 인성 함양 • 8개 인성 덕목(예, 효, 정직, 책임, 존중, 배려, 소통, 협동) 덕목별로 관련 인문고전(동양, 서양, 한국) 및 주제 제기
	안다미로 프로젝트	고등학교	17차시	• 인문학 텍스트를 활용한 인성교육 지도자료 • 다양한 주제와 관련된 인문학적 물음을 바탕으로 인문학적 텍스트를 코믹스로 제시한 후 관련 활동 진행
	인성GPS(Game, Play, Story: 놀이, 연극, 동화)로 떠나는 행복한 마음 여행	초등학교	18차시	• 공감, 수용, 진정성을 중심으로 한 인성핵심역량 신장 • 학생 흥미를 높일 수 있는 놀이, 연극, 동화 활용
	주인공으로 함께 살아가기	중학교	10차시	• 자율활동, 봉사활동, 진로활동과 연계하여 스토리텔링 및 사회정서학습을 기반으로 한 인성역량 강화 • 주제별 관련 애니메이션과 웹툰 제작
	한.살.공(한마음으로 살아가는 공동체) 만들기 프로젝트	고등학교	12차시	• 배려와 존중의 공동체를 형성할 수 있는 인성 함양 • 7개 주제로 구성: 한 배에 같이 타기, 긍정적 마음 가지기, 마음과 마음의 만남, 믿어주는 마음, 마음으로 듣고 마음으로 표현하기, 한마음 되기, 한마음으로 나아가기
	부모와 자녀가 함께하는 토닥토닥 공감교실	초, 중, 고	19차시	• 자아공감, 타자공감, 사회공감 중심의 부모 또는 부모와 자녀가 함께할 수 있는 인성교육 프로그램 • 학급운영, 학부모의 참여의 날, 학교 행사, 주말 등 활용
2017	국어과 인성교육 지도자료(초등학교 3학년, 4학년용)	초등학교	34차시	• 2015 개정 국어 교과 교육과정과 연계, 공감을 대주제로 한 인성교육 지도자료 • 국어과 단원 및 영역별 내용 체계와 연계하여 구성
	국어과 인성교육 지도자료(중학교 1학년용)	중학교	10차시	• 중학교 1학년 국어 수업 내에서 실천할 수 있는 인성교육 사례 5개 성취 기준 총 10차시 수업 구성

연도	자료명	학교급	분량	내용
				• 미디어 텍스트를 활용한 인성교육 자료(인성교육용 뉴스 텍스트 활용 자료) 20편 제시
	국어과 인성교육 지도자료(고등학교 1학년용)	고등학교	10차시	• 고등학교 1학년 국어 수업 내에서 실천할 수 있는 인성교육 사례 5개 성취 기준 총 10차시 수업 구성 • 미디어 텍스트를 활용한 인성교육 자료(인성교육용 뉴스 텍스트 활용 자료) 20편 제시
	기웃기웃 지구촌 마주보기	중, 고	17차시	• 세계시민의식 함양을 위한 인성교육프로그램 • 3개(문화, 공동체, 지구촌) 영역으로 구성
2018	교과에서 인성 인권을 만나다	초, 중, 고	초 15차시 중 15차시 고 16차시	• 교과교육을 통한 인성/인권 교육 수업구현 • 9개의 인권교육주제로 구성 • 2015 개정교육과정에 따른 교과 성취기준과 인성, 인권교육을 연계하여 체계적 교육 실현
	민수시민성 함양을 위한 인성교육 프로그램	중학교	17차시	• 민주시민성 함양을 위한 인성교육프로그램 • 7개 주제영역으로 구성 : 민주주의, 자유, 평등, 정의, 공감 · 소통, 연대, 민주시민
2019	놀이가 꽃피는 인성놀이터	초등학교	49차시	• 놀이를 활용한 인성교육 프로그램 • 4개의 놀이영역으로 구성 : 짬짬이 놀이, 수업 놀이, 창의적 체험활동 놀이, 체육놀이

교육부(2020), 제2차 인성교육종합계획[2021~2025]에서 발췌

〈표 8-3〉 교육부 인증 인성교육 프로그램

연도	자료명	학교급	분량	내용
2018	스스로 깨닫는 마음빼기 명상교실	중학교	34회차	• 사단법인 전인교육학회 개발 • 자기발견, 자기이해, 관계&소통, 미래&행복 영역으로 구성 - 간단명료한 명상 방법 제시를 통해 학생 스스로 자신의 삶을 성찰하여 인성역량의 근본적인 변화를 이끌어 내도록 도움
	New3Rs 인성교육	중학교	66차시 (9개 모듈)	• 사단법인 청소년교육전략21 개발 • 믿음, 존중, 책임이라는 새로운 3R을 통하여 청소년에게 인권과 시민교육의 적합한 가치 교육
2019	어린이 친환경 논 산책 프로젝트 "논에서 놀자"	유치원	11차시	• 화성시청 농식품유통과 개발 • 인성교육진흥법(2015), 누리과정과 표준보육과정 교육 내용의 예, 효, 존중, 소통, 책임, 정직, 배려, 협동 등의 인성교육 내용을 벼의 일생, 일상생활, 놀이를 통하여 습득하는 교육
	동물과 마음을 나누는 동물교감교육 - 학교꼬꼬, 학교깡총, 학교멍멍, 학교음매 -	초등학교	총 63차시	• 국립축산과학원 개발 • 동물과의 상호 교감을 통해 인지적, 정서적, 사회적, 신체적 발달을 촉진시키고 목표한 교육효과를 얻을 수 있는 활동
	글로벌브릿지 프로그램 - 다문화과정 학생 세계문대로 GOGO -	초등학교	14차시	• 진주교육대학교 개발 • 다문화가정 학생의 잠재 능력을 계발하고 글로벌 인재로 육성하기 위한 특별 교육 프로그램 • 글로벌 리더로서의 통솔력을 기르기 위한 이상적인 역할모델을 모색하는 교육
	법 친구! 행복한 우리	초등학교	10차시	• 법무부 보호정책과 개발 • 도덕성을 증진해 올바른 인성을 함양하고 학교 단위에서 법질서 준수 등 민주시민의식 제고와 사회참여를 지원할 수 있도록 하는 교육

연도	자료명	학교급	분량	내용
2019	인성아! 놀자	초등학교	10차시	• 법무부 보호정책과 개발(구분: 3부, 총 10차시) • 초등학생의 사회정서역량 개발을 통해 학생들이 자신의 내면을 바르고 건전하게 가꾸고 타인 · 공동체 · 자연과 더불어 살아가는데 필요한 인간다운 성품과 역량을 기르도록 하는 목표를 둔 프로그램
	따뜻한 언어 행복한 우리 아름다운 세상	초등학교	10차시	• 국립국어원 개발 • 학생들이 스스로 자신들이 사용하는 언어를 탐구해보고 언어문화 개선의 필요성을 인식하게 하여 다양한 상황에서 적절히 의사소통할 수 있도록 도움
	청소년 인성교육 프로그램「올바름」	중학교	10차시	• 한국청소년상담복지개발원 개발 • 기존 프로그램과의 차별성을 두기 위해 청소년 · 학교 · 지도자 맞춤형으로 프로그램을 개발하여 효과성을 향상 • 프로그램 효과 지속을 위해 인성 요인별 (자기존중, 성실, 배려 · 소통, 책임 등) 인물을 설정한 프로그램
	마음모아 톡톡	중학교	10차시	• 법무부 보호정책과 개발 • 타인에게 공감하고 배려할 수 있으며, 주변인 학생 대처의 중요성을 알고 학교에서의 갈등과 폭력 상황에 바람직하게 대응할 수 있는 역량을 함양할 수 있도록 도와주는 프로그램
2020	도(道)시(時)락(樂)처럼 행복을 주는 사람이 될래요	유치원	연간	• 대구 효성유치원 개발('18년 최초 인증, '20년 재인증) • 사회성, 자존감, 독립심, 자신감과 배려, 효, 협력, 질서, 나눔 등의 인성 덕목을 함양하기 위한 실천 중심 인성교육 프로그램

연도	자료명	학교급	분량	내용
	까치서당 (까치서당에서 군자되다)	초등학교	30회차	• 한국지역사회교육협의회 개발 ('18년 최초 인증, '20년 재인증) • 한학(스토리텔링, 고전성독, 영상 시청 등), 놀이(전래놀이, 요리, 다도 등)의 전통문화체험을 중심으로 한 인성교육 프로그램

교육부(2020), 제2차 인성교육종합계획[2021~2025]에서 발췌

2) 외국의 사례

〈표 8-4〉 외국의 인성교육 프로그램

국가	인성교육 프로그램 내용
미국	1. CDP(Child Development Project) 프로그램 - 상호관계를 돕는 협동적인 학습활동과 타인에 대한 이해와 자기통제를 키워가는 인성교육 2. 역사적 교육을 통한(Facing History and Ourselves) 프로그램 - 인간성 속에 내재된 편견을 불식시키고자 하는 목적의 인성교육 - 예를 들어, 나치시대의 학살을 주제로 한 프로그램은 인간 가치와 존엄성을 인식시키려는 목적을 가진 대표적인 프로그램 3. 법의식(Law in Free Society) 프로그램 - 캘리포니아 변호사협회가 주관하고 지원하는 인성교육 프로그램 - 법에 대한 이해와 존경을 갖도록 하는 것이 중요한 목표임 - 유치원부터 고등학교까지 다양한 내용으로 권위, 정의, 사적 권리, 책임, 자유, 다양성, 그리고 참여 등을 주요 덕목으로 가르침 4. VIF(Voice for Love Freedom) 프로그램 - 사랑과 자유가 주테마로 등장하는 이야기를 청소년들에게 들려주고 토론하고 이야기하게 함으로써 도덕성과 인성을 함양하고자 함 5. 정의, 공동체(Justice Community Approach) 인성교육 프로그램 - 전 세계적으로 가장 널리 활용되고 있는 대표적 인성교육 프로그램 - 학교에서 뿐만 아니라 교도소나 집단생활 장소에서 활용되고 있음
영국	예절과 기본생활습관을 지도하는 인성교육을 다른 나라처럼 도덕 교과에서 주로 담당하는 것이 아니라, 종교교육과 여러 교과교육을 통해 도덕적인 생활 태도와 습관에 대해 꾸준히 인성을 지도하고 있음
프랑스	국가에서 비용의 70%까지 지원하는 클라스드 네쥬 등 각종 레저시설과 사회교육 프로그램을 다양하게 개설하여 인성교육 및 정서교육을 하고 있음

읽고 생각해 보세요

[출처: 손성화, 김진숙(2016). 대한민국 교육, 생각에 빠지다. 공동체. pp. 92~94.]

"타인의 배려와 존중은 말에서부터 시작한다."

요즘 우리 사회에서는 대화를 할 때 상대방에 대하여 배려 없이 막말하는 대화 장면을 쉽게 볼 수 있다. 사전에도 없는 새로운 말들이 만들어지고, 특히 아이들이 만들어 내는 SNS상의 신조어들은 알아듣기가 힘들다. 말은 에너지이다. 긍정의 에너지도 있고, 부정의 에너지도 있다. 예로부터 '말 한마디로 천 냥 빚을 갚는다'라는 속담이 있다. 이 속담에서 보듯이 인간의 말은 엄청난 에너지를 품고 있다.

말은 무서운 힘을 가지고 있다. 말이 중요하다. 말 한마디가 상대방의 마음을 다치게 하고, 결국 죽음에 이르게 하는 경우도 있다. 인간의 말은 행동에서 왔다고 하는 학자도 있다. 행동이 생각되고 말이 되었다고 한다. 무심코 던진 한마디가 상대방에게 비수가 되어 꽂히는 것이다. 결국, 배려가 없는 말 한마디가 그만큼 무서운 것이다.

육체적인 고통을 느끼게 하는 폭력보다도 어떻게 보면 언어폭력이 더 무서운 폭력일 수 있다. 정신적인 고통은 쉽게 지워지지 않는다. 언어적·육체적 폭력은 결국 상대방을 자살에 이르게 한다. 그리고 침묵의 언어, 요즘 말하는 왕따 또한 말의 부정적인 힘이다.

거꾸로 도서관 프랜차이즈 사업을 하면서 가사토(가족과 사회가 함께하는 토론)라고 하는 프로그램을 진행하고 있다. 프로그램 중에 상대방의 마음 읽기 과정이 있다. 여기에서 부모는 자녀의, 자녀는 부모의 머릿속에 평소 무슨 생각을 하는지 그리고 듣고 싶은 말, 하고 싶은 말, 듣고 싶지 않은 말, 해주고 싶은 말을 적는 시간이다. 아이들의 듣고 싶지 않은 말, 듣고, 싶은 말은 보통 비슷하게 나타났다. 거의 비슷한 마음을 가지고 있었다.

- 엄마의 머릿속 생각들 : 밥, 학원비, 나의 공부, 월급, 옷, 잠, 청소, 유학비, 가족, 건강, 잔소리, 딸 생각, 돈 생각 등
- 아이의 듣고 싶지 않은 말 : 공부해, 조용히 해, 엄마 말 들어, 메시지 보내고, 책 읽어, 놀지 마, 휴대전화 만지지 마, 빨리 자라, 용돈 없다, 방 정리해, 방과 후 가라, 그만 먹어, 가시나, 오빠 말 들어, 엄마 도와, 숙제 좀 해. 나. 학교 마치고 바로 와라 등
- 아이의 듣고 싶은 말 : 학원 안 가도 된다, 공부하지 말고 놀아라, 용돈 많이 줄게, 휴대전화 해도 된다 등의 듣고 싶지 않은 말과 반대되는 말

부모는 자녀의 거울이다. 아이들은 스펀지와 같아서 부모의 모든 행동과 언어들을 받아들이고 그대로 답습한다. 가문이 중요한 이유는 바로 부모의 부모로부터 생각하는 것, 식생활 등 모든 것이 전승되어 내려오기 때문이다. 지시와 명령으로 길든 아이들은 반항과 복수심을 마음속에 담고 있게 된다. 누구나 아름답고, 좋은 말을 듣고 싶어 한다. 부모로부터의 아름다운 말, 고운 말, 행복한 언어, 존댓말 등이 우리 아이들이 존중받는다는 느낌을 받게 하고 자존감이 높은 아이들로 자라게 할 것이다. 여러분은 얼마나 타인을 배려하고 존중하는가? 타인의 배려와 존중은 말에서부터 시작한다.

CHAPTER

09

창의성과 교육

Question

창의성은 무엇으로 정의할 수 있을까요?

창의성이 높은 사람의 특성은 어떠한가요?

창의성은 타고나는 역량일까요?

창의성은 교육을 통해 향상시킬 수 있을까요?

CHAPTER 9

창의성과 교육

1. 창의성의 개념

창의성(creativity)이란 일반적으로 '새로움에 이르게 하는 개인의 사고관련 특성'을 말하는데, Guilford(1970, 1986)는 '창의성은 새롭고 신기한 것을 낳는 힘'이라고 정의했으며, 창의성을 인지적인 측면에서 보는 학자들은 창의성이 확산적 사고와 관련이 있으며, 문제에 대한 민감성, 사고의 유창성, 융통성 및 독창성, 그리고 주어진 문제를 세분화하고 명료화하는 정교성 등이 확산적 사고능력에 포함된다고 보았다. Sternberg(1988)는 무엇인가 새롭고, 문제상황에 적절한 것을 만들어 낼 수 있는 능력으로 보았으며, Urban(1990)은 '주어진 문제나 감지된 문제로부터 통찰력을 동원하여 새롭고, 신기하고, 독창적인 산출물을 내는 능력'을 의미한다고 하였다. de Bono(1990)는 창의적 사고를 수평적 사고(lateral thinking)로 정의하면서 아이디어의 진위를 따지기 위한 논리적 사고인 수직적 사고(vertical thinking)보다는 판단을 유보하고 여러 아이디어를 탐색하며 다양성이 중점을 두고 수많은 사고의 통로를 생성하는 사고, 즉 새로운 아이디어, 방법, 관점 등을 모색하는 사고로 보았다. 따라서 창의성은 독창적이고 적합하면서도 유용한 것을 만들어 내는 능력, 즉 '독창성/신기성(originality/novelty)' 및 '유용성(usefulness)'이라고 하였다.

창의성의 정의를 분류하기 위해 가장 널리 사용되고 있는 방법은 Rhodes가 구분한 방법이다. Rhodes(1961)는 창의성 연구를 위해 다양한 창의성의 정의를 수집하여 분석하였다. 중복되거나 복잡하게 연결되어 있는 정의를 비교·분석하여 네 가지의 분류방법으로 제시하였는데, 이러한 방법이 널리 알려진 고전적 4P 이론이다. 첫째, 창조물이 나올 수 있는 창의적인 환경(Environment) · 장소(Place) 등의 압박(Press), 둘째가 창의적인 산출물(Product), 셋째가 창의적인 과정(Process), 넷째가 창의적인 사람(Person)이다. 수많은 창의성의 정의를 4P로 구분 짓는 방법이 오늘날까지도 널리 사용되는 것은 연구영역에 중점을 두고 분류 할 수 있기 때문이다(Isaksen, 1987).

창의적인 산출물적인 입장에서는 창의적인 산출물이 나오는 것을 창의성을 발휘한다고 생각하는 것이다. 따라서 사람 자체를 창의적인 산출물로 보기도 한다(MacKinnon, 1995). 산출물의 기준에서는 새로움과 적절성을 주요 기준으로 들고 있다. 따라서 창의적인 산출물이란 기존에 없던 새로운 것이면서도 사람에게 수용되고 사용될 수 있는 유용한 것이어야 한다는 기준이 있다.

창의적인 환경에 대해서는 창의성을 발현할 수 있는 환경의 중요성을 연구하는 많은 학자들에 의해서 주장되어 왔다(Amabile & Henessey, 1989). 인간의 아이디어는 그 사람이 속한 환경과 삶 속에서 경험하는 다양한 관계 속에서 나오는 것이라고 정의하였으며, 최근에는 환경적인 요소가 창의성을 발현하는 데 필수적이라는 연구가 진행되고 있다(Sternberg & Lubart, 1991, 1995). 그 후 설득(Persuasion)과 잠재성(Potential)이 추가되어 6P가 강조되기도 한다.

창의적인 과정은 동기유발, 인식, 학습, 사고, 대화 등과 관련이 있다(Rhodes, 1961)고 보았는데, Torrance(1988)는 창의성을 창의적 과정으로 정의해서 기존에 관련되지 않았던 아이디어들을 조합하거나 새로운 방식으로 고찰하고 새로운 사고들을 조합하거나 새로운 관계를 인지하는 과정으로 보고 있다. 창의성이 매우 특별한 사람들에게만 존재해서(예를 들면 Mozart, Picasso, Einstein 등) 창의적인 과정은 가르칠 수 없다고 보는 학자들도 있으나, 창의성은 누구에게나 존재하고 창의적인 과정은 훈련시킬 수 있으며, 창의적인 과정이 계발된다고 보는 입장의 학자들(Osborn, Torrance, Taylor, Schank, Langley)이 많으며, Rhodes도 창의성은 누구에게나 존재하는 것으로 가르칠 수 있고 배울 수 있는 것으로 보았다.

다음으로 창의적인 사람을 성격특성으로 보는 학자들은 창의적인 사람들이 어떤 특성을 갖는지에 대하여 연구하였는데, Torrance의 성격연구에 의하면 부정적인 측면과 긍정적인 측면을 모두 지니고 있는 경우가 많다는 결과를 제시하였다. 그들은 사물이나 문제를 보는 시각이 달라서 성격적인 특성에서 남들과 다른 특징적인 면을 갖는다는 것이다(한순미 외, 2005).

[창의적인 사람의 특징]

여러분은 자신을 어떤 사람이라고 생각하는가? 자신을 창의적이라고 여기는가? 아니면 창의적인 사람이 아니라고 생각하는가? 혹은 어릴 때는 무척 창의적이었는데 학교공부를 많이 하다 보니, 너무나 많은 지식을 쌓다 보니, 그 지식에 짓눌러 창의적인 생각할 여지가 없어졌다고 생각하는가?

창의적인 사람이 되기 위해 생각해 볼 내용은 다음과 같다.

첫째, 만약 여러분들이 자신에 대해서 '나는 창의적이지 않아', '난 학교 공부가 시작되면서 창의성을 잃어버렸어'라고 생각한다면 다시 한번 생각해 보아야 할 것이다. 자신의 창의성에 대해서 인식하라. 내가 남과 다른 생각을 한다는 것을 두려워해서, 혹은 남에게 특별나고 특이하게 보이는 것이 싫어서 창의적인 사고 자체를 누르고 있었던 것은 아닐까? 창의적인 사람은 남이 무엇이라고 평가하는지에 대해 얽매이지 않는다. 개개인 나름대로의 생각을 자유롭게 표현하고 발산하는 연습과 태도를 가지는 것이 중요한 일이라는 것을 인식하는 것이 중요하다.

둘째, 학교 공부가 자신의 창의적 사고에 방해가 되었다고 여기는가? 그것은 바람직하지 않은 생각이다. 수준 높은 창의성, 창의적인 산출물이 나오기 위해서 각 영역의 기본적인 지식이 없이는 불가능한 일이기 때문이다. 만약 물리학 영역, IT 분야, 미술 분야, 음악 분야 등등 각 영역에서 놀랄 만한 창의적인 업적을 만들어 내고 두각을 나타내기 위해서 그 분야의 지식 없이도 가능할까?

창의성은 진공상태에서 발산되는 것이 아니다. 과학자, 예술가, 작가 등 창의적 작업을 하는 누구일지라도 끊임없는 탐구, 습작, 노력 등을 한 후에 사람들에 알려지는 놀라운 창의적인 업적이 나오게 되는 것이다. 잠깐 반짝하는 아이디어는 가능할지 몰라도, 수준 높은 창의성은 분야별 지식을 기반으로 하여 만들어지는 것이기 때문이다. 그러므로 창의적인 사람들은 각자의 재능영역에 대한 지식이 밑받침되어야 각 영역에서의 창의적 산출이 가능한 것이다.

2. 창의적 사고력과 성격

여러 가지 지적 능력이 창의성과 관계가 있다. 사고에서의 기능은 '~를 할 수 있는 힘'과 '그 힘의 숙달된 상태'를 포함하고 있다. 그러나 여기서 다루는 창의적 사고의 기능은 숙달된 상태가 아닌, 힘에 한정한다. 이런 힘을 숙달시켜 창의적 사고를 가능하게 하는 노력은 창의성 교육의 영역이다. 창의적인 사고에서 요구되는 기능은 전반적인 사고과정에서 요구되는 것과 크게 다르지 않으며, 창의적 사고를 할 수 있게 해주는 능력적인 측면의 기초를 말한다. 실제로 창의성과 전혀 무관한 정신적 능력을 분리하기란 매우 어렵다. 다음에 설명하는 항목들은 중요한 창의적 능력을 포함하고 있다. 이들 대부분은 창의성에 대한 연구, 특히 Torrance의 연구(1962, 1979, 1980, 1984, 1988)에서 제시된 것이다. 다음에 제시되는 능력 가운데 네 가지 능력, 즉 유창성, 융통성, 독창성, 정교화 능력은 Guilford(1967), Torrance(1966)의 창의성 검사와 이경화(2003, 2013)의 창의성 검사 등을 통해 측정될 수 있다.

1) 유창성

특정한 문제상황이나 주제에 대해 주어진 시간 안에 가능한 한 많은 양의 아이디어나 해결책을 산출하는 능력을 의미한다. 창의적인 사고의 궁극적인 목적이 보다 독창적이며 질적으로 우수한 사고를 산출하는 데 있다 하더라도 사고의 과정에서 우선은 사고의 한계를 설정하지 않고 아이디어를 가능한 한 많이 산출하는 단계를 거칠 필요가 있다. 아이디어의 양이 많다고 해서 질적으로 우수한 해결책이 나오는 것은 아니지만, Osborn이 주장한 바와 같이 많은 아이디어 중에 질적으로 우수한 아이디어와 해결책이 나온다는 기대를 갖고 아이디어를 내는 것이다. 초기의 아이디어가 최선의 아이디어인 경우는 드물며, 보다 많은 아이디어를 산출하고자 하는 과정에서 보다 질 좋은 아이디어를 얻게 될 가능성은 그만큼 커질 것이기 때문이다. 이렇게 볼 때 유창성은 창의적 사고의 과정에서 비교적 초기단계에 요구되는 기능이라 볼 수 있다.

- 특정한 사물과 관련된 것을 자유롭게 떠올리기
- 특정한 문제상황에서 해결방안을 될 수 있는 대로 많이 제시해 보기
- 어떤 대상(언어, 도형)이나 현상들로부터 가능한 많은 것을 연상해 보기

2) 융통성

사회의 일반적인 사고방식, 관점, 시각에서 벗어나 다양하고 광범위한 아이디어나 해결책을 산출해 내는 능력을 의미한다. 즉, 시간적으로는 과거, 현재, 미래를 뛰어넘어 다양한 각도로 현상을 파악할 수 있는 능력으로 고정적인 기존의 경직된 사고의 틀을 벗어나 유연한 사고를 요하는 능력이다. 고정적인 사고의 틀을 깨고 발상 자체를 전환시켜 유연하고 융통성 있게 생각하는 것은 정답이 정해져 있지 않은 실생활 장면의 복합적 문제상황에서 특히 요구되는 것으로, 유창한 사고뿐만 아니라 독창적인 사고의 관건이 된다. 아이디어의 양이 많아서 유창성 이 뛰어난 사람 중에는 융통성이 부족한 사람도 있다. 그러므로 유창성이 향상되면 융통성을 키울 수 있는 창의적인 방법을 고려해야 한다(이경화, 2014).

- 결과로부터 거꾸로 생각하기
- 기존과는 다른 수단으로 표현하기
- 사물이나 현상의 속성별로 생각하기
- 서로 관련이 없는 사물이나 현상들 간의 관련성 찾기

3) 독창성

기존의 사고에서 탈피하여 참신하고 독특한 아이디어나 해결책을 산출하는 능력이다. 창의적 사고의 이상적인 목표는 사고의 독창성을 추구하는 데 있다. 이러한 사고는 기존의 사고방식이나 다른 사람들의 문제해결 방식으로부터 벗어나 서 자기만의 독특한 아이디어를 산출하고 문제해결 방안들을 구안하려는 의식적인 노력에 의해 가능하다. 유연한 사고에서 진전하여 자기만의 독특한 아이디어를 산출

하는 능력으로, 의식적으로 노력하는 데서 아이디어가 나올 수 있다. 다른 사람이 이미 생각했던 아이디어나 문제해결 방법은 개인이나 사회에 별로 의미가 없다는 점을 고려한다면, 독창적인 아이디어는 창의적인 사고에서 최고 수준의 사고능력이라고 볼 수 있다. 사고에서의 독창성이 요구되는 이유는 그것이 단기적으로는 문제해결의 상황에서 보다 더 효율적인 문제해결을 할 수 있게 하고, 장기적으로는 인간의 삶을 보다 더 의미 있게 하고 질적으로 고양시켜 준다는 데 있다.

- 다른 사람과 같지 않은 생각하기
- 기존의 생각이나 사물의 가치를 부정하고 생각하기
- 기존의 생각을 새로운 상황에 적용하여 생각해 보기

4) 정교성

다듬어지지 않은 기존의 아이디어를 보다 치밀한 것으로 발전시키는 능력이다. 처음부터 완벽한 아이디어를 내놓기는 어렵다. 은연중에 떠오르는 거친 아이디어라도 소중히 여기고 이를 발전시켜 훌륭한 아이디어가 되도록 정교하게 다듬는 활동은 창의적 사고의 최종적인 산출과 관련하여 중요하게 받아들여져야 한다.

- 어떤 일을 하면서 혼잣말하기
- 주변의 사물을 보면서 분류하고 결합해 보기
- 생각이나 아이디어 형성과정을 상세하게 나타내기
- 은연중에 떠오르는 거친 수준의 생각을 구체화하기

이외에도 창의적인 능력으로 다음과 같은 것들을 들 수 있다.

- 민감성 : 주변의 환경에 대해 민감한 관심을 보이고, 이를 통해 새로운 탐색 영역을 넓히는 능력이다. 사고는 자료가 없는 진공의 상태에서는 일어나지 않는다. 사고를 할 때는 사고할 내용이 요구되는 것이다. 이 사고의 내용은 대상에

대해 가지는 민감성의 정도에 의해 그 양과 질이 결정된다. 동일한 대상을 보고도 사람마다 서로 다른 생각을 갖는 것은 사람마다 각기 다른 인식체계를 가지고 있기 때문이지만, 인식체계가 동일하다면 그 차이는 민감성에 의해 결정되는 것이다. 변화, 상식적이지 않는 것, 오류, 대비 등이 있다. (이경화 외 역, 2005).

- 유추적 사고 : 특정한 대상을 기존의 것과 연결 지어 생각하는 능력으로 두개 이상의 대상이나 상황에서 서로의 유사점을 추출하여 새로운 추정을 해내 는 능력은 다양한 정보의 세계에서 정보 사이의 연결 고리를 만드는 능력이다.
- 상상력 : 경험세계의 범위를 벗어나 자기만의 생각을 해내는 능력으로 구체적인 대상을 의식하지 않은 상태에서 나타난다. 창의적 상상력의 발달은 자연적으로 일어난다. 사고력을 경험의 세계에서만 논의하게 되면 상상력을 발달시키기 어렵다.
- 시각화 : '마음의 눈'으로 사물을 보고 이미지와 아이디어를 정신적으로 조작할 수 있는 능력이다.
- 어린아이와 같은 사고 : 어린아이와 같이 생각하는 능력으로 아이의 마음에는 창의적 사고를 방해하는 요인들, 즉 습관, 전통, 규칙, 규정 등이 많지 않다.
- 평가 : 관련이 없는 사항으로부터 관련성을 찾아내고 비판적으로 사고하며, 아이디어 산출, 문제해결 등의 적절성을 평가할 수 있는 능력이다.

창의적 사고를 할 수 있는 힘을 가졌다고 해서 실제로 창의적 사고를 잘한다는 보장은 없다. 예를 들면 창의적으로 사고하는 것에 두려움을 느끼거나 귀찮아한다거나 정신적으로 지쳐 있다거나 하는 경우에는 창의적 사고라는 행동이 나오지 않을 가능성이 크다.

창의적인 사람들의 성격에 대한 연구에 따르면 창의적인 사람들에게는 몇 가지 공통된 특성이 있다. 창의성의 형태와 창의적인 사람의 유형은 매우 다양하기 때문에 창의적인 사람의 성격 특성을 일반화하기란 쉽지 않다. 일반적으로 창의적인 사람들에게서 볼 수 있는 성격 특성은 다음과 같다.

첫째, 창의적으로 생산적인 모든 사람들은 연령에 관계없이 에너지와 동기가 매우 높다는 것이다. 그러한 사람들은 충동적, 과잉행동, 열정, 흥분, 자발성, 지속력, 인내력, 모험성, 제시된 과제 이상을 수행하려는 의지, 성취와 인정에 대한 높은 욕구 등으로 기술된다(Davis, 1999). 둘째, 위험을 감수하려는 특성이다. 위험을 감수하려는 성향(risk-taking)은 새로운 것의 시도를 주저하지 않고 일의 결과가 예상과 다른 것에 개의치 않으며 다른 사람들에 의해 부과되는 한계를 거부하는 것 등을 의미한다. 실제로 이들은 실패하거나 바보처럼 보이는 것을 두려워하지 않는다. 사실, 실패와 거부에 대한 두려움은 창의적 사고를 가로막는 정서적 장애물이다(Davis, 1999). 새로운 아이디어를 시도할 때면 실패가 따르기 마련이다. IBM의 설립자인 Watson의 말처럼 성공하는 방법은 실패를 두 배로 하는 것이다(Von Oech, 1983, p.93). 그러나 창의적인 사람들의 성격 특성은 복잡하다. 즉, 사고의 단계와 상황에 따라 창의적인 사람들은 사교적(혹은 은둔자적), 외향적(혹은 내향적), 거만(혹은 겸손), 남성적(혹은 여성적), 온화함(혹은 냉혹함) 등의 특성을 모두 보이는 경향이 있다(Csikszentmihalyi & Wolfe, 2000).

창의적 사고의 성향은 인간의 내적 · 인지적 특성으로서의 창의적 사고 기능이 최종적인 인간의 성취를 위해 작용하는 과정에서 개인에게 요구되는 정의적 또는 태도의 특성이다. 다음으로 대표적인 창의적 성향의 요인들을 살펴보기로 한다.

1) 호기심

끊임없이 주변의 사물에 대해 의문을 갖고 알고자 하며, 질문을 제기하는 성향이다. 호기심은 사고를 하는 첫 번째 과정에서 요구되는 문제 또는 과제를 형성하는 역할을 함과 동시에 문제해결의 과정에서 요구되는 지식이나 정보를 획득하는 역할을 한다.

- 주변의 사물에 대해서 '왜 그럴까?' 또는 '무슨 일일까? 하는 질문을 의식적으로 제기하기
- 어떤 사물이나 현상의 이면에 대해서도 궁금증을 갖기
- '새로운 것' 즐기기

2) 탐구심

의문을 갖게 되는 대상에 대해 끊임없이 탐구하는 태도이다. 인간은 본능적으로 탐구하는 존재이다. 호기심을 가진 대상에 대한 지향점이 있을 때 탐구행위는 일어난다. 일반적으로 의문을 갖게 되는 대상에 대해서는 깊은 관심을 가지고 탐구하려 한다. 탐구행위의 첫발은 진지한 관찰과 탐색으로부터 시작된다.

- 문제상황에서 문제와 관련된 정보를 가능한 많이 찾아보기
- 자연현상 관찰하기
- 사물의 변화과정 관찰하기

3) 자신감

자기가 관심을 가지고 있는 영역에서 접하는 문제상황에서 갖는 자기 신뢰감이다. 특정한 문제상황에서 접하는 문제에 대한 전문성을 가지고 있음에도 불구하고, 주저하다가 시기를 놓치는 경우가 적지 않다. 자신감이 없기 때문이다. 자신감은 문제상황에서 제일 먼저 요구되는 태도이다.

- 자신을 적극적이고 긍정적으로 받아들이기
- 자기가 하는 일이 앞으로 성공할 것이라는 믿음을 갖기
- 낙관적인 인생관 갖기

4) 자발성

문제상황에 적극적으로 대처하고, 타인의 요구나 강요에 의하지 않고 자신의 내적 동기에 의해 필요한 아이디어를 산출하려는 성향이다. 마음이 있어야 보이고 뜻이 있어야 길이 열리는 것이다. 한 개인이 자기 주변의 문제상황을 다른 사람의 요구와는 관계없이 자기의 것으로 받아들이게 하는 것이다. 자발성은 곧 문제해결의

의지를 갖는 것이다.

- 주위의 문제를 자신의 문제로 받아들이기
- 하기 싫은 것을 먼저 하기
- 생활 속에서 적극적인 태도를 갖기

5) 개방성

세상이 변화하고 있음을 받아들이고 자신이 이 변화의 선두에 있어야 한다는 믿음이다. 눈을 감고 있는 사람에게는 아무것도 보이지 않는다. 세상의 변화에 둔감한 사람에게는 변화가 감지되지 않는다. 그러나 세상은 엄청난 속도로 변하고 있다. 변화에 개방적인 태도를 갖게 되면 변화의 추종자가 아니라 변화의 주체자가 된다. 변화의 주체자가 곧 창의적인 사람이다.

- 이 세상은 지금과는 다른 모습으로 변화할 것임을 받아들이기
- 다른 사람으로부터의 비판을 겸허히 수용하기
- 고정관념이나 선입견에서 벗어나기

6) 독립성

자신의 아이디어에 대한 가치를 인정하고 다른 사람들의 즉흥적이며 잡다한 평가에 구애받지 않으려는 성향이다. 창의적인 사고는 다른 사람들의 즉흥적이며 비판적인 의견에 휩쓸리지 않는 '사고에서의 지조에 의해 계속 발전될 수 있다. 자신이 심사숙고하여 생각해 낸 아이디어라면, 이 아이디어의 잠재적인 가치를 적극적으로 인정하고 이를 계속 발전시키려는 태도가 있어야 한다. 다른 사람들의 판단에 휩쓸리다가는 항상 제자리걸음을 할 수밖에 없다.

- 부정적인 평가를 받은 아이디어라도 계속 발전시키기

- 아이디어 산출과정에서 의식적으로 타인과 다른 아이디어 내놓기
- 외로움과 두려움에서 벗어나기

7) 과제집착력

특정한 주제나 상황에 주의 집중하고, 문제를 해결하기 위해 가능한 적극적으로 다양한 정보를 수집하며 문제가 해결될 때까지 끈질기게 물고 늘어지는 태도이다.

- 충동을 자제하는 연습하기
- 어렵고 지루한 문제나 실패한 문제라도 끈질긴 열정을 갖고 끝까지 해결해 보기(606호라는 항생제는 605번 실패하고 나서 성공했다.)
- 잠정적으로 해결된 문제라도 그 결과를 계속 추적하기

3. 창의력 향상을 위한 교육: 트리즈

1) 트리즈(TRIZ)의 개념

트리즈는 주어진 문제에 대한 가장 이상적인 결과를 정의하고 그 결과를 얻는 데 관건이 되는 모순이 무엇인지를 찾아내 이를 극복함으로써 그 누구도 생각하지 못한 창의적이고 혁신적인 해결 방안을 얻는 것이다. 이를테면, '가벼우면서도 튼튼한 것', '기능(디자인)이 우수하면서도 가격이 저렴한 것', '크고 무거우면서도 연비는 적게 드는 것' 등이라 할 수 있다.

구소련 알트슐러 박사와 그의 제자들에 의해 발전, 정착되어 온 이 이론은 트리즈 전문 마스터들의 해외 진출로 인해 오늘날 미국, 유럽, 이스라엘, 독립국가 연합, 영국, 캐나다, 일본, 한국 등에서 과학기술 및 산업체 신기술 개발과 특허, 문제 해결, 창의력 교육 등에서 활발히 활용되고 있다.

2) 트리즈 구조의 이해

TRIZ의 사고 기법을 이해하기 위해서는 그것의 구성요소에 대한 이해가 필요하다. 그래서 Randtanen & Domb가 제시한 TRIZ의 구성요소를 참고하고자 한다. 이들에 의하면 TRIZ의 기본 사고 과정은 모순, 자원, 이상적 최종 결과, 진화 유형, 40가지 발명원리, ARIZ 등의 구성요소를 통해서 일어난다.

TRIZ에서 가장 기본이 되는 모순에 대해 살펴보면, 알트슐러는 TRIZ를 연구하면서, 발명문제는 적어도 하나 이상의 모순을 포함하고 있으며, '문제를 해결한다'는 것은 문제 속에 내포된 '모순을 제거한다'는 것을 의미한다라는 것을 발견하였다. 모순은 시스템 내에서 발생하는 갈등의 형태로 나는 것을 의미한다. 여기서 시스템이라 함은 상호 작용에 의해 서로 관련을 맺고 있는 것들의 조직체를 의미한다. 이때 어떤 작용의 주체가 되는 것을 도구라 하고, 작용이 가해지게 되는 객체를 대상이라 부른다. 그러나 이러한 작용에는 좋은 특성만 있는 것이 아니라 우리가 원하지 않은 해로운 효과들이 나타날 수 있다. 모순이란 이처럼 도구가 대상물에 어떤 작용을 가하는 상황에서 유용한 작용과 유해한 작용을 동시에 발생하는 갈등 상황에 처해 있는 것을 의미한다.

TRIZ에서 모순(Contradiction)은 크게 기술적 모순과 물리적 모순 2가지로 구분한다. 기술적 모순은 시스템의 한 속성을 개선하고자 할 때, 그 시스템의 다른 속성이

러시아어:	Теория	Решения	Изобретательских	Задач
	‖	‖	‖	‖
영어:	Theory	Solving	Invention	Problem

⬇

TRIZ(트리즈)는 러시아어에서 앞 자만 따서 영어식으로 발음한 것으로
"창조적 문제 해결이론"이란 의미이다.

⬇

"주어진 문제의 가장 이상적인 결과를 얻어내는데 관건이 되는 **모순**을 찾아내고,
이를 극복함으로써 혁신적 해결안을 얻을 수 있는 방법론"을 말한다.

[TRIZ의 용어 정의]

악화되는 상태를 의미한다. 물리적 모순은 시스템의 한 속성의 값이 높아야 하지만 동시에 낮기도 해야 하는 상태, 또는 어떤 경우에는 속성이 있어야 하지만 어떤 경우에는 없어야 하는 상태 등을 의미한다. 모순은 시스템 내에 있는 갈등이다.

기술적 모순은 시스템 내 요소의 한 가지 특성인 A를 개선하면, 이에 따라 다른 B특성이 나빠지는 상황을 나타낸다. 즉 어떤 좋은 일이 발생하면 동시에 나쁜 일도 발생하는 상황을 의미한다. 여기서 주의해야 될 것은 기술적 모순이라고 해서 반드시 기술적인 특성을 의미하는 것은 아니라는 점이다. 일반적인 문제, 즉 조직, 경영, 정치, 사회 등 다양한 문제에서 어느 한 특성(A)을 개선하고자 할 때 그 시스템의 다른 특성(B)이 악화되는 상황, 즉 두 특성 사이에 모순이 발생하는 상황을 기술적 모순이라 할 수 있다. 즉 TRIZ가 반드시 공학적인 문제만을 해결하는 기법은 아니라는 점이다.

알트슐러는 모든 발명 문제 즉 모순을 포함하고 있는 문제의 이면에는 이 모순을 해결할 수 있는 발명원리들이 있다는 것을 발견하였고, 특허 분석을 통해 기술적 모순을 해결할 수 있는 발명원리를 정립하였다. 알트슐러가 연구하던 당시에는 약 300개의 발명원리가 있었다고 한다. 그것을 유사한 것들을 서로 모으고, 재정리하여 최종적으로 40개로 만든 것이다. 여기서 나온 40가지 발명원리가 기술적 모순을 해결하는 데 활용된다.

물리적 모순이 기술적인 모순과 다른 점은 기술적 모순은 두 가지 파라미터 사이의 모순이 발생하는 상황이지만, 물리적 모순은 동일한 하나의 파라미터가 서로 양립할 수 없는 상황에 처한 것을 말한다. 물리적 모순을 정의할 때는 A 특성과 B 특성에 영향을 동시에 줄 수 있는 어느 한 요소의 특성 C를 찾아야 한다. 물리적인 모순은 어느 한 요소의 특성이 상호배타적인 관계에 놓인 상황이라 할 수 있다. 즉 어떤 한 요소가 <+>인 특성과 <−>인 특성을 동시에 만족해야 하는 상황인 것이다. 물리적 모순 해결에는 분리의 원리가 활용되는데, 여기에는 시간의 분리, 공간의 분리 부분과 전체 분리 등이 있다.

자원(Resources)은 문제 환경의 내부 또는 주변에 이미 존재하고 있는 사물, 정보, 에너지 또는 물질의 특성들이다. 자원이 즉시 사용될 수 있거나 변형하여 유용하게 만들 수 있다면, 문제는 스스로 해결된 것으로 나타날 것이다. 자원은 문제를 해결하기 위해 사용 가능한 모든 것이 될 수 있다. TRIZ에서 자원이 가지는 의미는 바로 문제의 핵심이 되는 모순을 해결하는 방법을 찾아내는 데 자원을 적극 활용해야 한다는 것이다. 또한 자원을 통해 도출된 이상적 최종 결과는 거기서 끝나지 않고 항상 새로운 모순에 직면하게 되고, 그것을 해결하기 위해 또다시 자원 분석의 과정을 다시 밟게 되는 순환 싸이클의 형태를 구성하게 된다. 이러한 과정을 반복하면서 해결책이 더욱 발전하는 것이다.

TRIZ에서는 이상시스템을 우리가 최종적으로 도달해야 할 목표로서, 이상적 최종결과(Ideal Final Result) 즉 IFR이라고 부른다. TRIZ를 통해 문제를 해결하는 데 있어서는 모순들과 타협하거나 절충하는 것이 아니라 모순의 근원적 해결을 통해 두 가지 특성을 모두 만족하는 이상적 최종 결과를 추구한다. 이를 위해서는 기존 사고의 틀을 깨는 혁신적인 사고가 필수적이다.

40가지 발명원리는 TRIZ 기법의 창시자 알트슐러가 기술적 모순을 해결할 수 있는 주요 기법으로 제시한 것이다. 이 40가지 발명원리는 기존의 특허를 분석하여 특허 물품에 적용된 주요 기법들을 정리한 것이어서 그 근거 또한 실증적이라고 할 수 있다.

1. 분할 쪼개어 사용한다	**9. 사전반대조치** 미리 반대방향으로 조치를 취한다	**17. 차원변화** X 혹은 Y축 등으로 차원을 바꾼다	**2. 셀프서비스** 스스로 기능을 수행하게 한다	**33. 동질성** 기왕이면 같은 재료를 사용한다
2. 추출 필요한 것만 뽑아낸다	**10. 사전조치** 미리 조치한다	**18. 진동** 진동을 이용한다	**26. 복사** 복잡하고 비싼 것 대신에 간단한 것	**34. 폐기 및 재생** 다 쓴 것은 버리거나 복구한다
3. 국소적 성질 전체를 똑같이 할 필요 없다	**11. 사전예방조치** 미리 예방조치를 취한다	**19. 주기적 작용** 연속적으로 하지 않고 주기적으로	**27. 값싸고 짧은 수명:** 한 번 쓰고 버리게 만들자	**35. 속성변화** 물질의 속성을 변화한다
4. 비대칭 대칭이라면 비대칭으로 해 본다	**12. 높이 맞추기** 상대방에게 쉽도록 환경을 바꾼다	**20. 유용한 작용의 지속**	**28. 기계시스템의 대체:** 기계적 시스템은 광학, 음향시스템으로	**36. 상태전이** 상태변화를 이용한다
5. 통합 한 번에 여러 작업을 동시에 한다	**13. 역방향** 반대로 해본다	**21. 급히 통과** 유해하다면 빨리 진행해 버린다	**29. 공기압 및 유압을 사용**한다	**37. 열팽창**
6. 다용도 하나의 부품을 여러 용도로 사용	**14. 곡선화** 직선을 곡선으로 바꾼다	**22. 전화위복** 유해한 것은 좋은 것으로 바꾼다	**30. 유연한 막 또는 얇은 필름을 사용**한다	**38. 산화제** 반응의 속도를 증가시킨다
7. 포개기 안에 집어넣기	**15. 역동성** 부분 단계마다 자유롭게 움직이기	**23. 피드백**	**31. 다공질재료** 구멍이나 틈을 이용하거나 만든다	39. 불활성 환경안정화 시킨다
8. 공중부양: 지구중력으로 무게를 적극적으로	**16. 초과나 부족** 지나치게 해버리거나 부족하게	**24. 중간매개물** 직접하지 않고 중간 매개물을 이용	**32. 색깔 변화** 색이나 투명도를 바꾼다	**40. 복합재료** 균일한 재료를 복합재료로 바꾼다

[40가지 발명원리]

[부록] 창의성 마인드 검사지

다음 각 문항을 읽고 자신의 생각이나 행동에 가장 가까운 답을 골라 체크하십시오.

1. 이 그림은 어떤 형태로 보입니까?

1) 술잔
2) 두 사람이 마주보고 있는 모습
3) 술잔 또는 두 사람이 마주보고 있는 모습
4) 어떤 형태로도 안 보인다

2. 왼쪽의 그림은 어떤 사람을 나타낸 것일까요?

1) 처녀
2) 노파
3) 처녀 또는 노파
4) 잘 모르겠다

3. 원 안을 연필로 칠해서 원 안을 채울 때 옳은 방법은?

1) 테두리 원 안을 가득 채운 그림
2) 테두리 원 안을 반 정도만 채운 그림
3) 테두리 원을 벗어나서 넘치게 그린 그림
4) 모두 다 옳다

4. 그림 A, B, C, D의 사람 중에서 가장 큰 사람은 누구일까요?

1) A
2) B
3) C
4) D
5) 모두 다 같다

5. A와 B의 선분 중에서 어느 선분이 더 길까요?

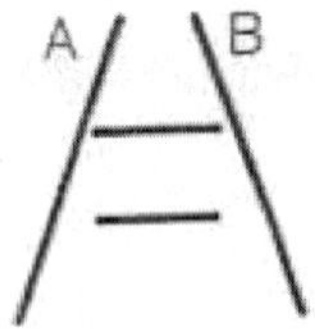

1) A
2) B
3) A = B
4) 잘 모르겠다

6. 그림에서 화살표가 가리키는 것은 무엇을 의미하는 것일까요?

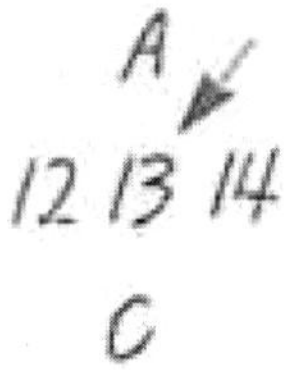

1) 아라비아 숫자 13
2) 알파벳 13
3) 13 또는 B
4) 13 또는 B가 아니라 다른 의미

7. 선분 A와 B의 길이와 선분 C와 D의 길이는 어느 쪽이 더 길까요?

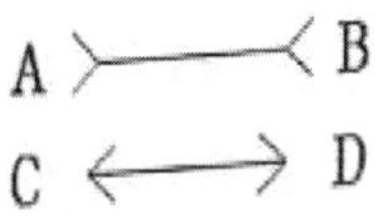

1) A-B
2) C-D
3) A-B와 C-D는 같다
4) 잘 모르겠다

8. A로부터 B로의 사선은 이어진 것일까요? 끊어진 것일까요?

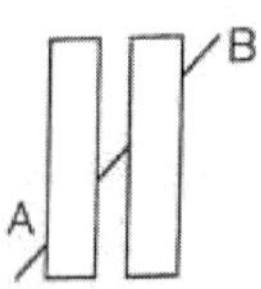

1) 끊어져 있는 2개의 사선이다
2) 이어져 있는 1개의 사선이다
3) 잘 모르겠다

9. 원 안의 사각형은 어떤 모양일까요?

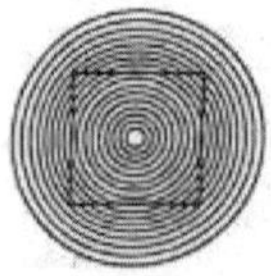

1) 정사각형
2) 옆과 위의 직선이 안으로 휘어진 사각형
3) 직사각형

10. 제시된 문자와 숫자는 위로부터 아래로 일정한 규칙이 있습니다.
?에 들어갈 문자와 숫자는 무엇일까요?

F
F 1
F 1 1 1
F 1 1 3
?

1) F12231
2) F11231
3) F12123
4) F22122
5) 아무런 규칙도 없다

11. 지능과 창의성은 어떤 관계일까요?
1) 지능이 높으면 창의성이 반드시 높다
2) 지능이 높으면 창의성은 반드시 낮다
3) 지능과 창의성은 아무런 상관이 없다
4) 지능은 어느 수준까지만 창의성에 영향을 미친다

12. 창의성은 후천적으로 노력하면 계발할 수 있을까요?
1) 창의성은 선천적이기 때문에 계발하기 힘들다
2) 창의성은 후천적으로 노력하면 얼마든지 계발할 수 있다
3) 창의성은 어렸을 때 결정되어 평생 동안 변하지 않는다

13. 자유롭게 상상하는 것은 창의성에 어떤 영향을 미칠까요?
1) 자유롭게 상상하는 것은 창의성에서 가장 중요하다
2) 지나치게 자유로운 상상력은 창의성을 해칠 수도 있다
3) 창의성은 기존의 틀을 깨뜨리는 것이 그 무엇보다 중요하다

14. 창의적인 아이디어는 양과 질 중에서 어느 것이 더 중요할까요?
1) 양
2) 질
3) 양과 질 모두
4) 잘 모르겠다

15. 창의성에는 좌뇌와 우뇌 중에 어떤 뇌가 더 중요한 역할을 할까요?
1) 좌뇌
2) 우뇌
3) 좌뇌와 우뇌 모두
4) 잘 모르겠다

16. 창의성에서 상대적으로 가장 중요한 것은 무엇일까요?
   1) 창의적 사고 능력인 창의력
   2) 창의적 인성인 창의성
   3) 지능
   4) 아이디어의 구현 능력
   5) 모두 다 중요

17. 창의성에서 모방에 대한 평가는?
   1) 모방은 창의성을 방해한다
   2) 모방은 창조의 어머니이다
   3) 모방은 가장 저급한 창의성이다

18. 창의적인 아이디어는 처음부터 독특하고 완벽할 것일까요?
   1) 처음부터 독특하고 완벽한 경우가 많다
   2) 처음부터 독특하거나 완벽하지 않아 계속 고쳐야 한다
   3) 처음부터 독특하지만 완벽하지는 않다
   4) 잘 모르겠다

19. 창의성은 머리 좋은 소수 영재에게서만 나타나는 것일까요?
   1) 항상 그렇다
   2) 항상 그런 것은 아니다
   3) 잘 모르겠다

20. 창의적인 아이디어는 노력하지 않아도 어느 날 갑자기 떠오르는 것일까요?
   1) 항상 그렇다
   2) 항상 그런 것은 아니다
   3) 잘 모르겠다

채점표

20문항에 체크한 답을 다음 채점표에 옮겨 적은 후 점수를 계산하십시오.

문항	채점									
	답	득점	답	득점	답	득점	답	득점	답	득점
1	①	1	②	1	③	5	④	0	⑤	-
2	①	1	②	1	③	5	④	0	⑤	-
3	①	1	②	2	③	2	④	5	⑤	-
4	①	5	②	0	③	0	④	0	⑤	2
5	①	5	②	0	③	2	④	0	⑤	-
6	①	1	②	1	③	5	④	0	⑤	-
7	①	5	②	0	③	2	④	0	⑤	-
8	①	5	②	2	③	0	④	-	⑤	-
9	①	2	②	5	③	0	④	-	⑤	-
10	①	0	②	5	③	0	④	0	⑤	0
11	①	2	②	0	③	1	④	4	⑤	-
12	①	0	②	5	③	2	④	-	⑤	-
13	①	2	②	5	③	0	④	-	⑤	-
14	①	2	②	2	③	5	④	0	⑤	-
15	①	1	②	2	③	5	④	0	⑤	-
16	①	2	②	2	③	1	④	2	⑤	5
17	①	2	②	5	③	0	④	-	⑤	-
18	①	0	②	5	③	0	④	0	⑤	0
19	①	2	②	5	③	0	④	-	⑤	-
20	①	2	②	5	③	0	④	-	⑤	-
소계	A		B		C		D		E	

[출처: 최창호(2003). 창의적 리더는 자장면을 먼저 시키지 않는다. 학지사]

"창의성 수준에 따른 5가지 구분"

창의성을 수직적으로 볼 때 창의성 수준은 달라진다. 테일러(Taylor, 1959)는 창의성에 대한 수준을 5가지로 구분했다.

① 표현적(expressive) 창의성: 독립적인 개성을 가지고 표현하는 창의성으로, 생각의 독창성이나 질 또는 창의적 결과물의 기능은 중요하지 않다. 아이들의 그림과 같은 것이 대표적인 예이다.

② 생산적(productive) 창의성: 단편적인 생각을 정리하고 최종 성과물을 마무리할 수 있는 능력이 요구되는 창의성으로 예술 또는 과학에서의 창의성이다.

③ 발명적(inventive) 창의성: 발명가나 탐험가처럼 재료, 방법 및 기법 등에서 나타나는 방법론적인 창의성이다. 벨의 전화기, 에디슨의 축음기, 전구 등이 그 예이다.

④ 혁신적(innovative) 창의성: 개념을 변환할 수 있는 창의성으로, 개념에 대한 이해를 새롭게 하거나 새롭게 개념화할 수 있는 능력이다. 루터의 종교 개혁, 윗슨의 행동주의 심리학, 키에르케고르의 실존철학 등이 그 예이다.

⑤ 창발적(emergentive) 창의성: 창발적 또는 발생적 창의성은 기존의 개념에서 벗어나 전혀 새로운 원리나 가정에서 출발하는 창의성으로 하나의 새로운 학파를 형성할 수 있다. 완전히 무에서 유를 창조해내는 것과 같은 창의성이다. 코페르니쿠스의 지동설, 아인슈타인의 상대성 이론, 다윈의 진화론 등이 그 예이다.

"창의성을 강조한 아들러"

불구의 몸을 딛고 훌륭한 심리학자가 된 아들러(A. Adler)는 프로이트를 옹호하는 글을 쓴 것을 계기로 프로이트와 교류를 시작한다. 그러나 그는 자신이 정신분석학자라고 생각해본 적도 없었고 정신분석을 행한 적도 없으며 프로이트가 신경증의 원인으로 성을 강조한 것을 받아들이지도 않았다.

아들러는 프로이트의 심리성욕적 에너지인 리비도에 반대하고 인간을 본능의 포로가 되어 있거나 문화적인 압력이나 유년기의 경험에 의해 결정되는 존재가 아니라 능동적으로 자신의 성장과 미래를 지시하고 창조하는 존재라고 보았다. 이런 측면에서 보면 아들러는 1940년대에 등장하는 인본주의 심리학의 선구자였던 셈이다.

아들러는 인간 행동의 근원을 우월 추구라고 보았다. 그것을 충족하지 못하는 데서 발생하는 열등 콤플렉스는 인간의 성격과 행동을 결정하는 근본적인 심리현상이다. 사람들은 열등 콤플렉스를 보상함으로써 열등감을 극복하려고 하는데, 그 와중에 간혹 과잉보상을 할 때가 있다. 그러한 것이 결국 사회적으로 문제 있는 성격과 행동을 이루는 근간이 되는 것이다.

아들러는 출생순위가 성격에 미치는 현상을 연구했고, 콤플렉스에 관해 많은 연구 결과를 남겼다. 그는 자기완성을 향해 나아가려는 인간의 우월추구 동기를 주장했다. 그리고 건강한 사람들은 직업과 여가, 사랑, 우정이라는 발달과제를 달성해야 한다고 주장했다. 그리고 창의적 문제해결 능력과 창의성을 인간이 나아가야 할 방향 중의 하나라고 주장했다.

아들러는 의식적이고 합리적인 정신과정에 관심을 가져 자아심리학의 발달을 촉진했으며, 성격의 자발적이고 창조적인 면을 강조함으로써 다른 심리학자나 정신치료자들에게 직접, 간접적으로 영향을 주었다.

"창조자는 느림의 미학을 안다."

"서두르지 말고 작은 이익에 한눈팔지 말라. 서두르면 달성하지 못하고 작은 이익에 한눈팔면 큰 일에 성공하지 못한다."

논어에 나오는 말이지만 창의성 시대에 온고지신(溫故知新)을 되새겨보아야 한다. 생산성 패러다임의 시대에는 효율성과 스피드, 그리고 경쟁이 가장 중요한 가치 기준이다. 창의성 시대에는 여유를 가지고 느림의 미학을 음미하는 삶의 모습을 추구해야 한다.

창의성 패러다임에 적응하기 위해서는 스피드, 경쟁보다는 여유를 가지고 자신의 일에 몰두할 수 있는 삶이 있어야 하고, 경쟁적으로 남보다 앞서나가려고 노력하기보다는 남과 다른 차별화 전략을 구사해야 한다. 이 중독증에 빠져 목표만 향해 돌진하는 사람들에게는 여유가 없다. 아들러는 사람들이 획득해야 할 발달 과업 중에 일과 여가(work & leisure)를 들었다.

풀러는 이렇게 말했다.

"재산을 가지고도 그것을 즐기지 못하는 삶은, 황금을 나르고도 엉겅퀴를 먹는 당나귀와 같다."

CHAPTER

10

진로교육

CHAPTER ⑩
진로교육

1. 진로교육의 개념

1) 진로교육의 등장

진로교육(Career Education)이란 말은 1970년대 이후 새롭게 등장한 용어이다. 이전까지만 해도 직업교육이란 말이 일반적으로 쓰여져 왔다. 이때 직업교육이란 말은 주로 고등학교 수준에서 특정한 직업에 취업할 수 있도록 기능 훈련을 제공한다는 뜻으로 사용되었다. 이러한 의미에서 직업교육은 특정한 직업을 원하거나 필요로 하는 사람에게만 필요한 것이었다.

그러나 오늘날 직업은 생계의 수단이라기 보다 사회에 봉사하는, 나아가서 자아실현을 위한 수단으로써 더 중요한 의미를 갖게 되었다. 현대사회에서는 모든 사람이 직업을 갖지 않으면 안 되게 되었다. 대학에 진학하든, 하지 않든 간에 조만간 누구나 직업을 가져야 된다는 관점에서 보면 직업교육은 모든 사람에게 필요한 것으로 인식될 수 있다. 직업교육은 제한된 영역의 기능 훈련이라는 의미에서가 아니라, 모든 사람들의 직업생활에 공통적으로 필요한 기초기능과 소양, 건전한 직업적 태도와 가치관 및 자아관 등을 길러주기 위한 일반 교양교육의 일환으로 가르쳐지게 되었다.

직업교육은 산업발전이 가속화됨에 따라 1970년대 이후 더욱 강조되게 되었다. 소질과 적성을 발견하게 하고, 계발시키며, 그에 알맞은 직업을 선택하여 성공적으로 직업생활을 할 수 있도록 돕는 일은 중요한 일임에 틀림없다. 그러나 현대사회 속에서 행복하고 성공적인 삶을 영위하기 위해서는 직업 생활뿐만 아니라 생애 문제 전반에 관하여 슬기롭게 대처해 나가야 한다. 이러한 점에서 '진로교육'이란 말은 직업교육을 포괄하는 보다 넓은 의미에서 생애 교육을 뜻하는 개념으로 정립되게 되었다.

진로교육은 학생들이 행복한 개인으로서, 생산적인 사회성원으로서 성장하는데 있어서 학교교육이 보다 적극적으로 공헌해야 된다는 관점에서 학문세계와 일과 인생의 문제를 보다 밀접하게 연결시키려고 노력한다. 진로교육은 인생 전반의 진로를 선택하고, 그에 대처하는 능력과 소질, 태도, 가치관 등을 계획적으로 길러나갈 수 있도록 하기 위해서 학교교육 전체 프로그램의 변화를 요구한다. 따라서 진로교육은 모든 학생들에게 진로선택의 가능성을 폭넓게 인식시키고, 합리적인 진로계획을 세우고 준비해 나가도록 하는 교육적 노력으로 해석되기도 한다.

2) 진로교육의 의미

진로교육이란 '생산적 사회성원으로서 그리고 행복한 개인으로서 삶을 영위할 수 있도록 성장을 돕는 교육의 과정으로 정의될 수 있다.'

위의 개념 규정은 지금까지의 전통적 교육과는 다르게 몇 가지 측면에서 교육의 중요성을 새롭게 인식하고자 한다.

첫째, 삶에 있어서 사회적 역할의 중요성에 대한 새로운 인식이다. 우리는 일생을 살아가면서 여러 가지 사회적 역할을 수행하여야 한다. 직장의 일원으로서 가족의 일원으로서 그리고 각종 사회집단의 한 사람으로서 우리의 역할을 잘 수행할 수 있어야 한다. 특히 직업적 역할의 수행은 개인 발전을 위해서뿐만 아니라 사회 발전을 위해서 매우 중요하게 생각된다. 우리 모두가 직업적 역할을 포함하여 우리의 사회적 역할을 생산적으로 수행할 수 있을 때 우리 사회는 발전할 수 있으며, 개인적으로도 만족한 사회생활을 할 수 있게 된다. 사회적 역할을 생산적으로 수행할 수 있으려면 각자에게 알맞은 사회적 역할을 발견하고, 그러한 역할 수행을 위한 충분한 준비가 있어야 한다. 직업적 역할을 포함하여 일생 동안 살아가면서 수행하여야 할 사회적 역할들에 대하여 학생들로 하여금 생각해보게 하고, 각자에게 가장 알맞은 역할을 발견하고, 준비해 나가도록 교육한다면, 학생들은 보다 생산적인 사회 일원으로서 상장할 수 있을 것이다.

둘째, 행복한 삶에 대한 새로운 인식이다. 물질적인 풍요에도 불구하고 현대인의 삶은 더욱 메말라가고 각박해지는 경향이 있다. 삶을 합리적으로 영위하고, 스스로 행복을 창출하고 관리해 낼 수 있는 지혜가 부족하기 때문이다.

우리는 나름대로 행복하게 살 수 있어야 한다. 그렇게 살기 위해서는 삶의 목표를 바르게 세우고, 현명한 삶의 방법을 터득해야 한다. 적성, 능력, 성격, 흥미, 신체적 특성 등을 포함한 자아의 특성을 바르게 파악하고 가꾸어 나갈 수 있고, 가정환경 및 사회 환경 등 주어진 여건을 객관적으로 평가할 수 있어야 한다. 결과적으로 자기에게 맞는 생애 목표를 세우고 진로를 개척해 나갈 수 있어야 한다.

셋째, 교육의 과정에 대한 새로운 인식이다. 교육이 일과 직업세계를 포함한 현실적 삶의 세계를 경험하고, 이해하고, 준비하는 과정이 되어야 한다는 새로운 자각이다. 삶과 유리된 죽어있는 지식(Inert Knowledge)의 암기과정이 되어서는 안 된다는 것이다. 삶과 유리된 죽어있는 지식-흔히 고도로 이상화되고, 개념화되고, 추상화되고, 이론화된 지식으로 표현되는-만을 강요함으로써 학생들에게 학습이 무의미하게 되는 교육이 되어서는 안 된다는 것이다. 일과 직업 세계를 포함한 삶의 현실세계로부터 지식이 경험되고 획득됨으로써 현실적 삶의 세계에 다시 응용될 수 있는 지식교육이 되어야 한다. 경직된 지식체계가 학생들의 삶을 압도하는 교육이 되어서는 안 된다. 오히려 그것은 학생들의 삶을 넓혀 주고, 깊게 만들어 주고, 새롭고 의미 있게 인식시켜 주는 수단으로써 가르쳐 주어야 한다. 이렇게 할 때 학교교육은 앞으로의 사회 발전적 요구에 부응할 수 있을 것으로 생각된다.

2. 진로발달이론에 대한 이해

진로발달에 대한 이론과 접근방법은 학자에 따라 다양하게 분류되고 있다. 과적인 진로상담을 하기 위해서는 우선 진로발달(career development)이론에 정통해야 하고, 문제의 성격에 따라 적합한 이론을 선택하여 상담에 활용되어야 한다. Herr & Crammer에 따르면 다음과 같이 다섯 가지로 분류한다(Herr & Crammer. 1972, pp.30~53).

① 특성요인 이론(trait-factor or actual theory): 이 특성이론의 초점은 개인적 흥미나 능력 또는 일에 요구되는 특성에 관련된 개인의 특성에 있다. 즉, 개인이 가지고 있는 여러 특성을 심리검사 등 객관적인 수단에 의하여 밝혀내고, 각각의 직업이 요인을 분석하여 개인의 특성에 적합한 직업을 선택하게 하는 것이다.

② 의사결정론(decision theory): 이 의사결정 이론은 직업 선택이 하나의 의사결정 과정이란 착상에서 비롯되었으며, 개인은 여러 가지 선택 가능한 직업 중에서 자신의 투자가 최대한으로 보상받을 수 있는 직업을 선택한다는 것이다.

③ 사회적 강조론(sociological emphases) : 사회학적 요인, 즉, 개인을 둘러싼 사회·문화적 환경 또는 사회구조와 같은 요인이 직업발달과 선택에 영향을 준다는 이론으로 Blau, Hollingshead, Miller와 Form 등에 의해서 발전된 것이다.

④ 심리이론(Psychological emphases): 이 이론은 주로 동기·인성·구조·욕구(needs)와 같은 개인의 심리적 수단에 의해서 직업발달과 선택이 좌우되는 것이다.

⑤ 발달이론(developmental emphases): 이 발달이론은 인간 발달의 개념을 진로지도에 도입한 것으로 비교적 오랜 기간 동안 개인발달 과정에 초점을 두고 있다.

이와 같이 진로발달 이론에는 대체로 다섯 가지 포괄적인 이론을 중심으로 개인의 성장·발달을 이해하고 분석하고 종합하여 진단하게 된다. 이 이론들의 구체적인 이론을 정립한 학자들과 그들의 주장하는 주요 개념을 살펴보면 <표 10-1>과 같이 정리하여 제시할 수 있다(Tolbert, 1980, pp. 36~37).

위와 같은 기본이론에 기초하여 <표 10-1>과 같이 학자들의 주장에 따른 다른 이론적 배경과 실제를 나타내고 있다. 진로교육을 적용할 때 가장 기본이 되는 것은 진로발달 과정에 대한 이해이다. 진로발달과 그 과정에 있어서 가장 우리의 관심을 끄는 것은 “왜 어떤 사람은 어떤 특정한 진로를 택하게 되는가?”하는 의문이다(이재찬, 1986). 이것은 결국 진로결정에 대한 의문으로서 이 의문에 대한 대답을 얻기 위해 많은 사람들이 노력해 왔는데 이러한 노력이 체계화된 것이 바로 진로발달 이론이라고 할 수 있다.

〈표 10-1〉 진로발달 이론과 관련 내용 요약

구분	이론가	주요개념	연령구분	생활지도에 응용	연구지원 방안
특성이론	E.G Willamson Frank Parsons Hull Kitson	특성의 평가, 일의 요소와 특성을 연계 시킴.	고등학교 및 성인	의사결정을 위한 선택	타당성의 여러 가지 결과
발달이론	Donald E. Super Eli Ginzberg Tiedman and O'Hara	발달단계, 진로 유형, 직업적 자아개념, 직업 성숙도	일생을 통하여 이루어짐	여러 연령층에 알맞게 상담 및 프로그램 계획	단계별 계열성과 같은 주요 개념을 기초로 한 실질적 지원
욕구이론	Anne Roe Johan L.Holland Robert Hoppock	욕구는 경험과 속성에서 생성된다. 선택은 욕구에 기초한다.	전 생애를 통해 일어난다. 그러나 강조점은 아동기에 일찍 선택하는 데 초점을 둔다.	생활지도에 있어서 욕구개념을 광범위하게 응용한다.	이론가에 따라 변화된다. Roe는 일부 지원하고는 일반적으로 타당하다고 한다.
정신분석이론	Edward S.Bordin Nachmann Segal Galinsky Freud	욕구는 인생발달의 정신분석학적 이론에 기초하고 있다.	유아기에 있어서 인성발달을 강조하지만 평생을 통하여 욕구는 상존한다.	주로 욕구 탐색을 포함하는 상담에 사용된다.	어떤 연구는 개념에 대한 지원을 하고 있다.
사회이론	Blau Gustad Jessar and Wilcok Miller and Form August B.Hollingshead	직업발달 선택에 있어서 사회적인 영향을 강조, 직업 기회가 중요한 역할을 한다.	평생을 통한 활동	광범위하게 응용되고 있다.	여러 가지 측면에서 지지를 받음. 예를 들어 선택기회의 효과 등
의사결절이론	H.B. Gelatt Hershenson and Roth Knefelkamp and Slepitza Katz Jepson	의사 결정은 누가 기록적인 효과를 가지고 있다. 의가결정은 분류하는 과정이다.	일생을 통하여 전개되지만 처음 다가오는 2,30년대에 주로 강조한다.	광범위하게 응용되고 있다.	소수가 지원을 한다.

구분	이론가	주요개념	연령구분	생활지도에 응용	연구지원 방안
사회학습이론	Mitchell, Jones and J.D.Krumboltz Thoreason and Ewart	학습유형을 이용, 경험의 효과, 기술을 습득	일생을 통하여 이루어지며, 처음 다가오는 2,30년대에 주로 강조된다.	광범위하게 응용되고 있다.	소수만이 지원한다.

3. 일과 직업세계의 이해

1) 일과 직업의 개념

우리 인간은 살아가는 동안 매일 의식적인 활동인 일(work)을 하면서 일생을 보낸다. 그렇기 때문에 우리 삶의 중핵은 일이라고 할 수 있다. 그런데 인간이 왜 일을 하며, 또 일은 반드시 하여야만 하는가라는 질문에 대해서는 명확한 답을 내리기가 쉽지 않다. 하지만 한 가지 확실한 것은 인간은 직업을 통해 비로소 일다운 일을 수행하게 되며, 또한 자신에게 적합한 일을 함으로써 만족과 기쁨을 느끼고 궁극적으로는 자아실현을 이룰 수 있게 된다는 점이다.

직업이란 일생동안 수행하게 되는 일 중에서 특정 시점에 수행하는 주된 일의 역할을 의미한다. 따라서 직업은 시기적으로나 내용적으로나 일 중에서 가장 중요한 부분이라 할 수 있다. 일반적으로 직업이란 개인이 계속적으로 수행하는 경제 및 사회활동의 종류를 말한다. 이러한 '직업(職業)'이라는 단어는 '직(職)'과 '업(業)'의 합성어로 되어 있다. 여기에서 '직'은 다시 두 가지의 뜻으로 구분해 볼 수 있는데, 하나는 관을 중심으로 행하는 직무라는 관직적 뜻이 있고, 또 하나는 직분을 맡아 한다는 개인의 사회적 역할의 뜻이 있다. 한편 '업'이라는 말은 생계를 유지하기 위하여 전념하는 일이라는 뜻과 자기 능력의 발휘를 위하여 어느 한 가지 일에 전념한다는 두 가지의 뜻이 있다. 따라서 '직'과 '업'의 합성어로서의 '직업'이란 용어는 사회적 책무로써 개인이 맡아야 하는 직무성과 생계를 유지하거나 과업을 위하여 수행하는 노동행위의 이중적 의미를 내포한다고 볼 수 있다.

직업이라는 용어에 대하여 외국의 예를 보면 다음과 같다. 영국에서는 'occupation'이라는 말을 쓰는데, 이는 매우 단순한 뜻을 지니고 있다. 한편 프랑스에서는 'profession'을 직업의 의미로 사용한다. 이는 어떤 일감이라기보다는 그 일이 가지고 있는 사회적 지위에 보다 중점을 둔다. 한편 독일에서는 'beruf'라는 표현을 쓰는데, 이 말은 하느님으로부터 소명을 받아 행하는 일, 다시 말하면 도덕적인 뜻이 함축된 소명 의식적인 의미가 크다.

또한 'geschäft'라는 단어는 단순한 영리적 사업이라는 의미로 사용된다. 독일의 'beruf'에 가까운 말로 영어에서는 'vocation'이라는 단어가 쓰인다. 즉 'vocaton'이라는 단어는 'beruf'가 나타내는 소명 의식적 직업(calling)의 뜻이 강하다. 이와 같이 'vacation'이 도덕의식이 함축된 천직적 뜻이 있는 반면, 'occupation'은 삶을 위해 일정 장소를 택하여 노동행위를 한다는 직장의 뜻이 강하며, 'business'는 금전을 획득 사업적이고 영리행위적인 뜻이 강하다.

우리나라에서 사용하는 직업에 이와 같은 외국의 사용 용어의 뜻을 대입시켜 본다면, '직'은 'beruf', 'vocation', 'profession'의 뜻이 강하고, '업'은 'geschäft', 'occupation, business'의 뜻이 강하다고 할 수 있다. 이와 같이 직업이라는 용어는 여러 가지의 대칭 되는 개념을 지니고 있다고 할 수 있다.

한편 한국직업사전에서는 직업이란 개인이 지속적으로 수행하는 경제 및 사회활동의 종류라고 정의하고 있다. 여기에서 일의 계속성이란 일시적인 것이 아니고, 매일 · 매주 · 매월 주기적으로 행하고 있는 경우, 또는 명확한 주기를 갖지 않더라도 계속하고 있으며, 현재 하는 일에 대하여 의사와 능력을 가지고 행하는 것이어야 한다고 하고 다음과 같은 활동은 직업으로 보지 않고 있다.

① 이자 · 주식배당 · 임대료(전세금 · 월세금) · 소작료 · 권리금 등과 같은 재산수입을 얻는 경우
② 연금법이나 사회보장에 의한 수입을 얻는 경우
③ 경마 등에 의한 배당금의 수입을 얻는 경우

④ 보험금 수취·차용 또는 자기 소유의 토지나 주권을 매각하여 수입을 얻는 경우
⑤ 자기 집에서 가사에 종사하는 경우
⑥ 정규 주간교육기관에 재학하고 있는 경우
⑦ 법률 위반행위나 법률에 의한 강제노동을 하는 경우

2) 직업의 의의

직업이란 생계의 유지, 개성의 발휘 및 자아의 실현, 사회적 역할의 분담을 목적으로 계속적으로 행하는 노동 또는 일이라고 정의할 수 있다. 이러한 의미에서 볼 때, 직업만큼 한 개인의 사회적, 경제적, 지적 수준을 단적으로 잘 나타내 주는 것은 없다. 이러한 직업은 개인에게 있어서는 물론 사회의 입장에서도 매우 중요하다. 따라서 여기서는 개인과 사회의 두 가지 측면에서 직업의 의의를 살펴보기로 한다.

(1) 개인적 의의

직업은 개인에게 커다란 의미와 가치를 가지고 있는데, 이러한 직업의 개인적 의의는 다음과 같다.

첫째, 직업은 생계유지를 가능하게 한다. 인간이 살아가는 데 있어서는 의식주의 해결이 가장 우선적인 요건이며, 이를 위한 재화를 획득하기 위하여 많은 사람들이 직업에 종사하고 있다. 즉, 직업을 수행하는 대가로 수입을 얻게 되고, 그것으로 본인과 가족의 생계를 유지하고 경제활동을 영위하게 된다.

둘째, 직업은 소속감을 준다. 직업은 개인으로 하여금 어떤 조직에 소속되게 하여 그 조직의 활동을 공유하고 구성원 간의 공감대를 형성할 수 있도록 한다. 이러한 소속감은 심리적 안정감을 가져다준다. 일반적으로 한 개인이 직업생활을 그만두게 되면 심한 소외감을 느끼고 심리적 불안정감을 느끼는 것은 이 때문이다.

셋째, 직업은 개인의 가치를 실현시켜 준다. 우리 인간은 일반적으로 부, 명예, 권력 등 나름대로 여러 가지 가치를 추구하면서 살아간다. 그런데 부를 축적하거나, 명예를 얻거나, 또는 권력을 가지고자 하는 등의 가치의 실현은 직업을 통하여

가능하게 된다. 즉, 직업은 개인이 바라는 여러 가지 가치를 실현해 준다. 따라서 개인이 자신의 인생에서 성공하느냐 못하느냐의 여부는 무엇보다도 직업생활에 있어서의 성공에 크게 의존한다.

넷째, 직업은 개성 발휘 및 자아실현을 가능하게 한다. 사람들은 각자의 소질과 재능, 그리고 역량을 마음껏 발휘하려는 욕구를 가지고 있다. 즉, 개성의 발휘와 자아실현을 열망하는 것이다. 그렇게 함으로써 자기의 존재에 대한 의의를 깨닫고 긍지를 지니며 자기의 존재를 인정받을 수가 있다. 그러므로 개성을 발휘하고 자아를 실현한다는 것은 곧 인생의 보람이라 할 수 있다. 그런데 이러한 개성의 발휘와 자아실현은 주로 직업을 통해서 이룰 수 있다.

다섯째, 직업은 개인이 사회적으로 주로 접촉하게 되는 대상과 범위를 규정해 준다. 즉, 개인이 일상적으로 접하는 사람의 부류는 대부분 직업을 기초로 해서 정해지게 된다. 예를 들어, 교사는 주로 학생들을 접하게 되며, 의사는 주로 환자들을 접하게 된다.

여섯째, 직업은 개인의 의식 속에 내면화된다. 개인은 그와 함께 일하는 직장 동료와 조화를 이루며 생각하고 행동하도록 요구된다. 그 결과 직업은 개인적 특성에 영향을 끼치게 된다. 따라서, 우리는 같은 직업을 가진 사람들 사이에서 공통적인 특정한 개성을 쉽게 찾아낼 수 있다.

(2) 사회적 의의

그리스의 철학자 아리스토텔레스(Aristoteles)가 말했듯이, 인간은 사회적 동물이다. 즉, 인간은 사회적 존재이므로 태어나면서부터 죽을 때까지 필연적으로 어느 사회에 소속하게 마련이다. 특히, 인간이 생계를 유지하기 위해서는 사회에 소속하여 일정한 사회적 역할을 분담해야 하고, 각자에게 분담된 역할을 충분히 수행할 때에만 사회는 유지될 수 있다.

현대사회에서 직업의 중요한 특성 중의 하나는 사회적 역할 분담이다. 즉, 직업을 가진다는 것은 현대사회의 조직적이고 유기적인 분업 관계 속에서 분담된 기능의 어느 하나를 맡아 사회적 분업 단위의 직분을 수행한다는 것을 의미한다. 이러한 의미는 '직업'이라는 용어에도 내포되어 있다. '직업'이라는 말의 '직(職)'에는, 개인이 사회적 직분을 맡아 수행한다는, 직업의 사회적 역할의 뜻이 담겨 있다. 즉, 직업이란 용어에는 사회적 책무로서 개인이 분담하여 수행하는 직무의 의미가 내포되어 있다.

이러한 측면에서 볼 때, 사회는 각종 직업에 종사하는 개인과 각종 단체에 의해서 구성된다고 할 수 있다. 그러므로 사회 구성은 곧 직업 구성이라 할 수 있다. 따라서 사회구성원이 각자의 직업에 만족하지 못하고 능률적으로 일을 하지 못하면, 그 사회는 발전할 수 없다.

직업의 사회적 역할 측면에서 볼 때, 직업이란 사회적으로 유용한 것이어야 한다는 의미를 내포하고 있다. 즉, 직업은 사회의 유지 및 발전에 도움이 되는 것이어야 한다는 것이다. 따라서 개인이 경제생활을 영위한다고 하더라도, 그 활동이 밀수, 절도 등과 같이 반사회적인 경우에 직업으로 보지 않는 것은 이 때문이다.

읽고 생각해 보세요

[출처: 손성화, 김진숙(2016). 대한민국 교육, 생각에 빠지다. 공동체. pp. 105~108.]

"두려워 말라, 너의 인생이다."

많은 이들이 '삶은 선택이며, 삶을 살아간다는 것은 선택의 연속이다'라고 말한다. 매시간, 아니 매순간 우리는 선택을 하게 된다. 하지만 얼마나 자유의지를 가지고 선택을 할 수 있는가? 가끔 나는 내 삶의 주인이 내가 맞는가? 하는 질문을 스스로에게 던진다. 수많은 답을 찾아보지만 아직도 그 질문은 끝나지 않고 있다.

그것은 아마 '삶은 선택이다'라는 것에 대한 부정적인 순간들이 더 많기 때문일지도 모른다. 아침에 일어나 회사에 출근하고 싶지 않은 대한민국 직장인들이 얼마나 많을까? 자유의지와는

상관없이 자신과 가족의 생계를 위하여 공식적으로 주 5일 8시간씩 근무를 한 후에도 또다시 추가 근무를 한 후 귀가해야만 하는 현대인들의 삶은 어떠한가? '삶은 선택이다'라는 명제에 대하여 인정할 수(있다/없다)에 여러분은 어디에 체크하겠는가? 사람들은 인생의 주인은 내가 아닐 때가 많기 때문에 '없다'에 가중치를 주려고 한다. 하지만,

진정한 자유의지를 발휘할 수 있어야 삶은 선택이라 인정할 수 있다.

그렇다면 삶에 있어 자유의지를 방해하는 것은 어떤 것들이 있을까? 대자연의 엄청난 위력, 문명, 경제, 전쟁, 국가, 사회, 법, 직장, 경쟁, 가족, 건강, 교통사고, 질병, 마음, 사랑, 미움, 감정, 사람 등 너무나 많은 것들이 나의 선택을 제약하고 있다. 이러한 수많은 제약들이 자유의지를 꺾어버린다. 내 의지와는 상관없이 결정될 수밖에 없는 삶의 선택이 많기 때문이다. 그뿐만 아니라 선택조차 할 수 없는

때도 많이 있다. 이러한 무기력한 삶을 살아가는 사람들도 너무 많다. 선택할 수 있는 삶을 살아간다는 것은 정말 내 삶에 주인이 된 삶을 살아간다는 것, 진정 행복한 삶을 살아가는 것이 아닐까?

그렇다면 여기서 다시 질문을 던져보겠다. 여러분은 인생의 주인인가? 아니면 노예인가? 이 질문에 대한 대답을 찾기 위해서는 인생에 있어 수많은 선택 중 나는 얼마나 주도적인 선택을 할 수 있는가를 생각해 보는 것도 좋을 것 같다. 과연 나는 얼마나 주도적으로 살아가고 있는 것인가?

인생에 대한 주도적인 삶을 살아가는 것은, 즉 '인생의 주인은 나여야 한다'는 것, 다시 말해 주도적인 생각을 갖는 것이 중요하다는 것이다. 결국 내 인생은 누구의 것이야 하는가에 대한 의문을 갖고 끊임없이 내면의 자신과 질문하고 토론하여야 한다.

자기주도적으로 사고한다는 것과 연관된 단어를 한번 나열해보자.

나, 우주의 중심, 적극적, 계획, 준비, 자존감, 존재감, 긍정적, 나의 ~~~, 내가 ~~~, 현실점검, 과거, 미래, 꿈, 목표, 목적, 스스로, 주인, 하인, 책임 등 무수히 많은 연관된 단어들이 있을 것이다. 이러한 단어 하나하나의 의미를 깊이 생각해 보는 것도 재미있을 것 같다.

CHAPTER

11

평생학습 사회와 교육

Question

인간은 언제까지 학습이 필요할까요?

학습은 학교를 다니는 기간 동안만 필요할까요?

평생교육의 활성화를 위해 우리는 무엇을 할까요?

CHAPTER 11

평생학습사회와 교육

1. 평생학습사회의 의미

평생학습사회는 학교를 다니는 시간 이외에도 인생을 살아가면서 끊임없이 학습을 해야 하고 또 하고 있는 사회를 의미한다. 현대사회에서 직장인은 학교를 졸업한 이후에도 직장 생활을 하지만 계속해서 학습해야 한다. 고등학교나 대학을 졸업하고 취업한 후에도 직장 안팎에서 다양한 교육에 참여한다. 직장에서는 수시로 변화하는 시장 환경, 소비자의 취향, 상품과 서비스에 대한 학습 기회를 제공하고 있다.

평생학습사회는 일반적으로 '누구나, 언제, 어디서나 원하는 교육을 받을 수 있는 사회'로 정의된다. 여기서 '누구나'는 사회적 지위, 소득, 성별, 나이에 상관없이 교육을 받을 수 있는 기회가 제공되어야 한다는 것을 의미한다. 65세 이상의 고령층이라도 새로운 직업을 구하기 위하여 필요한 교육에 참여할 수 있어야 한다. '언제'는 시간의 제약 없이 교육에 참여할 수 있는 기회가 제공되어야 한다는 의미이다. 그리고 '어디서나'는 지리적 제약 없이 교육에 참여할 수 있어야 한다는 것을 의미한다.

우리나라는 평생학습사회를 중요한 국가정책으로 설정하였다. 그리고 평생학습사회를 실현하기 위하여 다양한 국가사업과 지원을 다년간 추진하고 있다. 예를 들어, 전국적 행사인 '전국 평생학습 박람회'를 매년 실시하는데, 이 박람회는 평생학습에 대한 국민의 이해를 높이고 평생학습사회가 의미하는 교육 기회를 확대하기 위한 문화를 형성하는 것을 목적으로 한다.

세계적으로도 평생학습사회의 중요성을 인정하고 평생학습사회 실현을 위한 국제적인 노력을 하고 있다. 이런 움직임은 1972년 유네스코 교육개발 국제 위원회에서 발표한 '포르 보고서'에도 나타나 있다. 포르 보고서의 제목은 '학습하는 존재(Learning to Be)'로, 제목이 의미하듯이 인간은 다양한 갈등을 해소하고 공동체로서의 발전을 위하여 자신에게 필요한 학습을 해야 하는 존재이다. 그리고 평생학습사회에 대한 강조는 1999년 6월 독일의 쾰른에서 개최된 G8 정상 회담의 '쾰른 헌장'에서도 찾을 수 있다. '쾰른 헌장'은 '평생학습의 목적과 희망'을 제목으로 당시 G8 정상 회담의 결과물 중 하나로서 평생학습사회에 대한 실현과 준비의 필요성을 천명하였다.

'쾰른 헌장'에서 볼 수 있듯이 평생학습사회는 전 국가적, 전 세계적 과제가 되었다. 이는 지식기반사회에서 필수적인 사회변화이고 사회 전체가 평생학습의 장이 되어야 가능하다. 그리고 이를 위해서는 국민 누구나 원하는 교육과 학습에 참여할 수 있는 기회가 보장되어야 한다.

【쾰른 헌장】-평생 학습의 목적과 희망

모든 나라는 국민이 다음 세기를 살아가는 데 필요한 지식, 기술, 자격을 습득할 수 있는 환경, 즉 학습사회를 구현하는 것을 중요한 과제로 삼고 있다. 또한 사회와 경제는 점차 지식기반으로 나아가고 있으며, 교육은 경제적 성공, 사회적 책임, 사회적 일체감을 실현하는데 필수 불가결한 요소이다.
다음 세기는 변화와 유동성의 세기가 될 것이다. 따라서 국민이 유동적 세상, 급변하는 세상에서 살아남기 위해서는 교육과 평생학습이 뒷받침되어야 하며, 국가는 국민에게 교육과 평생 학습의 기회를 보장해야 한다.

2. 평생교육의 필요성과 개념

평생교육(life-long education)이라는 용어는 1965년 유네스코가 개최한 성인교육추진위원회에서 랑그랑(P. Langrand)이 처음 주장한 개념으로 1970년에 그의 저서 「평생교육입문」에서 구체화되었다. 이와 같은 평생교육은 1972년 동경에서 개최된 세계 성인교육회의를 거치면서 국제적인 용어로 알려졌고 우리나라에서는 1973년 '평생교육 발전 세미나'에서 평생교육의 개념정립과 발전방향을 협의하였다.

1) 평생교육의 필요성

랑그랑은 평생교육의 필요성을 다음과 같이 제시하였다.

① 현대의 급속한 사회구조의 변화
② 인구의 증가와 평균수명의 연장
③ 과학기술의 발달
④ 민주화를 통한 정치의 변화
⑤ 각종 매스컴의 발달과 정보의 급증
⑥ 경제적 수준의 향상
⑦ 전문화, 분업화로 인한 여가시간의 증대
⑧ 생활양식과 인간관계의 위기
⑨ 이데올로기의 위기에 의한 가치관의 혼란

평생교육의 개념에 대해서 랑그랑은 평생교육이란 모든 국민들에게 평생을 통하여 각 개인이 가진 다양한 소질을 계속적으로 계발하고 사회발전에 적극적으로 참여할 수 있도록 하는 교육이라고 하였다. 유네스코 한국위원회에서는 평생교육을 급격히 변화하는 사회에 있어서 개인과 집단이 지속적으로 자기 갱신과 사회적 적응을 추구하게 하기 위한 것이며 학교의 사회화와 사회의 교육화를 이룩하려는 일종의 새로운 교육적 노력이라고 했다.

2) 평생교육의 개념

데이브(R. M. Dave)는 평생교육의 개념을 다음과 같이 20가지로 구분하여 정의하였다.

① 평생교육은 생(life), 평생(lifelong), 교육(education)이라는 세 가지 기본단어로

구성되어 있다.

② 교육은 학교교육으로 끝나는 것이 아니라 평생을 통한 과정이다.

③ 평생교육은 성인교육에만 한정되어 있는 것이 아니라 유아교육, 초등교육, 중등교육, 고등교육과 그 밖의 모든 단계의 교육을 통합하는 체계이다. 즉 평생교육은 교육을 하나의 전체구조로 파악하는 개념이다.

④ 평생교육은 형식적인 학교교육과 비형식적인 학교 외 교육을 포함하는 동시에 조직적인 학습이나 비조직적인 학습을 포함한다.

⑤ 평생교육에 있어서 가장 기초가 되는 교육의 장은 가정이다. 가정이 바로 개인의 평생교육에 결정적인 역할을 한다.

⑥ 평생교육체제에 있어서 지역사회도 역시 중요한 역할을 한다.

⑦ 평생교육체제에 있어서 학교나 대학 또는 여러 형태의 훈련기관도 중요하지만 이들은 각각 전체 평생교육기관의 하나로서 중요성을 가진다. 즉 이제는 학교가 교육을 독점하는 기관이 될 수 없다는 것이다.

⑧ 평생교육은 교육의 수직적, 종적 측면에서의 상호연계성을 추구해야 한다.

⑨ 평생교육은 모든 발달단계에서 수평적, 심층적인 통합을 도모하려고 하는 것이다.

⑩ 평생교육은 엘리트를 위한 교육형태가 아니다. 보편적이고 민주주의적인 것이다.

⑪ 평생교육은 학습내용과 방법 그리고 학습시간의 융통성과 다양성을 최대한 보장한다.

⑫ 평생교육은 새로운 사회적 욕구에 즉각적으로 대응할 수 있는 역동적인 교육과정이다.

⑬ 평생교육은 학습자의 요구수준에 맞는 다양한 형태와 방법을 추구한다.

⑭ 평생교육은 교양교육과 직업교육으로 구성되어 있는데 두 가지 영역과 상호보충적인 역할을 한다.

⑮ 평생교육은 개인과 사회의 적응기능과 혁신기능을 충족시킨다.

⑯ 평생교육은 기존의 교육적 결함들을 보완하는 교정적 기능을 수행한다.

⑰ 평생교육의 궁극적인 목표는 개인의 삶의 질을 향상시키는 데 있다.

⑱ 평생교육에는 기회와 동기 그리고 교육가능성이 중요한 전제조건이다.

⑲ 평생교육은 모든 형태의 교육을 포함하는 조직원리이다.
⑳ 평생교육은 모든 교육의 전체적 체계를 마련해 주는 실천적 단계이다.

3. 평생교육의 과제

1) 학습하는 사회건설

우리 사회구성원 전체가 학습자가 되는 사회를 건설해야 한다. 우리는 요람에서 무덤까지 배워야 하는 존재임을 깨닫고 학습하는 사회를 건설하기 위한 범국민적 교육활동이 생활화되어야 한다. 즉 우리 사회를 술 권하는 사회에서 책 권하는 사회로 만들어야 한다. 이를 위하여 기성세대부터 책을 가까이하는 습관을 가져야 청소년들도 평생 학습하는 사회건설에 동참하게 될 것이다.

2) 소외계층에 대한 교육기회의 균등

여러 가지 사정으로 교육의 혜택을 받지 못한 소외계층에 대해서 평생교육의 기회가 확대되어야 한다. 특히 사회경제적 이유나 신체적 경함 등으로 정규 학교교육의 기회를 놓친 사람들이나 중도에 탈락한 사람들에게 교육의 기회를 주어야 한다. 왜냐하면 평생교육은 모든 인간을 대상으로 하며 삶의 질을 향상시키는 것이 궁금적인 목적이기 때문이다.

3) 재취업교육의 강화

여러 가지 사정으로 직장을 그만두게 된 사람들에게 일정한 기간 동안의 교육을 통해 새로운 직장에 재취업할 수 있는 평생교육 프로그램이 강화되어야 한다. 특히 최근 구조조정으로 인한 중년층의 실업자 문제는 심각한 수준이다. 형식적인 교육이 아니라 시간이 걸리더라도 실제로 재취업하여 새로운 삶을 살아갈 수 있도록 해야 한다. 이 문제는 정부차원에서 적극적으로 추진해야 하며 중앙정부와 관련기관 및 대학들이 긴밀한 협력 체제를 유지하여 엄격하게 관리하고 교육하면 많은 효과가 있을 것으로 기대된다.

4) 노년기 인구에 대한 교육 강화

우리 사회도 이미 고령화 사회로 접어들고 있다. 은퇴 후의 삶을 보람있게 보낼 수 있는 다양한 평생교육 프로그램이 개발되어야 한다. 즉 노인들이 실제로 필요로 하는 건강관리, 금전관리, 유산처리 방법 등은 그들의 일상생활에 적용할 수 있는 교육이다. 따라서 정부는 노인들을 위한 실제적인 프로그램 개발에 적극적인 투자를 해야 한다. 이를 위해 정부와 노인관련단체 그리고 대학들이 공동으로 참여하는 노인들을 위한 평생교육 프로그램 개발팀을 구성하여 운영해야 할 것이다. 이렇게 될 때 비로소 우리 사회도 진정한 의미의 복지국가로 진입하게 되는 것이다.

읽고 생각해 보세요

"인생의 세 상자"

리차드 볼레즈(Richard Bolles)는 "인생의 세 상자"라는 책에서 전통적으로 인간은 세 종류의 상자를 거치면서 인생을 살아왔다고 하였다. 첫 번째는 교육의 상자로 학습과 교육에 집중하는 시기이다. 바로 청소년과 대학생 시기라고 할 수 있다. 두 번째는 노동의 상자로, 직장에 들어가서 일을 하는 시기이다. 세 번째는 여가의 상자로, 인생의 후반부에 은퇴하고 삶의 여유와 취미 생활에 집중하는 단계이다.

그러나 현대사회에서는 교육에서 노동으로, 다시 노동에서 여가의 순서로 이어지지 않는다. 노동을 하면서도 필요한 지식이나 기술이 있으면 수시로 배워야 한다. 노동을 하면서도 자신의 삶을 풍요롭게 하기 위해 취미 생활을 한다든지 여가 활동을 통해 삶의 의미나 재미를 찾는다. 이렇게 교육, 노동, 여가가 따로 있기보다는 함께 존재하는 것이 현대사회의 특징이다. 특히 교육은 인생의 모든 단계에서 필요하고, 노동이나 여가를 위한 기초적인 활동이다.

평생학습사회는 이렇게 인생의 여러 가지 활동을 위하여 필요한 지식과 기술을 학습과 교육을 통해 배워야 하고 또 배울 수 있는 사회를 의미한다. 따라서 평생학습사회에서 살아가기 위해서는 학습과 교육을 향상해야 한다.

CHAPTER

12

미래사회와 교육

Question

미래사회는 어떤 양상으로 변화될까요?

미래사회 달라진 교육의 모습은?

미래사회 교실 환경은 어떻게 달라져 있을까요?

CHAPTER 12

미래사회와 교육

1. 미래사회의 특징

가. 미래사회에 가장 큰 변화가 일어날 '일자리, 산업, 경제 영역'

- 4차 산업혁명의 핵심기술들로 인해 자동화, 지능화가 빨라지고 인공지능, 빅데이터 등 4차 산업혁명 관련 일자리는 점점 늘어남.

긍정적인 면	교육 분야는 에듀테크, 금융 분야는 핀테크 등 기술 융합으로 인한 신산업 및 일자리 창출
부정적인 면	자동화, 산업구조 개편 등으로 인한 일자리 감소, 고용불안 등 사회문제 발생

나. 인공지능, 빅 데이터, ICT 기술의 발달로 인한 '초지능화'

- 제품 생산 공장들이 '스마트 팩토리*'가 되면서 생산력이 높아지고 행정, 교육 등 모든 분야가 지능화로 변화.(* 생산 전 과정에 4차 산업혁명 기술이 적용되는 공정)

긍정적인 면	데이터, 정보, 지식의 축적과 발달 속도 상승으로 풍부한 지식과 정보 습득이 가능
부정적인 면	깊은 성찰을 필요로 하는 인문학적 지식 감소 우려와 인공지능 의존으로 인한 기억력, 인지능력 등 하락 우려

다. 모든 것이 서로 연결되는 '초연결사회'

- 최첨단 스마트 디바이스들이 연결되고 업무 또는 사람 간 소통이 더욱 편리해질 것으로 기대됩니다.

긍정적인 면	원격교육, 재택근무, 원격진료 등의 일상화로 공간 제약 완화
부정적인 면	해킹, 사생활 침해 등의 위험 상승

라. 접속과 공유를 기반으로 하는 '공유경제, 공유사회'

- '소유'라는 개념이 중심이 되었던 기존 사회경제의 기본 질서가 점차 '접속'과 '공유'라는 개념으로 대체.

긍정적인 면	탈, 카셰어링 등 굳이 물건을 소유하지 않아도 필요할 때 언제나 편리하게 빌려서 사용 가능
부정적인 면	변화의 과정에서 이해당사자 간 사회적 갈등 발생 또는 가치관의 혼란 야기

[출처] [오늘의 작은 교육 정보] 4차 산업혁명이 가져올 미래 사회 모습 4가지 | 작성자 교육부

2. 수업 패러다임의 변화

1) 온라인 수업(On-line Learning) 또는 원격 수업(Distance Learning)

정의	교수자와 학습자가 직접 대면(face-to-face)하지 않고 인쇄교재, 방송교재, 오디오나 비디오교재, 통신망 등 커뮤니케이션 수단을 매개로 하여 교수·학습 활동을 하는 형태의 수업이다. [출처] 위키백과 https://ko.wikipedia.org/wiki/%EC%9B%90%EA%B2%A9_%EA%B5%90%EC%9C%A1
목적	학습자들의 학업 만족도를 향상시키고, 성취도를 제고할 수 있으며, 대학 경영 차원에서 비용 절감 효과를 이끌어 낼 수 있다. ... 온라인 대학 교육의 근본적인 목적은 학업 성취도 제고에 있다. [출처] 네이버 지식백과 https://terms.naver.com/entry.naver?docId=3380953&categoryId=58268&cid=42171 이정기(2015), "온라인 대학 교육"
특징 및 동향	2020년 3월 31일 유은혜 부총리 겸 교육부 장관은 코로나19로 인한 원격수업을 두고 "온라인 개학이 처음부터 완벽할 수 없고 보완해야 할 과제가 많다"면서도 "이런 과정을 통해 한국이 원격수업과 온·오프라인 미래형 수업의 구현, 에듀테크 기술과 산업에서 가장 혁신적으로 발전할 동력을 갖게 될 것"이라고 강조했다. 그에 따르면 원격수업은 3가지 형태로 진행한다. 교사와 학생이 화상 수업을 통해 실시간으로 소통하는

	쌍방향 수업, 교사가 과제를 주면 학생은 자기주도학습 후 피드백을 받는 과제 제시형, EBS 동영상 등 콘텐트 제시형 등이다. 최근 온라인 대학 교육과 관련한 다양한 논의가 활발하게 진행되고 있다. OCW(Open Course Ware), MOOC(Massive Open Online Course), 블렌디드 러닝, 플립 러닝 등이 그것이다. OCW와 MOOC는 지식 나눔 활동의 일환으로, 대학의 지역사회 공헌 활동의 측면에서 긍정적으로 평가되고 있다. 특히 OCW는 2012년 이후 중앙일보 대학 평가에서 지표로 활용되면서 전국 대학의 적극적인 참여를 이끌어 내고 있는 상황이다. 또한 최근 부각되고 있는 블렌디드 러닝과 플립 러닝의 온라인 콘텐츠로 OCW와 MOOC의 자료가 활용되기 시작하면서 OCW와 MOOC의 활용 가능성은 더욱 높아졌다. 블렌디드 러닝과 플립 러닝 등은 학습자들의 학업 만족도를 향상시키고, 주체적인 학습을 가능케 함으로써 학업 성취도를 제고할 수 있다고 알려져 있다. 대학 경영의 관점에서도 OCW와 MOOC는 강의실 공간 확보, 강의 운영 비용 절감 등의 경제적 효과를 유발할 수 있는 교수법으로 알려져 있다. 즉, 온라인 대학 교육은 대학 구조 개혁의 바람이 거센 오늘날 교육적 효과와 경제적 효과라는 '두 마리 토끼'를 모두 잡을 수 있는 합리적 교육 방식으로 평가되고 있다. [출처] 네이버 지식백과 https://terms.naver.com/entry.naver?docId=3380952&categoryId=58268&cid=42171 https://terms.naver.com/entry.naver?docId=3380953&categoryId=58268&cid=42171 이정기(2015), "온라인 대학 교육"

2) 블렌디드 러닝(blended learning)

정의	블렌디드 러닝이란 혼합형 학습으로 두 가지 이상의 학습 방법을 결합하여 이루어지는 학습을 말한다. 대개 대면 수업(등교 수 업)과 온라인 수업을 결합한 수업 형태를 말한다. 즉, 칵테일처럼 온라인 수업과 면대면 수업을 혼합한 수업 형태라고 할 수 있다. [출처] 교육정책뉴스 http://www.edupolnews.com 교육을 바꾸는 사람들 https://21erick.org/column/4989/
목적	오프라인 교육의 시간적, 공간적 제약을 극복하고 혼자 이러닝으로 학습하는데 따른 고립적 불안 등 비대면적인 소외를 극복하는 데 있다. 즉 온라인과 오프라인 학습을 결합하여 각각의 단점을 보완하는데 초점을 둔다. [출처] 교육정책뉴스 http://www.edupolnews.com 교육을 바꾸는 사람들 https://21erick.org/column/4989/
특징 및 동향	블렌디드 러닝은 학습자 주도 맞춤형 교육이 가능하다는 장점이 있다. 학습자들에게 주도권을 부여하기 때문에 학습자의 선택에 따라 진도가 결정된다. 대면 수업에서 수업을 이해하지 못한 학생은 원격 수업으로 보충할 수 있다. 빅데이터 기술과 인공지능이 개별 학생들의 데이터를 분석해서 학습자의 수준과 관심에 맞는 개별화되고 세분화된 맞춤형 학습 자료와 학습 방법을 제공한다.

시공간의 제약이 적어서 효율적인 수업을 진행 할 수 있고, 판데믹 같은 국가적 재난 상황에서도 안정적으로 교육을 받을 수 있다는 장점이 있다. 도서 산간 지역에 사는 학생들이 보다 질 높은 교육을 받으며 학습 격차를 해소할 수 도 있다.

학습자들에게 주도권을 부여하며 생기는 단점도 있다. 우선, 순수 오프라인 수업에 비해 학생들의 개별적 교육 수준을 관리하기 어렵다. 학습 성취도가 떨어지는 학생에 대해 추가 관리나 집중 학습을 시키기 어렵고, 더 높은 성취를 보인 학생들에게 추가적인 심화 교육을 진행할 수 없다. 이는 온라인 수업에서도 마찬가지이다. 모든 학생을 일정 수준에 도달하는 데는 이점이 있지만, 전반적으로 하향 평준화된 결과를 낳는 문제가 있다.

이를 해결하기 위해선 학습자가 스스로의 학습 관리자가 되어 효율적인 학습 시간 분배를 해야 한다. 수업 진도를 다 나갔다고 해서 추가적인 학습을 하지 않고 기다리는 것이 아니라, 심화 학습을 주도적으로 이끌어 가는 등 주도적으로 스스로의 학습을 이끌어 가야 한다. 교육 속도가 느린 학생들에게는 교사가 직접적인 도움을 주거나 진도를 따라갈 수 있도록 도움을 주어야 한다.

기술적인 장비를 구축해야 한다. 물론 디지털 강국인 우리나라는 교사와 학생 모두 스마트 학습 기기에 익숙하고 뛰어난 접근성을 가지고 있다. 각 도의 교육청에서도 교육 격차 해소를 위해 스마트 기기를 보급하는 등 온라인 수업에 용이한 환경을 구축하기 위해 힘쓰고 있다. 반면 개발도상국과 같은 일부 국가들은 환경이 부족해 블렌디드 학습법을 원활히 진행하지 못하는 경우도 있다.

수업 플랫폼 구축도 필요하다. 현재 다양한 온라인 수업 플랫폼이 있다. 원활하게 수업이 진행될 수 있는 환경은 물론이고, 학습자가 보다 능동적이고 적극적으로 수업에 참여할 수 있는 플랫폼을 위해 지속적인 연구와 개발이 필요하다. 또 장애 학생이나 스마트 기기 활용이 어려운 유치원 · 초등학교 저학년생들이 보다 쉽게 접근할 수 있는 플랫폼을 구성할 수 있도록 노력해야 한다.
[출처] 교육정책뉴스 http://www.edupolnews.com
교육을 바꾸는 사람들 https://21erick.org/column/4989/

학습 효과를 극대화하고, 학습 기회를 확대하며, 교육 시간 및 비용의 최적화를 가능케 한다. 학생들의 학습 상황에 대한 데이터 수집이 가능하고 지도 및 평가 과정을 사용자가 정의할 수 있다는 장점이 있기 때문에, 블렌디드 러닝 학습 모델을 도입하는 학교는 자원을 학생들의 성과 확대에 집중시킬 수 있다.
[출처] 네이버 지식백과
https://terms.naver.com/entry.naver?docId=859573&cid=42346&categoryId=42346
이정기(2015), "온라인 대학 교육"

3) 플립 러닝(Flipped Learning)

정의	플립 러닝(Flipped Learning)은 '거꾸로 학습', '거꾸로 교실', '역전 학습', '반전 학습', '역진행 수업 방식' 등으로 번역된다. 강의실에서 강의를 받고, 집에서 과제를 하는 전통적인 수업 방식과 달리 수업에 앞서 교수가 제공한 자료(온·오프라인 영상, 논문 자료 등)를 사전에 학습하고, 강의실에서는 토론, 과제 풀이 등을 하는 형태의 수업 방식을 의미한다. [출처] 네이버 지식백과 https://terms.naver.com/entry.naver?docId=3380960&cid=42171&categoryId=58268
목적	학습자 입장에서 교육의 질 향상, 교수 생산성 향상, 학업 성취도 제고라는 교육적 목적, 학교 입장에서 비용 절감이라는 경제적 목적을 동시에 달성하는 것에 있다. [출처] 네이버 지식백과 https://terms.naver.com/entry.naver?docId=3380960&cid=42171&categoryId=58268 이정기(2015), "온라인 대학 교육"
특징 및 동향	플립러닝네트워크위원회(FLN's board)에 의하면, 플립 러닝은 다양한 학습 방식을 허용하고, 유연한 학습 공간을 창조한다는 의미의 '융통성 있는 환경(flexible environment)', 학습자 중심으로 변하는 '학습 문화(learning culture)', 학습자 주도의 학습 문화나 교수자의 정교한 수업 설계에 의한 의도성을 가진다는 '의도적 학습 내용(intentional contents)', 교수자가 교육학적 지식뿐 아니라 테크놀로지에 대한 전문적 소양도 갖추어야 함을 의미하는 '전문적인 교육자(professional educator)' 등의 특성을 가진다(박기범, 2014). 울산과학기술대학교(UNIST) 범수균 팀장은 플립 러닝의 장점을 12가지로 요약하고 있다. ① 플립 러닝은 교수자와 학습자의 소통을 강화할 수 있다. ② 바쁜 학습자들의 시간 관리, 시간 활용에 도움을 준다. ③ 학업 성취도가 낮은 이른바 뒤처진 학생들에게 도움을 줄 수 있다. ④ 학습 능력이 상이한 학생들의 학업 성취도 향상에 도움을 줄 수 있다. ⑤ 동영상 강의로 반복 학습이 가능하다. ⑥ 학습자와 교수자 사이의 교류(커뮤니케이션)을 활성화할 수 있다. ⑦ 교수자와 학습자의 상호이해를 강화할 수 있다. ⑧ 학습자 사이의 교류를 강화할 수 있다. ⑨ 수준별 학습이 가능하다. ⑩ 수업 분위기 제고가 가능하다. ⑪ 투명한 수업 운영이 가능하다. ⑫ 결근하는 교수자에게 도움을 줄 수 있다(범수균, 2014.2.13.:30~31). [출처] 네이버 지식백과 https://terms.naver.com/entry.naver?docId=3380960&cid=42171&categoryId=58268 이정기(2015), "온라인 대학 교육"

3. 메타버스

1) 메타버스의 개념

메타버스는 초월을 뜻하는 '메타(Meta)'와 우주를 뜻하는 '유니버스(Universe)'를 합성한 용어로 현실을 초월하여 구현된 가상의 세계를 의미한다. 이러한 메타버스의 개념은 스티븐 스필버그 감독의 '레디 플레이어 원'이나 제임스 카메론 감독은 '아바타'등의 SF영화를 떠올리면 이해하기 쉽다. '레디 플레이어 원'에 등장하는 '오아시스(OASIS)'라는 가상의 세계는 상상이 현실이 되는 곳으로 묘사되는 데, 이곳에서 플레이어들은 아바타를 통해 게임에 참여할 뿐만 아니라 사교활동, 경제활동을 하며 대부분의 시간을 보낸다. 영화 '아바타'에서 주인공은 자신의 아바타를 통해 행성 '판도라'에 거주하며 다른 종족과 생활하는 장면이 등장하기도 한다. 이처럼 메타버스는 기본적으로 가상의 세계를 기반으로 구성된 세계이다.

2) 메타버스 어원 및 정의

메타버스라는 영어는 1992년 미국 소설가 닐 스티븐슨의 SF소설 '스노우 크래쉬(Snow Crash)'를 통해서 최초로 등장했다. 소설 속 등장인물들은 아바타를 통해 인터넷 기반의 3차원 가상세계에서 다양한 활동을 한다. 이렇듯 이 소설에서는 자신을 대리하는 아바타를 통해 활동하는 3차원 가상세계를 메타버스로 지칭하였다.

메타버스에 대한 학술적 용어는 명확하게 정립되지 않은 상태이나, 가상세계라는 공간 혹은 세상이라는 공통된 표현으로 현재까지 각 분야의 연구자 및 전문가들이 설명하는 메타버스에 대한 정의는 다음과 같다.

메타버스에 대한 개념은 일관되지는 않지만 이상의 개념에서 도출할 수 있는 주요 키워드로는 '자신을 대리하는 아바타', '물리적 세계와 가상공간의 융합', '몰입형 상호작용' 등이 있다.

〈표 12-1〉 메타버스의 정의

정의	출처
현실의 나를 대리하는 아바타를 통해 일상 활동과 경제생활을 영위하는 3D 기반의 가상세계	고선영 외, 2021
스마트폰, 컴퓨터, 인터넷 등 디지털 미디어에 담긴 새로운 세상, 디지털화된 지구	김상균, 2021
컴퓨터 기반의 대리인을 사용한 몰입형 상호작용의 공간	류지헌, 2021
가상과 현실이 상호작용하며 공진화하고 그 속에서 사회 · 경제 · 문화 활동이 이루어지면서 가치를 창출하는 세상	이승환, 2021
현실과 가상이 상호작용을 통해 공진화하고 새로운 산업, 사회, 문화적 가치를 창출하는 세상	한상열, 2021
물리적 현실과 가상공간의 융합으로 만들어진 다차원 3D가상공간과 컴퓨팅 인프라	ASF, 2007
디지털과 현실을 분물하고 특정 애플리케이션이나 장소에 얽매이지 않는 플래폼	Rev Lebaredian, 2021 (출처: NVDIA)

3) 메타버스의 일반적 분류

메타버스를 현실화하기 위한 많은 노력과 연구가 진행되었는데 대표적으로 미국미래학협회(Acceleration Studies Foundation, 이하 'ASF')가 있다. ASF는 2006년 5월 미국에서 제1회 메타버스 로드맵 서밋(Metaverse Roadmap Summit)을 개최하였다. 이를 통해 논의되었던 메타버스 개념과 전망에 대한 내용은 1년 후인 2007년 6월에 '메타버스 로드맵(Metaverse Roadmap)' 보고서를 통해 발표되었다. 이들은 메타버스를 증강현실(Augmented Reality), 가상세계(Virtual World), 라이프로깅(Life-logging), 거울세계(Mirror World) 등 4가지로 분류하였다. 증강현실은 현실 속 공간에 디지털로 구현한 정보나 물체를 입혀서 보여주는 것이다. 라이프로깅은 현실 속 정보를 디지털로 기록 및 공유하는 것을 의미하며, 거울세계는 실제 세계의 정보를 통합하여 확장시킨 가상세계를 의미한다. 마지막으로 가상세계는 특정한 현실 속에 존재하는 것과 같은 경험을 제공하는 가상의 공간을 의미한다. 각 유형의 정의, 구현가치, 서비스 사례, 대표기업, 도전 요소를 정리하면 다음의 <표 12-2>와 같다.

〈표 12-2〉 메타버스의 4가지 유형

구분	증강현실(AR)	가상세계(VR)	라이프로깅	거울세계
정의	현실 속 공간에 디지털로 구현한 정보나 물체를 입혀서 보여주는 것	특정한 현실 속에 존재하는 것과 같은 경험을 제공하는 가상의 공간을 의미	현실 속 정보를 디지털로 기록 및 공유하는 것을 의미	실제 세계의 정보를 통합하여 확장시킨 가상세계를 의미
구현 가치 (니즈)	현실세계와 판타지, 편의성을 결합한 몰입 콘텐츠 제공	다양한 개인들의 활동이 가능한 현실에 없는 새로운 가상공간을 제공	방대한 현실세계의 경험과 정보를 언제든지 확인이 가능하며 타자와 공유 가능	외부정보를 가상공간에 통합, 확장함으로써 활용성 극대화
서비스 사례	• 포켓몬 GO • 운전석 앞의 HUD • 3D아바타를 통한 SNS활동 • 에어버스, BMW의 증간현실 스마트 팩토리	• 포트나이트 • 마인 크래프트 • 로블록스 • 모여봐요 동물의 숲 • 제페토 • 시뮬레이션 플랫폼	• 차량 블랙박스 • SNS(인스타그램, 유튜브, 페북 등)매체의 Vlog, 피드 등 • 나이키 런클런	• 구글어스, 네이버, 카카오지도 • 폴드잇 • 배달의 민족
대표 기업	• 나이엔틱 • 잉그레스 • 마이크로소프트 • 아마존 • 페이스북	• 에픽게임즈 • 네이버제트 • 닌텐도 • 엔씨소프트 • 마이크로소프트 • 페이스북	• 나이키 • 삼성, 애플 • 페이스북,트위터 • 마이크로소프트 • 아마존	• 구글, 네이버, 카카오 • 마이스코소프트 • 아마존 • 페이스북
도전 요소	• 현실이 중첩된 증강현실 공간 속의 혼란 • 증간현실 속 캐릭터 등에 대한 소유권	• 현실 세계의 회피 • 도덕적, 윤리적 문제를 일으킬 무질서 우려	• 초상권 및 재산권 침해 • 내부기밀 유출 및 겸업금지 위반 등	• 정보조작의 문제 • 거대 플랫폼 락인 효과로 불공정거래

[출처: 손성화, 김진숙(2016). 대한민국 교육, 생각에 빠지다. 공동체. pp. 127~130.]

"반복학습이 기적을 만든다"

세 살 버릇 여든까지 간다. 우리는 이처럼 습관에 대하여 중요하게 생각한다. 습관(習慣)의 사전적 의미는 '어떤 행위를 오랫동안 되풀이하는 과정에서 저절로 익혀진 행동방식'이다. 습(習)은 깃 우(羽) + 흰 백(白)의 조합으로 흰 새(어린새)가 날아가려는 연습으로 끊임없이 날갯짓을 하는 모양을 그린 글자이다. 바로 어린 새가 날기 위하여 학습된 행위를 되풀이하여 비교적 고정된 반응 양식이다. 바로 반복을 강조하는 것이다.

스티븐 코비는 성공하는 습관에 대하여 이야기한다. 성공에 가장 중요한 것이 바로 습관이라는 것이다. 이러한 습관은 하루아침에 만들어지지 않는다. 학습(學習) 또한 배우는 것을 익히기 위하여 반복하는 것이다.

반복학습이 기적을 만든다. 사이토 다카시는 말한다. "① 초등학교 때 공부의 기초 체력이 있으며 이는 올바른 반복습관에 의해 길러진다. ② 부모는 문제를 푸느냐 못 푸느냐에 관계없이 새로운 것, 어려운 것에 도전한다는 것 자체에 감동해야한다. ③ 얼마나 오랫동안 쉬지 않고 집중할 수 있는가? - 뇌의 지구력은 반복훈련이다. ④ 수학의 풀잇법을 대화로 반복 연습한다. ⑤ 아이를 엄하게 키우고 싶으면 애정을 듬뿍 담아 엄격하게 공부시키라. ⑥ 실력을 공개하면 더욱 분발한다. ⑦ 언어력은 객관적 관찰방식에서 나온다. -사자성어, 속담 이용, 일상

언어의 지적 수준 높이기, ⑧ 수학 공부의 최대 목적은 사고 순서를 익히는 것-풀이과정의 다양성이 중요하다. ⑨ 수학은 학년 구분 없이 향상심, 다양한 반복이 중요하다. ⑩ 반복 계산 훈련은 정보처리 능력 향상 - 타이머로 도전의식도 길러주

라. ⑪ 도형 문제는 논리적 사고력을 기른다. ⑫ 수량 문제는 판단력을 기른다. -양과 비율의 관계가 핵심, 대략적인 수량을 파악해 두는 능력이야말로 다음에 취할 행동을 결정짓는 기준이 된다. - 어림잡아 보기 등. ⑬ 문장제 문제는 절차 능력을 기른다. - 요 리 순서를 알듯이... 이는 핵심을 파악하는 능력이다. 메모하는 능력도 중요하다. ⑭ 어릴 때부터 최고급 국어와 접하면 올바른 국어 감각이 길러진다. ⑮ 음독을 잘하면 독해력이 좋아진다. ⑯ 음독은 뇌의 지구력을 높여 준다. 훈련이 필요하다. ⑰ 어릴 때부터 훌륭한 고전 작품을 접한다."

많은 세계의 석학들은 반복이 중요하다고 말하고 있다. 인간이 가장 중요하게 생각하는 배우고 익히는 것이 바로 반복에 의하여 나온다고 이야기하고 있다.

자신의 일에 최고의 능력을 갖기 위해 도전하는 것이 중요하다. 실패를 이겨내고 다시 도전하는 것이 바로 습관을 만들어 낸다. 이것을 바로 노력이라고 한다. 어떤 일을 반복적으로 한다는 것은 쉽지 않은 일이다. 인간은 지루한 일을 반복적으로 하는 것을 싫어한다. 하지만 자신이 좋아하는 일을 한다면 우리는 오랫동안 재미있게 할 수 있는 힘을 갖게 된다. 재미있고, 하고 싶은 일을 하면 어떤 일도 이루어 낼 수 있다. 발명왕 에디슨은 99%의 노력과 1%의 영감을 통하여 수많은 발명품을 만들어 냈다. 에디슨은 "단 하루도 발명하는 모든 것들을 일이라고 생각해 본 적이 없다"라고 하였다. 이러한 힘은 에디슨의 좋은 습관이 이루어 내었다고 할 수 있다.

이처럼 습관에도 좋은 습관, 나쁜 습관이 있다. 습관은 한 번 길들여지면 고치기가 힘들다. 이러한 습관은 어렸을 때부터 잘 길러져야 한다. 우리 아이들에게 좋은 습관을 만들어 주기 위하여 가장 중요한 것은 바로 부모들의 역할이다. 이는 부모들의 습관이 바로 우리 아이들의 습관으로 고착된다는 것을 보여준다.

CHAPTER

13

미디어 리터러시 교육

Question

미디어 리터러시의 뜻은 무엇일까요?

미디어 리터러시 교육 왜 필요할까요?

미디어 리터러시 교육은 어떤 방향으로 진행하면 좋을까요?

미디어 리터러시 교육은 실제 학교에서 어떻게 실행되고 있을까요?

CHAPTER 13
미디어 리터러시 교육

1. 미디어 리터러시의 의미

1) 미디어 리터러시의 개념

미디어 리터러시(media literacy)는 "미디어(Media)"와 "리터러시(Literacy, 문해력)"의 합성어로, 미디어가 전달하는 정보나 문화 콘텐츠에 적절히 접근하며, 이를 비판적으로 이해하고, 미디어를 활용하며 의미 있는 정보와 문화를 생산하고 전달할 수 있는 능력 및 윤리적으로 책임있게 미디어를 이용하는 태도이다.

미디어 리터러시의 단어적 의미를 살펴보면, 미디어는 일반적으로 의미를 전달하고 주고받는 의사소통의 매개체를 뜻한다. 미디어 학자 맥루한(M. McLuhan, 1911~1980)은 일찍이 미디어를 '인간의 확장'이라고 정의하면서 중추신경 및 감각기관의 확장으로 정의하기도 하였다. 미디어는 어떤 기기를 뜻하기도 하지만 의미를 담은 텍스트나 내용물을 뜻하기도 한다.

리터러시는 문자시대에 생긴 용어로 '문해력'이라고 해석합니다. 이는 대중이 글을 읽고 쓰는 문해능력을 설명하기 위해 생긴 용어이다. 특정한 미디어를 중심으로 의사소통하기 위해서는 그 미디어의 언어와 문법을 알고, 맥락을 이해해야 한다는 취지의 용어이다.

2) 미디어 리터러시의 관련 개념

(1) 멀티 리터러시

텍스트의 복합적 양식에 초점을 맞추고 있다. 이는 영상미디어 등 새로운 디어들이 문자와는 달리 이미지, 소리, 영상 등 다양한 양식으로 복합적으로 구성되어 있는 것을 의미한다.

(2) 뉴 리터러시

디지털 리터러시가 가져온 정보와 지식의 소유, 확산, 공유, 생산의 보편화를 주목하며 미디어 이용자들이 창의적으로 미디어 문화를 창조하고 공유하는 것을 강조한다.

(3) 디지털 리터러시

디지털 미디어 환경에서 사용자가 정보에 접근하고, 분석하며, 평가하고, 메시지를 만들고, 공유하는 능력을 말한다. 디지털 리터러시의 경우 전통적인 미디어 리터러시보다 도구적 역량에 집중하고 있으나 오늘날 점차 디지털 시민성 및 문화역량이 강조되고 있다.

2. 미디어 리터러시 교육의 의미

미디어 리터러시 교육이란 각 개인이 미디어 리터러시 역량을 함양하는 것을 목표로 하는 교육이라고 정의할 수 있다.

1) 미디어 리터러시 교육의 역사

새로운 매체가 등장할 때마다 미디어로부터 아동을 보호하려는 교육적인 관심이 존재했다. 예를 들어 19세기 후반에서 20세기 초반 만화 잡지의 탄생기에, 1930년대의 영화의 시대에, 또한 1950년대 이후 TV 도입기마다 유해한 매체로부터 시민사회 차원에서 미디어로부터 아동을 보호하려는 노력이 꾸준히 있어 왔다. 한국

사회 역시 1990년대에 폭력적인 만화, 애니메이션, 스포츠 신문 등으로부터 아동을 보호하려는 취지의 미디어 교육 및 시민사회 차원의 운동이 진행되어 왔으며, 최근에는 게임 등 보호주의적 입장은 오늘날까지 꾸준히 반복되어 왔다.

2) 미디어 리터러시 패러다임

① 아동, 청소년을 미디어부터 보호하는 것을 목적으로 하는 보호주의적 미디어 교육이 있다. 이 관점의 미디어 리터러시 교육은 가장 대중적이며, 미디어의 변화 시기마다 강조되어 왔다.

② 교육 대상자의 사회적 역량을 강조하는 흐름이 있다. 이는 주류 미디어와 사회를 대상으로 자신의 목소리를 내는 것을 강조하는 흐름이다. 각 개인은 주류 미디어에 재현된 시민들의 모습을 비판적으로 바라보고, 대안을 제시하며, 이와 관련하여 사회적 목소리를 낼 수 있는 것을 목표로 한다. 따라서 이러한 관점에서는 시민이 미디어의 창조를 통해 자신의 목소리를 표현하는 것 또한 강조하게 된다.

③ 미디어를 통한 문화적 경험과 향유를 강조하는 흐름이 있다. 이러한 관점에서는 미디어 문화의 즐거움을 강조한다. 미디어리터러시 교육을 통해 교육 대상자들은 미디어를 해석하고, 공유하며, 이를 통해 문화적 정체성 구현을 할 수 있을 것이다.

④ 개인 중심의 미디어 리터러시를 강조하는 흐름이 있다. 이는 각 개인이 미디어에 접근하고, 올바른 정보를 선택하며, 안전하게 활용하고 생산하는 역량을 강조하는 흐름이다. 이는 오늘날 디지털 미디어의 확산과 더불어 더욱 강조되고 있다.

3) 미디어 리터러시 교육의 핵심개념

〈표 13-1〉 미디어 리터러시 교ddbr의 핵심개념

재현 Representation	이 개념은 미디어가 현실을 특정한 시선을 가지고 특정한 기술을 이용해 '재현' 하고 있다는 것을 뜻합니다. 미디어 재현을 이해하는 것은 미디어가 다양한 맥락, 권력, 이데올로기에 영향력을 받아 구성되고 있음을 이해하고, 이를 판단할 수 있는 근거를 만드는 것입니다.
언어 Language	미디어 언어는 미디어를 구성하는 기호와 관습입니다. 미디어는 복합양식으로 구성되어 있으며 이러한 다양한 양식의 기호와 관습들은 포괄적으로 미디어 텍스트의 의미를 만들어 냅니다.
수용자 Audience	미디어 수용자는 전통적으로 매스 미디어 환경에서의 반대 개념입니다. 미디어 리터러시 교육에서는 수용자의 특성 및 미디어가 고려하는 수용자 특성, 콘텐츠 반영 등을 뜻합니다. 오늘날의 미디어 환경에서는 미디어 이용자들은 생산, 소비, 공유하는 보다 적극적인 주체로 고려됩니다.
기관 Institute	미디어 기관은 전통적인 매스미디어 환경에서 미디어 생산과 공유의 주체를 의미합니다. 미디어 기관은 미디어를 생산하고, 제작하고, 유통하며, 권력 및 산업과 관련되어 있습니다. 이는 미디어 수용자들이 미디어에 대해 비판적 관점으로 접근하는 기본적인 핵심 개념이 됩니다.

3. 미디어 리터러시 교육 실천

1) 21세기 핵심역량으로서의 미디어 리터러시

- 21세기 핵심역량은 21세기를 살아가는 개인이 지구 공동체 사회를 행복하게 살아가기 위해 필요한 지식, 기능, 태도의 총체를 의미한다. 미디어 리터러시는 21세기 핵심역량으로 주목된다.
- 국제사회에서 제시한 핵심역량과 미디어 리터러시
- OECD의 DeSeCo 에서 선정한 미래사회 핵심역량 중 의사소통, 정보-기술의 상호작용 등은 미디어 리터러시와 밀접한 관련이 있다.
- P21(Partnership for 21st Century Skills)은 21세기 학습자를 위한 핵심역량 중 미디

어 리터러시 스킬을 제시하였다.

- 유네스코는 '미디어 · 정보리터러시(MIL)'의 개념과 MIL 5법칙을 제시하였다.

〈표 13-2〉 MIL 5법칙

법칙1	정보, 커뮤니케이션, 도서관, 미디어, 기술, 인터넷 및 기타 정보 제공자는 중요한 시민 참여 및 지속 가능한 개발에 사용됩니다. 그들은 키가 같으며 다른 것보다 더 관련성이 없거나 그렇게 취급되어야 합니다.
법칙2	모든 시민은 정보 / 지식의 창조자이며 메시지를 가지고 있습니다. 새로운 정보 / 지식에 접근하고 자신을 표현할 수 있는 권한이 있어야 합니다. MIL은 여성과 남성 모두를 한 것이며 인권의 결합입니다.
법칙3	정보, 지식 및 메시지가 항상 가치 중립적이거나 항상 편견과 독립적인 것은 아닙니다. MIL의 개념화, 사용 및 적용은 모든 시민이 진실을 투명하고 이해할 수 있도록 해야 합니다.
법칙4	모든 시민은 새로운 정보, 지식 및 메시지를 알고 이해하고 의사소통을 원합니다. 비록 자신이 인식하지 못하거나 인정하거나 표현하지 않더라도 의사소통을 원합니다. 그러나 그녀의 권리는 절대 손상되지 않아야 합니다.
법칙5	미디어 및 정보 활용 능력은 한 번에 습득되지 않습니다. 생생하고 역동적인 경험과 과정입니다. 지식, 기술 및 태도를 포함하고 정보, 미디어 및 기술 콘텐츠의 액세스, 평가 / 측정, 사용, 생산 및 커뮤니케이션을 포함할 때 완성됩니다.

2) 해외 교육과정 속 미디어 리터러시

- 호주의 국가교육과정에서 7가지 핵심역량(리터러시, 수리력, 정보와 의사소통 기술 능력, 비판적 · 창의적 사고 능력, 개인적 · 사회적 능력, 윤리적 이해 능력, 문화 상호 간 이해 능력) 들 중에서 리터러시 역량과 비판적 · 창의적 사고 능력 등은 미디어 리터러시와 관련된다.
- 핀란드 국가교육과정에서 미디어 리터러시는 멀티리터러시 역량에서 다루고 있으며 '다양한 텍스트 환경 속에서 말하기와 듣기에 관련된 텍스트와 복합 양식 텍스트를 해석하고, 만들고 평가할 수 있는 능력'을 의미한다.

3) 2015 개정교육과정 핵심역량과 미디어 리터러시

우리나라 국가교육과정에서의 미디어 리터러시는 2015개정 교육과정의 의사소통 역량 및 지식정보처리 역량과 밀접하게 관련되며, 미디어 체험과 미디어 지식을 바탕으로 다양한 수행능력을 기르는 것을 목표로 한다. 미디어 체험과 미디어 지식은 미디어 리터러시 교육의 기초학습요소이며, '의미 이해와 전달, 책임 있는 미디어 이용, 감상과 향유, 미디어 기술 활용, 정보 검색과 선택, 창작과 제작, 사회 문화적 이해, 비판적 분석과 평가'는 미디어 리터러시 교육을 통해 도달해야 할 수행능력이다.

- 의미 이해와 전달은 미디어 콘텐츠의 내용을 정확히 이해하고, 미디어를 통해 자신의 생각과 느낌을 표현할 수 있는 수행능력을 뜻합니다.
- 책임있는 미디어 이용은 미디어 이용에 있어 초상권 및 개인정보 보호, 안전한 인터넷 이용, 저작권 보호, 인터넷 및 SNS 이용의 언어 예절 등을 포함합니다.
- 감상과 향유 는 미디어의 문화적 정체성 및 심미적 감식안과 관련되어 있습니다.
- 미디어 기술 활용은 정보 이용, 미디어 활용 발표, 표현, 창작, 제작 등에 필요한 도구 활용을 뜻합니다.
- 정보 검색과 선택은 자신의 목적에 적합하게 효율적으로 미디어에 접근하여 정보를 선택하는 능력입니다.
- 창작과 제작은 미디어 역량을 바탕으로 의미 있는 정보와 문화콘텐츠를 생산하는 종합적 수행을 말합니다.
- 사회·문화적 이해는 미디어를 둘러싼 상호작용이 이루어지는 맥락에 대한 이해를 뜻합니다.
- 비판적 분석과 평가는 미디어의 편향성과 상업성을 이해하고 자신의 주관을 바탕으로 정보의 사실여부, 의도 등을 변별하고 수용하는 능력을 뜻합니다.

읽고 생각해 보세요

[출처: 정제영, 이선복(역)(2021). 인공지능시대의 미래교육. 박영사. pp.227~229.]

시민 리터러시(Civic Literacy)

인간과 교육 시스템은 사회 내에 존재하며, 사회와 가장 직접적으로 상호작용하는 주된 방법은 법과 정책을 통해서이다. 학생들이 그들의 사회와 연결되어 있다고 느끼고 변화를 가져올 수 있다고 느끼는 것은 중요하다. 앞으로도 공개적으로 논의되고 사회적 규모로 결정되어야 할 많은 문제들이 있을 것이고, 따라서 읽고 쓰는 시민적 능력은 점점 더 중요해질 것이다. 학교가 필요할 때 그러한 대화로 전환할 수 있도록 하기 위해서는 법과 정책이 과정 내용과 연결되는 방법, 그리고 정보에 입각한 관점에서 고려해야 할 사회가 직면한 질문의 종류를 분명히 강조해야 할 것이다. 21세기 스킬을 위한 파트너십(The Partnership for 21st Century)에 따르면, 시민 리터러시는 다음과 같다.

- 정보를 알고 정부 과정을 이해함으로써 시민생활에 효과적으로 참여한다.
- 지역, 주, 국가, 글로벌 차원에서 시민의 권리와 의무를 행사한다.
- 시민적 의사결정의 지역적 전반적 함의를 이해한다.

정보 리터러시(Information Literacy)

구글의 CEO 에릭 슈미트(Eric Schmidt)에 따르면 우리는 이틀에 한 번씩 문명의 여명부터 2003년까지 만들어진 만큼의 정보를 만들어 낸다. 과학 논문의 양은 매년 7~9%씩 증가하는데, 이는 10년마다 대략 과학지식이 두 배씩 증가하는 것과 같다. 많은 사람들이 인터넷에서 정보를 검색하는 방법을 알고 있는 것은 사실이지만, 엄청난 양의 정보를 고려할 때 우리가 그것들을 비판적으로 평가하고 종합하는 데 필요한 추론 기술을 가지고 있음은 확실하지 않다.

'대중과학(The People's Science)'의 프로그램인 21세기 정보 활용 도구(TILT: Twenty-First Century Information Literacy Tools)는 현실적 맥락에서 정보와 교류하고 적용하는 6가지 핵심기술과 감성을 파악했다. 이러한 목표는 풍부한 정보를 책임감 있게 조정, 평가 및 사용 가능한 지식으로 변환하기 위해 개발해야 하는 필수 역량의 개요를 나타낸다.

TILT는 21세기 정보 리터러시에 대해 다음과 같은 핵심역량을 제시했다.

- 정보의 진보적인 속성을 수용하고 새로운 증거에 대해 열린 자세를 유지함으로써 역동적인 성향을 유지한다.
- 정보의 해석과 새로운 사상의 확산에서 사회 무한지이 레지(lens)의 역할을 고려한다.
- 정보에 입각한 논의를 복제, 정교화, 궁극적 합의를 향한 중요하고 미묘한 단계로 인정함으로써 증거를 다투는 것에 교양을 쌓는다.
- 정보 보급 주기의 공통 접속점에 대한 원천신뢰도를 평가한다.
- 관련 지식의 넓은 시야에서 구체적인 증거가 어떻게 위치하는지를 명확히 할 수 있도록 정보에 입각한 방향을 개발한다.

참고문헌

권창길, 김흔숙, 이기영(2000). 교육학개론. 학지사.

권형자 · 정정애 · 김미란 · 정선영 · 김숙자(2018). 생활지도 및 상담. 태영출판사

김경식(1996). 교육학개론. 교육과학사.

김계현(1995). 카운슬링의 실제. 학지사.

김난도(2010). 아프니까 청춘이다. 쌤앤파커스.

김남순(2003). 발달심리학. 교육과학사.

김병성 외 8명(1992). 교육학총론. 양서원.

김보은, 김민지(2021). 교육공학자가 말하는 메타버스. 유비온.

김봉석, 이혜림, 이훈병(2004). 현대교육의 이해. 양서원.

김봉환·정철영·김병석(2006). 학교진로상담. 학지사

김성열(1997). 학교교육행정체제와 조직의 발전. 교육행정학연구, 15(1). 한국교육행정학회.

김수동(2000). 교육이란 잊혀진 후에 마음에 남는 것이다. 양서원.

김의석, 이우언(1999). 교육학원론. 양서원.

김의철, 박영신, 양계민(역)(1999). 자기효능감과 인간행동. Self-efficacy : The Exercise of Control. Albert Bandura(1997). W.H.Freeman and Company. 교육과학사.

김인식, 최호성, 서재복, 최병옥(2001). 인간 교육의 이해. 교육과학사.

김인회(1994). 새 시대를 위한 교육의 이해. 문음사.

김정일, 김창곤, 김진한(2000). 교육학개론. 학지사.

김정환(1995). 인간화 교육: 어떻게 할 것인가. 내일을 여는 책.

김종서, 이영덕, 정원식(1991). 최신 교육학개론. 교육과학사.

김종서 · 남정걸 · 정지웅 · 이용환(1982). 한국에서의 평생교육 체제정립에 관한 연구. 평생교육의 체제와 사회교육의 실태연구. 논총 82-7. 165-166.

김진규, 윤길근, 박형근(2021). 인공지능시대의 인재혁명. 교육과학사.

문선모(2008). 기억력과 집중력 향상 기술. 원미사

문선모(2007). 학생상담: 이론과 실제. 양서원

민영순(1994). 교육심리학. 문음사.

박경애(2014). 상담심리학. 공동체
박도순, 손인수, 송병순, 염문희(1995). 신교육학개론. 문음사.
박아청 · 김혜숙 · 김창대(1996). 청소년발달상담. 청소년대화의 광장
박준영(1996). 교육의 이론적 이해. 학지사.
박철홍, 강현서, 김석우, 김성열, 김회수, 박병기, 박인우, 박종배, 박천환, 성기선, 손은령, 이희수, 조동섭(2013). 현대 교육학개론. 학지사.
서울대학교 교육연구소 편(2011). 교육학 용어사전. 하우동설.
손성화, 김진숙(2016). 대한민국 교육, 생각에 빠지다. 공동체
손영환, 안영후(2001). 교육의 이해. 학지사.
송명자(1995). 발달심리학. 학지사.
오해섭(2002). 교육학개론. 학지사.
유시주(역)(2000). 선생님. Why I Teach; Inspirational ture stories from teachers who make a difference. Esther Wright(1999). PRIMA PUBLISHING. 푸른나무.
윤정일, 허형, 이성호, 이용남, 박철홍, 박인우(2002). 신교육의 이해. 학지사.
이경화, 유경훈(2014). 창의성. 동문사.
이지현 외 11명(2005). 교육학의 이해. 학지사.
이병승, 우영효, 배제현(2002). 쉽게 풀어 쓴 교육학. 학지사.
이옥형(1985). 유동적 지능과 결정적 지능에 관한 연구: 발달 및 발달에 영향을 미치는 관련 변인. 고려대학교 대학원 박사학위논문.
이장호(1986). 상담심리학 입문(제2판). 박영사
이형행(2004). 교육학개론. 서울: 양서원.
이혜성 · 박경애 · 금명자 · 김진숙(2000). 청소년상담 과정 및 기법. 한국청소년상담원
이춘재 외(1988). 청년심리학. 중앙적성출판사.
장상호(1991). 발생적 인식론과 교육(Piaget, J). 교육과학사.
전정태, 이대석(1996). 교육학의 이해. 교육과학사.
정명화, 김신곤, 신경숙(2004). 교육학개론. 양서원.
정영근(2001). 인간이해와 교육학. 문음사.
정옥분(역)(1992). 인간발달 II: 청년기, 성인기, 노년기. 교육과학사.
정일제 역(2008). 슈퍼 리더십. 21세기 북스.

정제영, 이선복(역)(2021). 인공지능 시대의 미래교육. 박영사.

정현선, 김아미, 박유신, 전경란, 이지선, 노자연(2016). 핵심역량 중심의 미디어 리터러시 교육내용 체계화 연구. 학습자중심연구. 16(11). 211-238.

주삼환(1997). 학교경영과 교내장학. 학지사.

주삼환, 천세영, 김택균, 신붕섭, 이석열, 김용남, 이미라, 이선호, 정일화, 김미정, 조성만(2015). 교육행정 및 교육경영. 5판. 학지사.

주영흠, 박진규, 오만록(2002). 신세대를 위한 교육학개론. 학지사.

천성문 · 박순득 · 배정우 · 박원모 · 김정남 · 이영순(2006). 상담심리학의 이론과 실제. 학지사.

최창호(2003). 창의적 리더는 자장면을 먼저 시키지 않는다. 학지사.

최호성, 장사형, 김광수, 이진희(2018). 학교폭력 예방 및 학생의 이해. 박영사

하동석 · 유종해(2010). 이해하기 쉽게 쓴 행정학용어사전.

한국교육심리학회(2000). 교육심리학 용어사전. 학지사.

한국진로교육학회(1999). 진로교육의 이론과 실제. 교육과학사.

한승호 · 한성열 역(1998). 칼 로저스의 카운슬링의 이론과 실제. 학지사.

한준상(1999). 청소년학 연구. 연세대학교 출판부.

홍용희(역)(1995). 어린이들의 학습에 비계설정: 비고스키와 유아교육. 창지사.

Bandura, A.(1977). Self-efficacy: Toward a unifying theory of behavioral change. *Psychology Review,* 84, 191-215.

Corey, G.(1986). Theory and practice of counseling and psychotherapy(3th ed.). Pacific Grove, CA : Books/ Cole.

Seels, B & Richey, R. (1994). *Instructional Technology: The Definition and Domains of the Field.* Washington D.C.: Association for Educational Communications and Technology.

Januszewski & Molenda (2008). Educational *Technology: A Definition with Commentary.* NY: Routledge.

Weiner, B.(1992). *Human motivation metaphors, theories, and research.* Newbury Pa가, CA: Sage.

[저자 약력]

김훈희

경상대학교 교육학 박사
세부영역: 교육과정, 교육방법, 교원교육, 영재교육, 창의성
現 진주보건대학교 간호학부 교수

황영신

경상대학교 교육학 박사
세부영역: 교육심리, 상담, 학습전략, 교육프로그램 개발
現 한국국제대학교 특수체육교육과/교직과정부 교수

인간이해와 교육이야기

초판발행 2021년 12월 23일

지은이 김훈희 · 황영신
펴낸이 노 현

편 집 한도결
기획/마케팅 정성혁
표지디자인 이소연
제 작 고철민 · 조영환

펴낸곳 ㈜피와이메이트
서울특별시 금천구 가산디지털2로 53 한라시그마밸리 210호(가산동)
등록 2014. 2. 12. 제2018-000080호
전 화 02) 733-6771
f a x 02) 736-4818
e-mail pys@pybook.co.kr
homepage www.pybook.co.kr
ISBN 979-11-6519-238-9 93370

정 가 14,000원

박영스토리는 박영사와 함께하는 브랜드입니다.